Tony Lawman

**Frederick Stanley Arnot**

Tony Lawman

# Frederick Stanley
# Arnot

Gerettet -
aus den Händen der Bösen

ISBN 3-89436-061-5 (CV-Dillenburg)
ISBN 3-89397-339-7 (CLV-Bielefeld)
© Copyright 1960 by Robert Hale Ltd., London
© Copyright der deutschsprachigen Ausgabe 1993:
Christliche Verlagsgesellschaft, Dillenburg
Übersetzung: Siegrid Py, Zaragossa; Tabea Kunz, Leipzig
Titelgestaltung: Dieter Otten, Bergneustadt
Satz: rk-design, Bergisch Gladbach
Druck: Druckhaus Gummersbach
Made in F.R.G.

# WÜRDIGUNG

Ich erkenne dankbar die Unterstützung und Ermutigung an, die ich von Mr. und Mrs. Robert Arnot aus Kitwe in Nordrhodesien erhielt, ohne die dieses Buch sicher nicht geschrieben worden wäre.

Mein Dank gilt auch in nicht geringem Maße Miss Penelope Douglas aus Kitwe für ihre unschätzbare Hilfe während der Forschungsperiode, die der Verfassung dieses Werkes vorausging.

Für ihre Hilfe bei der Vorbereitung des Manuskriptes danke ich Mrs. Winifred Henderson, und für ihre Unterstützung und Ermutigung schulde ich zweien der Herausgeber von "Echoes of Service", Messrs. W.T. Stunt und A. Pulling von 'Christian Missions in Many Lands', großen Dank.

Tony Lawman

# INHALTSVERZEICHNIS

Würdigung ................................................................. 5

Vorwort ..................................................................... 9

Landkarte mit den Reisen des F. S. Arnot ........................ 12

Einleitung ................................................................ 13

**TEIL I:** DIE STILLE FLUT (1867-1886)

KAPITEL I: Die Herausforderung ................................... 22

KAPITEL II: Durch die Kalahari-Wüste ............................ 35

KAPITEL III: Buschmänner zur Rettung .......................... 49

KAPITEL IV: Barotse-Speere ........................................ 61

KAPITEL V: Zambezi-Safari .......................................... 74

KAPITEL VI: Lewanika, der König .................................. 89

KAPITEL VII: Benguella und Bihe ................................. 106

KAPITEL VIII: Vom Westen nach Osten ........................ 118

KAPITEL IX: Bunkeya ................................................ 134

**Teil II:** DER GRÜNE LORBEERBAUM (1850 - 1891)

KAPITEL X: Ngelengwa - der Diener ............................ 158

KAPITEL XI: Mushidi - der Monarch ............................. 173

KAPITEL XII: Eine Ära der Macht ................................. 191

KAPITEL XIII: Versuchter Mord ................................... 202

KAPITEL XIV: Das Gerangel um Afrika beginnt ............................ 217

Nachwort ........................................................................................ 231

Nachtrag ........................................................................................ 234

Bibliographie und Quellen .............................................................. 237

# VORWORT

Dies ist die Geschichte Frederick Stanley Arnots, des Missionars, und Mushidis, eines afrikanischen Despoten, bekannt als der König von Garenganze. Es ist eine wahre Geschichte und eine, die den persönlichen Briefen und Tagebüchern Arnots entnommen wurde.

Arnot war ein Mann Gottes; er unterstützte David Livingstone, mit dessen Kindern er aufgewachsen war. Dem Leser, der sich gelegentlich mit Geschichte befaßt, mag es scheinen, daß er nicht weltlich genug gewesen sei, um einen großen Einfluß auf einen Tyrannen wie Mushidi gehabt zu haben. Diese Annahme wäre nicht richtig, und nach dem Tod des Eingeborenenkönigs wurde erst die volle Auswirkung von Arnots Einfluß auf das Garenganzeland gespürt. Er war in einen dunklen Winkel eines unbekannten Kontinentes gekommen zu einer Zeit, in der die Eingeborenenstämme feindselig und unwissend waren. Er führte das Christentum mehr durch sein Beispiel ein als durch offene Ermahnungen. Aus seinem persönlichen Verzicht und seinen Kenntnissen entstand die Zivilisation und jene unvermeidliche Entwicklung, die heute in der Katangaprovinz des Belgischen Kongo so selbstverständlich ist.

Die wenigen Bücher, die über diese Ära der zentralafrikanischen Geschichte geschrieben wurden, enthalten nur einen oberflächlichen Bericht über Mushidi, den schwarzen Kaiser. Im allgemeinen werden sein Charakter und sein Hintergrund mit vagen Linien skizziert, eher mit Bleistift als mit Kohle. Der Mushidi in diesem Buch ist mit einem Glanz gezeichnet, vielleicht gemalt worden, der bisher nicht mit seinem Namen verbunden wurde. Ich habe mich bemüht, ihn als einen Herrscher zu schildern, der in Macht und Weisheit Shaka, dem frühen Führer des Zuluvolkes, gleichkommt. Obwohl sich ihre Charaktere in mancher Hinsicht unterschieden, hatten sie doch vieles gemeinsam.

Der Missionar Arnot machte viele Reisen durch Zentralafrika und starb 1914 in Johannesburg infolge des Fiebers, das er sich während seines Aufenthalts im Barotsetal zugezogen hatte. Nach Livingstone war er einer der ersten britischen Forscher-Missionare, die sich ins Innere Zentralafrikas wagten. Aber im Gegensatz zu seinem großen Ideal wurde er nicht als

Held gefeiert, noch verlieh man ihm die Ruhmeslorbeeren, die er so reichlich verdiente. Stattdessen brachten damals Gerüchte bezüglich des Rates, den er Mushidi vor seiner Abreise von Bunkeya, der Hauptstadt Garenganzes gegeben hatte, ungerechte Kritik über ihn. Es ist behauptet worden, daß, wenn Arnot nicht gewesen wäre, der Teil Zentralafrikas, der jetzt als die Kantangaprovinz des Belgischen Kongo bekannt ist, sehr wohl hätte in die gegenwärtige Föderation Rhodesiens und des Nyasalandes mit einbezogen werden können. Gerüchteverbreiter sagten, daß er vor seiner Abreise von Bunkeya Mushidi angewiesen habe, keinerlei Vertrag mit irgendjemandem einzugehen, der in seiner Abwesenheit in die Hauptstadt käme. Es geht weiter das Gerücht, daß Mushidi deshalb Alfred Sharpe 1890 abgewiesen habe. Nichts könnte weiter von der Wahrheit entfernt sein; es gibt keinen Bericht, der eine solche Theorie unterstützte, und in jedem Fall, wenn dies wahr wäre, wäre es unwahrscheinlich, daß der Eingeborenenkönig Boten ausgesandt hätte, um Sharpe nach seiner Abweisung zurückzurufen.

Bei der Schilderung der beiden großen Persönlichkeiten Arnot und Mushidi hoffe ich, in der Lage gewesen zu sein, die richtige Version der unglücklichen Ereignisse darzustellen, die vor der Annexion Garenganzes durch die Regierung des Freistaates Kongo stattgefunden haben. Vor allem hoffe ich, genug Beweise vorgelegt zu haben, um jegliche Kritik an diesem sehr hervorragenden und tapferen Schotten zu widerlegen.

Kitwe, 1959                                                     Tony Lawman

Das Garenganze Mushidis existiert nicht mehr. An seiner Stelle entstand die legendäre Katangaprovinz des Belgischen Kongo, ein wahre Aladdin-Höhle Zentralafrikas, die von Uran, Kupfer und Diamanten überfließt. Und am 1. März 1960, lange nach Verfassung der ersten Abschnitte dieses Vorworts, ist enthüllt worden, daß es Maßnahmen gegeben hat, um die Katanga mit der Föderation zu verbinden, wenn der Kongo am 30. Juni seine Unabhängigkeit erhält.

Sir Roy Welensky, der Premierminister Rhodesiens und des Nyasalandes, der einem Zeitungsreporter diese Tatsache enthüllte, rief große Bestürzung in diplomatischen und politischen Kreisen sowohl Londons als auch Brüssels hervor. Trotz strikter Leugnung von belgischer Seite und zynischer Kommentare einiger der verantwortlicheren britischen Zeitungen konnte kein Zweifel daran bestehen, daß Versuche der Annäherung unternommen worden waren.

Es ist deshalb ein interessanter und vielleicht bedeutsamer Gedanke, daß 1886 Arnot, ein Schotte, die erste Person war, die sich in diesem Teil Zentral-Afrikas niederließ. Er war es, der die zivilisierenden Einflüsse brachte, die zur Grundlage der künftigen Entwicklung Katangas wurden.

Die geschichtlichen Ereignisse, die auf den folgenden Seiten dieses Buches skizziert sind, sollten Katangas Schicksal von Großbritannien weglenken. Und doch gibt es heute, siebzig Jahre später, diese neue Bewegung, die, wenn sie sich entwickelt, bedeuten könnte, daß der Held meiner Erzählung in der Tat Geschichte machte, als er seine erste Mission in Bunkeya gründete - Geschichte nicht nur für Garenganze, sondern für die Föderation, die kommen sollte.

London, Mai 1960                                    Tony Lawman

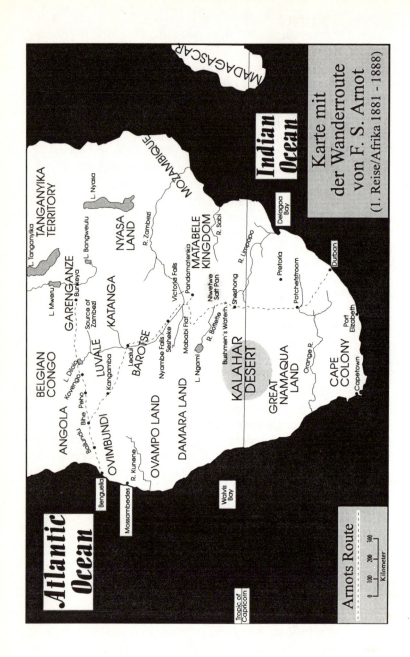

# EINLEITUNG

1886

Die ersten Regenfälle hatten die königlichen Anlagen kaum abgekühlt. In der Tat hatten sie die Atmosphäre der frühen Morgenstunden feucht und dunstig gemacht. Sie hatten noch keine wirkliche Erleichterung von der Trockenheit der vergangenen sechs Monate gebracht; sie hatten nicht gereinigt; sie hatten nicht gemildert. Stattdessen hatten die frühen Regenfälle eine bedrückende, dampfende Hitze verursacht, die man fast meinte, berühren zu können. Sie verstärkte noch den widerlichen Geruch von verfaultem Kot, von mit Schmutz vermischtem Urin und abgestandenem, sauren Essen.

Bunkeya unterschied sich nicht von irgendeiner anderen zentralafrikanischen Stadt in den dunklen Tagen des Kontinents. Es hatte politisch und wirtschaftlich große Bedeutung gewonnen; es war die Hauptstadt des Königs und rühmte sich mehrerer tausend Häuser mit vielen Märkten und Basaren. Aber trotz seiner Größe war es zusammen mit den übrigen, selbst dem winzigsten Dörfchen, dunkel, düster, abstoßend und geplagt von Krankheiten.

Längsseits einer der Hügel gelegen, die eine endlose Ebene überschauten, war Bunkeya nicht einfach eine Stadt, sondern eine Ansammlung riesiger Siedlungen und dem Königspalast, der sich über allem anderen erhob. Jedes der verschiedenen Stadtgebiete war von schweren Einpfählungen umgeben, nicht so das Haus des Königs - seine Palisaden waren sein Volk und dessen Speere.

Die Siedlung rund um den königlichen Kraal beherbergte alle Nationen, denn Bunkeya war der Unterschlupf des Räubers, das Casbar Zentralafrikas geworden. "BaGarenganze" - die Bezeichnung, die für die Nationalität eines jeden gebraucht wurde, der in dem Gebiet lebte - galt für die Überreste zahlreicher eroberter Stämme, die sich um die Zitadelle herum versammelt hatten. Es galt für Araber und Halbblütige, die gezwungen worden waren, von den Küstengebieten zu fliehen, und die sich in ihrer Klugheit in Bunkeya angesiedelt hatten. Und ironischerweise galt es auch für die Tausenden von elenden Sklaven, die verkauft wurden auf dem Markt, der sicher einer der größten und verwerflichsten im Inneren des Landes war.

Die kleinen, aussetzenden Regentropfen fielen auf die Reihen von menschlichen Schädeln, die die strohgedeckten Dächer zierten, und ließen ein hohles Präludium erklingen zu den Trommeln, die ebenfalls zu schlagen begonnen hatten. Das Trommeln war eine Vorladung zum Hof des königlichen Palastes. Allmählich wurden die Schläge lauter, übertönten schließlich das Trommeln des Regens auf den Schädeln. Das Murmeln verschlafener Stimmen begann von den kleinen Hütten widerzuhallen, Rauch sickerte durch das feuchte Dachstroh, hier und da kündigte ein Hund den Morgen mit einem Klagegeheul an. Das Trommeln, das aus dem Dorf eines der königlichen Offiziere kam, hielt an, und schließlich öffneten sich die Bambustüren der Hütten, und die Gerüche aus dem Inneren der kleinen, dunklen Bauwerke schienen sich mit dem Brummen der Bewohner zu verbinden, um eine Fuge der Natur von frühmorgendlichen Klängen erstehen zu lassen.

Die Bevölkerung war es gewohnt, durch die königlichen Trommeln aus ihrem Schlummer geweckt zu werden. Dieses morgendliche Getrommel war keine Überraschung. Die Trommeln bedeuteten entweder eine Kriegserklärung, die Ankunft eines neuen Schubes Sklaven oder eine Hinrichtung. Die Menschen wußten, da es an diesem Morgen das letztere sein würde, und so gab es jeden Grund, sich zu beeilen und sicherzugehen, da man die Belustigung nicht verpaßte. Männer, Frauen und Kinder krochen aus dem Schmutz ihrer Baracken in die frühe Morgenluft. Obwohl es keineswegs kalt war, wehte eine leichte Brise. Einige Sekunden etwa fröstelten die Dorfbewohner automatisch, wenn ihre nackten Körper mit frischer Luft in Berührung kamen. Schließlich begannen sich kleine Gruppen in den engen Straßen zu formieren, die die Häuserreihen trennten. Mittlerweile stand die Sonne ein gutes Stück über den Höhen der Osthügel, und ein neuer, ein wichtiger Tag hatte begonnen. Bald begannen Menschenmengen, begleitet von Kindern, Hunden und vereinzelten Ziegen und Eseln, ihren Treck hinüber zum königlichen Hügel.

Der Palast war ein großes, aus Lehm und Flechtwerk gebautes Haus mit mehreren Räumen und einer weiten Veranda. Es war in der Nähe einer Bergkuppe im Zentrum der Ebene gelegen. An jeder Seite waren mehrere kleinere Häuser für besonders auserwählte Ehefrauen und ihre persönlichen Sklaven. Dann war dort eine weite Schneise unterhalb, wo sich weitere königliche Gebäude befanden. Im Zentrum der Schneise stand ein hoher, mit eisernen Stacheln versehener Pfahl, der, wie der König einst gesagt hatte, reserviert werden sollte für den Schädel des ersten Weißen Mannes, der die Hauptstadt betrat und böse Absichten gegen die Garenganze hatte.

An eben diesen Pfahl war der Gefangene gebunden. Er war groß und gut gebaut, und seine Gesichtszüge waren fast wie die eines Niloten[1]. Er war jung und sah verzweifelt aus. Nur seine Muskeln bewegten sich. Seine Augen starrten geradeaus; sein Mund war trocken.

An jeder Seite des Gefangenen stand eine kräftige Wache und wenige Meter vor ihm ein sehr großes und grotesk aussehendes Individuum. In einer Hand hielt es eine Keule und in der anderen eine große Axt. Inzwischen war die Schneise voll von laut plaudernden Menschen; die Trommeln auf dem nahegelegenen Hügel hatten aufgehört. Einer oder zwei aus der Menge rannten vor, um dem Gefangenen ins Gesicht zu spukken und ihm einen Stoß zu versetzen. Die Wachen grinsten und schlossen sich dem Spotten der Menge an.

Dann kamen hinten aus der Menge einige ängstliche Rufe. Plötzlich hörte alles Gelächter und Geplauder auf. Die Menschen, die mittlerweile eng zusammengedrängt waren, wurden durch die königlichen Wachen getrennt, damit ein weiter Weg freigemacht werden konnte vom äußeren Rand der Menge bis zu dem Platz, wo der Gefangene und seine Wachen standen. Alle Augen waren nun auf den Weg gerichtet und auf die Vorderseite des Palastes jenseits davon.

Die Trommeln, die herübergebracht worden waren auf das Gelände des Königspalastes, begannen wieder zu ertönen. Dieses Mal war es ein langsames, einfaches Schlagen - ein Schlagen, das Erwartung und Spannung erzeugte.

Die Stille, die auf die Menge fiel, war noch entschiedener, als aus dem Haupteingang des Palastes ein ältlich aussehender Mann mit einem milden, aber häßlichen Gesicht heraustrat. Er war ziemlich groß, aber was ihm das Aussehen eines Caliban[2]

---

[1] Angehöriger dunkelhäutiger Völker am oberen Nil.
[2] Unhold, häßliches Ungeheuer.

oder Quasimodo[2] verlieh, war sein riesiger Hammerkopf. Er war in leinene Hosen gekleidet, die sich in zahlreichen Falten an seine Beine schmiegten. Seine Jacke war aus verblaßtem, braunen Brokat. Auf seinem schweren und abstoßenden Kopf saß ein Strohhut mit einer schmalen, hochgewölbten Krempe. Wenn er auch nicht ein klassischer Schurke war, so sah er doch aus, als wenn er gut auf den Planken eines Kaperschiffes des achtzehnten Jahrhunderts hätte schreiten können.

Einen Moment lang stand er allein, die Menge unterhalb von ihm überblickend; dann gesellten sich drei seiner Lieblingsfrauen, zwei seiner Berater und mehrere persönliche Diener zu ihm. Als er auf die Versammlung zuschritt, war sein Gesicht ruhig und gab kein Anzeichen von der Wut, die er einige Minuten vor seinem öffentlichen Auftreten an den Tag gelegt hatte. Seine schmalen, blutunterlaufenen Augen lächelten nicht, noch blitzten sie; sie fügten sich ganz in seinen passiven Gesichtsausdruck. Als er sich dem äußeren Kreis der Menge näherte, wendete sich sein Kopf langsam und zollte dem lauten Beifall einiger seiner älteren Untertanen Anerkennung.

Während der feierlichen Prozession durch den von den Wachen geöffneten Korridor wurde die Menge wieder laut, als sie den Jubel der Ältesten aufgriff. Obwohl sie ganz nahe an dem Gefangenen vorbeizogen, bemerkten weder der Mann in den Kniehosen noch irgendeiner von seiner Eskorte dessen Gegenwart.

Als der Anführer der Prozession anhielt und die Volksversammlung anschaute, die nun aus Tausenden von Menschen bestand, erhob sich ein allgemeines Rufen, und Vorderlader knatterten eine Begrüßungssalve in die Luft. Zwei der persönlichen Diener, die einen schweren Holzsessel trugen, rannten vor. Vorsichtig und mit übertriebener königlicher Würde setzte sich die Zentralfigur der Zeremonie nieder inmitten eines ungeheuren Geschreis und stürmischer Huldigung. Mushidi, Häuptling der BaGarenganze, König dieses zentralafrikanischen Babylon, thronte vor seinen untergebenen Völkern.

Nie zuvor hatte es einen afrikanischen Machthaber gegeben, der die Höhen seiner Herrschaft erreicht und diese Herrschaft über ein so zusammengewürfeltes Volk aufrechterhalten hätte, welches auf etwa fünfundsechzigtausend Menschen geschätzt wurde, und der mit solch absoluter Autorität über ein so großes Gebiet regiert hätte. Von den Lualaba im Westen zu den Luapula im Osten, südwärts bis zu den Muchingabergen, welche das Zambezi- und das Kongo-Stromgebiet trennen, und nach Norden bis hin zum Lubaland und See Mweru - all dies, flächenmäßig etwa so groß wie England und Wales zusammengenommen, war Mushidis Gebiet. Aber selbst außerhalb dieser Grenzen zeigten Häuptlinge von so weit entfernten Gegenden wie Tanganyika, Angola und den südlichen Gegenden des Mashukulumbwelandes dem Garenganze-König ein gewisses Maß an Unterwerfung.

Gerüchte über seinen großen Reichtum, die Stärke seiner gut disziplinierten und erobernden Armee (die Rugaruga) und über die vielen Hinrichtungen, die in seiner Hauptstadt stattfanden, verbreiteten sich durch ganz Ost- und Westafrika. Obwohl sich in jüngster Zeit Drohungen von Revolten erhoben hatten, raunte man seinen Namen mit Ehrfurcht, in Entsetzen, und er war gleichbedeutend geworden mit Raub, Plünderung und Sklavenhandel. Die meisten Gerüchte waren zweifellos wahr, aber außerhalb seiner eigenen Hauptstadt kannte man nur seinen Namen und seinen Ruf. Sein eigentlicher Charakter, seine Persönlichkeit waren für die meisten ein Rätsel, insbesondere für die Weißen, die später in sein Land kommen würden in dem Bestreben, es einzunehmen. Paradoxerweise kannte nur eine Person Mushidi wirklich, und das war der Weiße, der nun durch die Menge ging und gespannt auf die Szene starrte, die sich vor ihm abspielte. Er war die vergangenen neun Monate in Bunkeya gewesen, und obwohl die Außenwelt bis jetzt noch nichts über ihn oder seinen dreizehntausend Kilometer weiten Marsch quer durch Afrika wußte, würde er später als der zweite Livingstone bekannt werden. Es war Frederick Stanley Arnot, der erste Missionar, der je in Mushidis Land kam, und der erste Weiße, der in der heutigen Katanga-Provinz des Belgischen Kongo lebte.

Arnot war ein Schotte, der nach Afrika gekommen war mit dem Entschluß, die primitiven Eingeborenen der Stämme zu evangelisieren, die das Land nördlich des großen Zambeziflusses bewohnten. Obwohl er erst achtundzwanzig war, hatte er in sehr kurzer Zeit die Achtung des afrikanischen Riesen gewinnen können, der nun einige Meter von ihm entfernt saß. Es war seine direkte Art gewesen, gemischt mit einem freundlichen Sinn für Humor, die Mushidi als erstes beeindruckt hatte. Zuerst hatte der Häuptling ihn mit Zurückhaltung und vielleicht nicht ohne Argwohn behandelt. Arnot seinerseits wäre nicht Mensch gewesen, wenn er Mushidi nicht mit Vorsicht und sogar Furcht betrachtet hätte. Dann waren sie in einen Bund getreten, und daraus war ein Band der Freundschaft und der gegenseitigen Achtung, wenn nicht sogar gegenseitigen Verständnisses erwachsen. Oder war dieses Verständnis noch nicht da? War es latent vorhanden und sogar wirksam genug, um in der Tat die Grundlage der wirklichen Freundschaft zu sein, die im Entstehen war? Für Arnot war Mushidi brutal, herzlos, habgierig, ein Aufschneider, trotzdem war er auch weise, freundlich, würdevoll und ein Mann, der sein Wort hielt. Es war gerade die Verschiedenartigkeit von Mushidis Charakter, die den Schotten neugierig machte. Der König war alles für alle - er war ein Schauspieler, und in der Vortrefflichkeit seiner Aufführung verwirrte er und überdeckte seine innersten Gedanken.

Eine junge Frau gesellte sich nun zu Mushidi. Als sie vor ihm niederkniete, streckte der König seine Hand aus und legte sie auf ihre rechte Schulter. Daraufhin stand sie auf, drehte sich mit dem Gesicht zur Menge und setzte sich zu den Füßen des Königs nieder. Arnot beobachtete die kleine Zeremonie mit Interesse. Er wußte, daß das Mädchen eine von Mushidis Lieblingstöchtern war. Er wußte auch, daß sie eine Dirne war.

Einer der älteren Berater trat hinter dem Thron hervor. Wiederum wurde es still. Der alte Graubart begann, den Gefangenen feierlich anzureden und ihn gleichzeitig öffentlich wegen seiner Verbrechen anzuklagen. Der junge Mann an dem Marterpfahl schaute das Mädchen an. In seinen Augen war weder Haß noch Liebe. Sie starrte ihn verachtungsvoll an. Der Gefangene, dessen Name Kalanda war, war der Sohn eines der Häuplinge, die Mushidi im Kampf getötet hatte, und er war als Gefangener an den Hof gebracht worden. Kurze Zeit darauf hatte sein schöner, männlicher Körper Mushidis Tochter Ngulewe angezogen. Ihre Verführungsversuche waren jedoch unbeachtet geblieben und ihr Stolz verletzt worden. Eines Nachts, wenige Monate nach Kalandas Ankunft in Bunkeya, wurde er dazu verleitet, an einem Biertrinken teilzunehmen, wo er nach Absprache betrunken gemacht wurde. Unter irgendeinem Vorwand rief man Kalanda zu einem abgelegenen Teil der Stadt, der an die tiefer liegende Ebene angrenzte. Dort traf ihn Ngulewe, die sich auf ihn warf und gleichzeitig zu kreischen begann. Wiederum nach Absprache waren einige ihrer Verehrer sofort zur Stelle, um Zeugnis abzulegen für die Tatsache, daß Kalanda versucht habe, des Königs Tochter zu vergewaltigen. Es wurde auch von anderen Freunden Ngulewes behauptet, Kalanda habe zuvor in seinem Rausch, beim Biertrinken, damit geprahlt, einen von Mushidis Lieblingsgenerälen umgebracht zu haben.

Als Mushidi hörte, daß Kalanda Ngulewe angegriffen habe und daß er außerdem ein geständiger Mörder sei, täuschte er einen heftigen Zorn vor und befahl seine sofortige Hinrichtung. Dann hatte Ngulewe um das Vorrecht gebeten, Kalandas Kopf zu bekommen, um damit ihr Haus zu schmücken.

Der Berater klagte Kalanda des Versuchs der Vergewaltigung der Prinzessin an und des Mordes an dem General des Königs. Als er aufgehört hatte zu sprechen, wandte Mushidi seinen unedlen Kopf dem Gefangenen zu und gab das Zeichen. Sofort lösten die Wachen den Strick, der Kalanda an den Marterpfahl gebunden hatte. Sie stießen ihn auf seine Knie unter dem Höhnen und den Wutschreien der Menge. Dann hackte der Scharfrichter mit mehreren schlecht gezielten und wenig wirksamen Hieben auf Kalandas Kopf ein. Es war eine widerwärtige und grausame Angelegenheit, und bis der Kopf ganz abgetrennt war, waren der Scharfrichter und die Wachen mit Blut bedeckt. Der Körper, der Kalanda gehört hatte, zuckte nun in seiner eigenen, dunkelroten Lache. Aus dem Nackenstumpf schossen zwei lange Strahlen von Blut hervor und bespritzten die Füße einiger Zuschauer. Einer der Wachen unternahm den Versuch, den Kopf aufzuheben. Aber bevor er dazu kam, rannte Ngulewe vor und packte ihn an seinen Haaren. Sie hielt ihn in die Höhe, damit die Leute ihr Tun sehen konnten, und schwang die schauderhafte Trophäe auf ihren Vater zu, der nicht die geringste Regung zeigte. Dann kam jemand von der königlichen Versammlung nach vorne mit einem Pfahl, der eiserne Stacheln hatte. Der Kopf wurde aufgespießt und, gefolgt von der grinsenden Prinzessin, fortgetragen, um anschließend die Außenseite ihres Hauses zu zieren.

Als Mushidi seine Tochter beobachtete, wie sie hinter der Prozession dahinhüpfte, begann er, in sich hineinzulachen. In dem Moment schaute er zu Arnot herüber.

Das war nicht die erste Hinrichtung, deren Zeuge der Missionar gewesen war. Er hatte viele gesehen, sowohl in Bunkeya als auch in Lewanikas Hauptstadt in Barotseland. Beim ersten Mal war er von der Szene davongestürzt und hatte sich erbrochen. Das nächste Stadium war Angst - eine Angst, die er nie für möglich gehalten hätte, aber dann, schlimmer als jede physische Reaktion, hatte er eine schmerzende, stechende geistige Beklemmung erlebt: Eine Vergegenwärtigung der Tatsache, daß er nach Afrika gekommen war, um das Wort Gottes zu predigen - und obwohl er das auch tat, versagte er in Wirklichkeit. Wie konnte er diese primitiven Menschen dazu bringen zu begreifen, daß Greuel wie die, deren Zeuge er gewesen war, keinerlei Platz hatten in einer zivilisierten Welt? Aber andererseits, an welchen Maßstäben erkannte man Zivilisation? Wer war er, solche Maßstäbe zu setzen? Und wiederum, wenn die Worte Christi nicht der Weg waren, um diese Menschen zu zivilisieren, hatte er dann überhaupt das Recht, hier zu sein?

Gelegentlich hatte er die Hoffnung gehegt, daß seine persönliche Freundschaft zu Mushidi, seine Nähe zu ihm, meinen Weg zu einem besseren Verständnis sowohl des Herrschers als auch der Völker bahnen würde. Aber wenn er sah, wie kalt und barbarisch der König war, zerbrachen seine schwachen Hoffnungen. Verschwendete er sein Leben? Hielt er sich selbst zum Narren, indem er glaubte, daß die wenigen Kinder, die er unterrichten durfte, die Erfüllung all der Bestrebungen und Ideale war, die ihn genötigt hatten, nach Zentralafrika zu kommen? Überwogen die Barbareien der Leute in einem solchen Maß, daß es für ihn keinen Grund mehr gab, an den er sich klammern konnte?

Jedesmal, wenn er Sklavenkarawanen sah, wenn er die Gefangenen wie Ochsen zusammengejocht sah, Babys von den Armen ihrer Mütter fortgerissen und gegen die Bäume zu Tode geschmettert, jedesmal, wenn er ein brutales Blutvergießen sah, verweilten seine Gedanken bei diesen Fragen.

Mushidi schaute Arnots blasses Gesicht aufmerksam an. Er konnte sehen, daß die dunklen, tiefliegenden Augen des Missionars vor Zorn blitzten. Der König wußte, wie Arnot solche Hinrichtungen empfand. Er war sich auch dessen bewußt, daß der weiße Mann ebenso wie er selber wußte, daß Kalanda aufgrund von Lügen des Hasses getötet worden war. Aber was Arnot nicht wußte und nie anerkennen würde, war, daß er, Mushidi, trotz dieses Wissens, die Pflicht hatte zu töten, um die Schande seiner Tochter zu rächen. Das Volk erwartete es, das Volk erwartete es ..., immer erwartete es das Volk!

Als sich die Menge zerstreute, standen die beiden Männer da und schauten sich an. Mushidi, der König, der stolze Tyrann, war ebenfalls tief in Gedanken. "Wenn er nur verstünde, wenn er nur sehen könnte! Aber andererseits, was für eine Art von Mensch ist dieser `mzungu', der von jenseits des großen Wassers kommt, der als Bettler lebt und doch mit solcher Macht spricht? Warum ist er überhaupt hier, warum ist er hier...?"

# TEIL I

## *DIE STILLE FLUT*
## 1867-1886

## KAPITEL I

### *Die Herausforderung*

Die Dachstube hatte eine niedrige Decke, die in einer Ecke bis auf wenige Fuß zum Boden hin abfiel. Die Fußbodendielen waren uneben und knarrten und ächzten vor Alter bei der geringsten Belastung. Leichte Spuren von Feuchtigkeit und Stockflecken waren wahrzunehmen, und die Haufen von Büchern und Papieren, welche eine der Wände säumten, gaben einen muffigen Geruch von sich, der, obwohl er nicht gerade unangenehm war, deutlich einen Teil der Atmosphäre dieses Raumes ausmachte.

Es erinnerte an ein Raritätengeschäft, das sich auf Artikel aus West-Zanzibar spezialisiert hatte; es war wie ein Museum, jedoch eines, das wenige Leute je gesehen hatten. Jeder Artikel war dazu bestimmt, ein Sammlerstück von fast unschätzbarem Wert zu werden, aber zur Zeit waren sie nichts weiter als der Inhalt einer Dachstube. Sie waren von ihren Besitzern als nutzloser Plunder zur Seite geräumt worden, natürlich jedes mit seinen Erinnerungen, aber nichtsdestoweniger Plunder.

In der Ecke nahe der Tür befanden sich mehrere Speere verschiedener Größe. Da war die Stechlanze des Zulu, die Elephantenklinge des Bechuana-Land-Jägers, der lange Widerhakenspeer des Barotse-Fischers. Mit ihren rostig gewordenen Metallspitzen, ihren zerkratzten und zersplitterten Schäften repräsentierte jedes einzelne Stück einen Meilenstein dessen, was als eine historische Reise bekanntwerden sollte.

Gegenüber der Speersammlung, in einer anderen Ecke, stand ein alter Zinnkoffer, dessen Beulen und löchrige Kanten von dem ständigen Gebrauch zeugten, dem er einst unterlegen hatte. Jetzt war es ein herrenloses Gut und hatte seinen Platz unter all den anderen Dingen in der Dachstube und wartete darauf, von den historischen Forschungsberichten entdeckt zu werden. Auf dem Koffer stand eine sehr schäbige und staubbedeckte magische Laterne. Bei ihrem bloßen Anblick käme niemand, der es nicht wußte, auf den Gedanken, daß sie ihre Rolle gespielt hatte in der Öffnung eines bis dahin dunklen Kontinents, daß sie Tausenden und Abertausenden von unzivilisierten Menschen Gelächter und Verblüffung gebracht hatte. Mit ihrem grotesken, schwarzen Rauch ausstoßenden Trichter und mit angemessener Bescheidenheit und Wirksamkeit war sie der Vorläufer der Zauberei des Weißen Mannes gewesen. Auf dem Zinnkoffer in der schottischen Dachstube war die Laterne nun zur Ruhe gekommen, sie reflektierte keine farbenreichen Bilder mehr im Herzen des afrikanischen Buschs, aber vielleicht schlummerte sie mit den Bildern von ihrer eigenen Wanderschaft.

Vor dem Koffer lag unter einem Haufen roter und schwarzer Perlen ein zerbrochener Sextant, und in der Nähe davon mehrere mit Bleistift gezeichnete Karten.

Zwei Stockwerke tiefer schlug in dem recht nüchternen Wohnzimmer eine Uhr. Draußen war es kalt, und es hatte gerade angefangen zu regnen. Obwohl es erst vier Uhr nachmittags war, begann es schon, dunkel zu werden. Eine Tür schlug zu, und dann hörte man Stimmen, junge Stimmen, erst flüsternd, dann lachend, und schließlich, als sie sich dem Hausgiebel näherten, waren es Stimmen voller Aufregung.

Die Tür sprang auf, und drei Kinder, ein kleines Mädchen und zwei Jungen, traten in die Dachstube. Das Mädchen, das Anna Mary hieß, war neun Jahre alt und war, obwohl keineswegs älter als der größere der beiden Jungen, offenbar die Anführerin des Trios. Es war ein hübsches Kind mit haselnußbraunen Augen und Zöpfen, die ihr über die Schultern herabbaumelten. Sie war intelligent und lebhaft. Der größte Junge, Thomas, war ihr Bruder. Er sah kränklich aus und hatte sich erst vor kurzem von einer schweren Krankheit erholt. Thomas war vier Jahre älter als seine Schwester. Das dritte Kind war ein Junge auf Besuch. Er war genauso alt wie Anna Mary. Es war nicht das erste Mal, daß er mit den anderen Kindern in der Dachstube war. Für ihn war es der aufregendste Ort der Erde, und wann immer er in dem Hause eingeladen war, schaffte er es, entweder Anna Mary oder Thomas dazu zu bewegen, mit ihm nochmal die 'Afrika-Sachen' anschauen zu gehen.

Bei jedem seiner Besuche in der Dachstube verlor er sich in einer Welt von Wünschen und Träumen, die Stimmen der anderen Kinder rückten in die Ferne, und es war, als stünde er dort allein. Er betrachtete dann sehnsuchtsvoll die Karten und den zerbrochenen Sextant, hob seinen Arm und berührte die Spitze der magischen Laterne. In seiner eigenen Phantasie nahm jeder der Speere ein neues, glänzendes Aussehen an mit funkelnden Stahlklingen. Er hörte dann nicht die Stimmen seiner Kameraden, sondern das Schlagen der Buschtrommeln und die leichte Küstenbrise, die durch die belaubten Palmenhaine nahe des Ufers rauschte. Dann hörte er die klagenden Schreie der Opfer von Sklavenraubzügen, er hörte das Knallen der arabischen Peitschen so deutlich, als wenn sich die Szene in dem Garten vor dem Haus abspielte. Wieder und wieder hatte er Erzählungen über diese Dinge gelauscht, er hatte Erwachsene über sie sprechen hören, und in der Dachstube des mit Schiefer gedeckten Hauses in Hamilton konnte dieser kleine Junge einen Aufzug von lebendigen Bildern erstehen lassen. So jung er war, wußte er doch schon, daß er in der Dachstube des Hauses seiner Freunde einen Führer für sein eigenes Leben gefunden hatte.

Dieser Junge, der Afrika in seinen Träumen entdeckte und auf den der Inhalt der Dachstube eine so tiefe Wirkung hatte, war Frederick Stanley Arnot; jetzt schon wußte er, daß er sein Leben Afrika widmen würde.

Anna Mary lachte ihn an, als er sich umdrehte und seine Spielgefährten ansah. "Jedesmal, wenn du hier hochkommst, wirst du so ernst, Fred", sagte sie. "Ich behaupte, du würdest gerne bei Papa sein in diesem Augenblick. Vielleicht, wenn du groß bist, wird er dich auf eine seiner Reisen mitnehmen!"

Fred starrte seine Freunde an. "Meint ihr, das würde er tun? Meint ihr wirklich, das würde er tun?"

Diesmal antwortete Thomas: "Ich habe gerade einen Brief von Papa bekommen. Er ist vom 28. August letzten Jahres, und er war in der Nähe eines großen Sees, der Nyasa heißt. Wollt ihr, daß ich ihn hole und euch vorlese?"

Während Thomas weg war, um den Brief zu holen, zog Fred Arnot einige der bleistiftgezeichneten Karten hervor, und Seite an Seite mit Anne Mary versuchte er, einige der unaussprechlichen Namen zu entziffern, die zur Bezeichnung von Flüssen und Strömen dort standen. "Eines Tages, Anne Mary, eines Tages werde ich all diese Orte selber sehen, warte nur ab, du wirst schon sehen...", sagte er zu seiner Spielgefährtin

Thomas kam mit dem Brief zurück, und während Fred und Anna Mary gespannt auf jedes Wort lauschten, begann er sehr langsam vorzulesen. Anna Mary hörte es zum sechsten Mal, aber sie saß vollkommen still, als ihr Bruder redete. Für Fred war es, als wäre der Schreiber selber im Raum und erkläre ihm persönlich die Einzelheiten seiner Reisen. Er hörte nicht mehr Thomas den Brief seines Vaters lesen; stattdessen hörte er die tiefe, klare Stimme des Reisenden von den Wänden der Dachstube widerhallen...

"... Die Sepoys waren moralisch ungeeignet für Reisen, und außerdem hatten wir alle Pech. Nahrungsmittel gab es um keinen Preis. Unsere besten Kleidungsstücke brachten nur erbärmliche Mengen des gewöhnlichen Getreides ein. Ich schleppte mich den ganzen Weg dahin, und da wir außer den Turteltauben und Perlhühnern, die wir gelegentlich schossen, keine Fleischnahrung hatten, glich ich bald einer von Pharaos mageren Kühen. Die letzte Wanderung (nach Nyasa) brachte uns in ein Land des Überflusses. Es war von einem Ende bis zum anderen ein sehr schönes Land, aber recht entvölkert ... Der oberste Häuptling, namens Mataka, lebt in dem Stromgebiet, das das Land überragt, aber in einer Entfernung von fünfzig Meilen oder mehr; seine Stadt besteht aus etwa tausend Häusern - viele davon quadratisch nach Art der Araber. Weite Flächen gut tragender englischer Erbsen gediehen in den feuchten Senken oder wurden bewässert. Vieh ließ darauf schließen, daß es dort keine Tsetse-Fliegen gab. Als wir ankamen, schickte Mataka gerade eine Anzahl Vieh und Gefangener in ihre eigenen Häuser zurück. Sie waren von seinem Volk ohne sein Wissen von Nyasa genommen worden. Ich sah sie zufällig: es waren vierundfünfzig Frauen und Kinder, etwa ein Dutzend junger Männer und Knaben und ungefähr fünfundzwanzig oder dreißig Stück Vieh. Da es ein freiwilliger Beschluß war, war er umso erfreulicher mitzuerleben ...

Ich denke manchmal an Euch mit einer gewissen Sorge, da ich nicht weiß, welche Gelegenheiten sich Euch im Leben bieten werden ... Wofür auch immer Ihr Euch am geeignetsten glaubt, 'befiehl dem HERRN deinen Weg und vertraue auf ihn, so wird er handeln'. Man sollte danach streben, die Besonderheiten seines Wesens dem Dienst seines Erlösers zu weihen, was auch immer diese sein mögen ..."

Als Thomas den Brief zu Ende gelesen hatte, schaute er Fred an. "Weißt du, Freund Fred, der Teil über das, was ich mit meinem Leben machen werde, könnte gut für dich geschrieben worden sein, wegen deiner Ideen, Papa zu folgen und nach Afrika zu gehen und all das ..."

Fred sah etwas verlegen aus, so, als ob man in seine innersten persönlichen und heimlichen Gedanken eingedrungen wäre. Was er sagte, war nur: "Ja, du hast recht, Thomas. Das könnte gut sein."

Auf dem Nachhauseweg an jenem Abend dachte Fred an die Preisverleihung in seiner Schule vor zwei Jahren zurück. Bei der Gelegenheit war Anna Marys Vater der Ehrengast gewesen, und während einer Rede an die Schule hatte der bedeutende Mann gesagt, daß er nur zwei wichtige Dinge seiner jungen Hörerschaft einprägen wolle, und zwar: "Fürchte Gott und arbeite eifrig!"

Jene Worte stiegen in seinem Innern hoch. Seine kluge Phantasie, für sein Alter hoch entwickelt, hörte den Redner immer wieder sagen: "Fürchte Gott und arbeite eifrig ..., wofür auch immer du dich am geeignetsten glaubst, befiehl dem Herrn deinen Weg ..., so wird er handeln ..." Er glaubte daran, daß dies wahr sei, denn hatte nicht der größte Missionar und Reisende Zentralafrikas, Dr. David Livingstone, es ihm persönlich gesagt?

"Dr. Livingstone wird im Hinterland Zentralafrikas vermißt. Seit vielen Monaten haben weder die Royal Geographical Society noch seine Freunde und Familenangehörigen Nachricht von ihm erhalten. Der Forscher-Missionar verließ vor sechs Jahren die englische Küste, um seinen dritten Besuch des dunklen Kontinentes anzutreten. Seitdem und noch bis ungefähr vor einem Jahr hat der Britische Konsul in Zanzibar, Dr. Kirk, verschiedene Berichte von ihm erhalten. Abgesehen von seinen christlichen Verpflichtungen, das Evangelium unter den Heidenvölkern zu verbreiten, waren Dr. Livingstones Ziele bei dieser dritten Forschungsreise nach Afrika, noch einen weiteren Versuch zu unternehmen, das Zentrum dieses riesigen Kontinents für Einflüsse der Zivilisation zu öffnen und gleichzeitig das Stromgebiet des Landes nördlich des Sees Nyasa und das südliche Ende des Sees Tanganyika zu ermitteln.

Es verlautete, daß die Geographical Society die Aussendung einer Suchexpedition nach Zentralafrika beabsichtigt mit dem Ziel, dem verlorenen Missionar Hilfe zu leisten ..."

William Arnot las laut aus dem 'Weekly Despatch' vor für seine Frau Elisabeth, die eifrig mit ihrer Lieblingstätigkeit Sticken beschäftigt war. Sie saßen in dem bequemen Salon ihres neuen Hauses in Tayport; es war an einem Winterabend im Jahr 1870.

Arnot, seine Frau und ihr junger Sohn Fred waren erst kürzlich von Hamilton an die Ufer des Flusses Tay umgezogen. William stand in Verbindung mit der Handelsschiffahrt der australischen Strecke. Abgesehen davon, daß er ein bekannter und sehr geachteter Geschäftsmann war, war William ein frommer Anhänger der Free Church of Scotland. Als er den Bericht des kleinen Tageblatts zu Ende gelesen hatte, schaute seine Frau von ihrer Arbeit auf. Ihre Augen waren feucht. "Armer David Livingstone. Es kommt mir vor, als sei es erst gestern gewesen, daß wir in Hamilton mit ihm zusammen waren. Ich erinnere mich gut daran, wie wir alle miteinander Tee tranken. Es war so ein ergreifender Anblick, zu sehen, wie er sich seinen Kindern widmete und wie viel ihm der Tod seiner lieben Frau bedeutete. O, William, dieser arme Pionier - wenn je ein Mensch hin und her gerissen war zwischen der Pflicht gegenüber seiner Familie und gegenüber Britannien, dann er."

William seufzte zustimmend. Er hatte oft mit Livingstone gesprochen während dessen zweiten Heimataufenthalts von Afrika. Er war überwältigt gewesen von seiner Hingabe an seine Arbeit; er war beeindruckt gewesen von Livingstones demütiger Art und seinem ungeheuren Glauben an Gott und die Menschheit. Er wußte auch, daß er nicht der einzige in der Familie war, der von Livingstone begeistert war, und gerade dabei verweilten nun seine Gedanken. "Weißt du, Elizabeth, der kleine Fred wird das sehr schwernehmen. Von jenen frühen Tagen in Hamilton an nimmt er fast ein ..., naja ein ... ein inspiriertes Aussehen an, wann immer Livingstones Name erwähnt wird. Du weißt, was ich meine, du hast es selbst gesehen."

"Ja, ich weiß. Ich habe oft daran gedacht. Ich glaube, er hat tatsächlich vor, Missionar zu werden. Genau wie er selber gesagt hat - er möchte den Fußspuren von David Livingstone folgen. Und William ...o William ..., wenn es das ist, wonach der Junge strebt, sollten wir stolz sein, sehr stolz ..."

Elizabeths Gatte war kein überschwenglicher Mann, und eine solche Gefühlsäußerung war ihm peinlich. Er räusperte sich, nahm die Zeitung wieder auf und wollte gerade weiterlesen, als eine Tür aufflog und Fred in seinem Nachthemd durch den Raum rannte und seinen Kopf in den Schoß der Mutter warf. Er schluchzte.

William und seine Frau sahen sich an. Elizabeth nahm den Kopf ihres Sohnes in ihre Hände und küßte seine Stirn. Bald ließ das Weinen nach, und Fred schaute zu seinem Vater hinüber, der sich in der Situation etwas hilflos fühlte.

"Papa, Mama, ich ... Es tut mir leid, aber ich habe gehört, was Papa vorgelesen hat, ich konnte nicht anders. Ich bin aus meinem Schlafzimmer gegangen, um 'Gute Nacht' zu sagen, und als ich an die Tür kam, hörte ich zu. O, Mama, ich ... ich will nicht, daß er da draußen verloren ist. Er ist zu gut, um verloren zu sein, und ... und, Mama, w-wenn ich groß bin, w-will ich ihm in s-seiner Arbeit helfen, bitte ..."

Das Kind begann wieder zu schluchzen. Elizabeth preßte ihn an ihre Brust und tröstete ihn. Sie schaute zu ihrem Mann hinüber. Ihre Augen trafen sich; Worte waren überflüssig; sie verstanden einander.

Im Sommer 1872 war die Schiffbauer-Werft von Tayport ein Ort beachtlicher Betriebsamkeit. Drei schwerbemastete Schoner und eine Bark befanden sich in verschiedenen Stadien der Konstruktion, während mehrere andere kleinere Schiffe auf Reparaturen warteten.

Ganz am Ende der Anlegestelle lag der Schoner 'Corinthia', und auf diesem Schiff war Fred Arnot, nun vierzehn Jahre alt, beschäftigt. Er war erst vor kurzem als Lehrling auf die Werft gekommen, und es paßte ganz in den Lauf der Dinge. Wenn man Missionar sein wollte, mußte man mit Werkzeugen vertraut sein, und welch' besseren Ort gäbe es, um ein Heimwerker zu werden und sich auf diese Seite seines zukünftigen Lebens in Afrika vorzubereiten, als unter Schiffbauern?

Wenn er die Säge auf dem Deckinholz gebrauchte oder einen Teil des Schandeckels an seinem Platz verbolzte, war er nicht mehr ein Lehrling auf dem Schiff. Die Stimmen seiner

Arbeitskollegen, der allgemeine Lärm der Werft und die Schreie der Seemöwen droben, all das schwand dahin, als würde es von der Küstenbrise in die Vergangenheit geweht. Aus dem Hämmern der Zimmerleute wurde das entfernte Schlagen der Dorftrommeln; das schrille Gekreisch der Seemöwen verwandelte sich in die Dschungelschreie der Sonnenvögel, der Affen, und ein besonders lauter Schrei konnte sogar von einem gestellten Leopard kommen. Sich selbst sah er dann am Flußufer; um ihn herum waren seine eingeborenen Träger; auf dem Boden verstreut lagen seine Bündel und Lasten. Zusammen mit zwei oder drei schwarzen Arbeitskollegen sägte und behaute er große Baumstämme und legte die letzten Handgriffe an ein Floß, welches ihn und seine Mannschaft über den Fluß bringen würde. Einige Minuten später sah er sich selbst seine erste Missionsstation errichten, ein Haus aus schlanken Balken und Lehm mit einem Dach aus Gras bauen; er konnte die lange Reihe von Eingeborenen sehen, die darauf warteten, daß ihre Wunden und Krankheiten behandelt würden; und oft sah er sich die ersten hölzernen Träger in Stellung bringen - hölzerne Träger, um die herum seine erste Kirche oder Versammlungsstätte gebaut werden würde.

Obwohl Fred erst seit wenigen Monaten auf der Werft war, war er bei seinen älteren Kameraden sehr beliebt. Sie bewunderten seine Gewissenhaftigkeit, seine Energie und seine fröhliche Art. Sie genossen seinen Sinn für Humor. Zuerst reagierten sie belustigt, als er ihnen von seinen Absichten erzählte und von dem Grund, weshalb er beschlossen hatte, auf der Werft zu arbeiten. In den ersten Wochen seines Aufenthalts bei ihnen konnte er ihre groben und ziemlich direkten Bemerkungen nicht verhindern. Dann, mit der Zeit, sahen sie, daß der Junge bereits sein Leben einem Ziel gewidmet hatte, und kamen sogar in ihrer eigenen, rauhen und unwissenden Art dazu, ihn zu achten.

An einem Tag, als Fred eifrig mit einer Schreinerarbeit beschäftigt war, die sein Vorarbeiter ihm gegeben hatte, wurde er gewaltsam aus seinen Tagträumen über das Missionarsleben in Afrika gerissen. Beim Arbeiten mit dem Meißel an einem besonders schwierigen Teil des Werkstücks hatte er seine ersten eingeborenen Christen getauft. Plötzlich wurde er sich bewußt, daß in der Nähe jemand rief und daß seine Kameraden die Arbeit unterbrochen hatten und der Stimme zuhörten, die nun von der Anlegestelle zu kommen schien.

Fred sah, daß seine Arbeitskollegen an der Flanke des Schiffes versammelt waren. Als er die Stimme den Namen Livingstones ausrufen hörte, ließ er seinen Meißel fallen und lief zu den anderen. Er kam rechtzeitig an, um die Worte zu hören, die er sein ganzes Leben lang nicht wieder vergessen würde.

"Ich sag' euch, es ist wahr, so wahr, wie ich hier stehe ... He, Mann, wollt ihr nicht zuhören? Davie Livingstone ist gefunden worden. Ich sag' euch, es steht in der Zeitung. Dieser Mann aus New York - na, wie heißt er denn gleich, eh emm ... Stanley, genau, Henry Morton Stanley hat unser'n Davie gefunden. Und Davie lebt, und gut geht's ihm auch. Oh! Das ist eine gute Nachricht ..."

Fred liefen Freudentränen die Wangen hinab, als er hinter den anderen stand und der ganzen Geschichte zuhörte. Es war an einem Ort namens Ujiji geschehen, am 28. Oktober 1871, vor fast zehn Monaten. Als Stanley zu dem Missionar gekommen war, hatte er ihn blaß und müde vorgefunden. Der große Forscher trug graue Tweedhosen und eine rotärmelige Weste. Auf seinem Kopf hatte er eine blaue Kappe, die noch die Tresse des Konsulardienstes trug, wenn auch nun sehr ausgeblichen. Und dann Stanleys berühmte Worte: "Dr. Livingstone, nehme ich an?" und später "Ich danke Gott, Doktor, daß es mir erlaubt war, Sie zu sehen", und dann Livingstones Antwort: "Ich bin dankbar, Sie hier willkommen heißen zu können."

Es kamen weitere Neuigkeiten ans Licht, als sich zu dem Mann, der zu den Schiffbauern gesprochen hatte, nun mehrere andere gesellten, von denen einer eine Zeitung hatte, in der ein ganzer Bericht von Stanley stand. Aber Fred Arnot hörte nur wenig davon: Er wandte sich von der Menge ab und ging langsam zu seiner Arbeit zurück. Er nahm den Meißel auf und begann, an dem Holz zu schnitzen, das vom Griff des riesigen Schraubstockes gehalten wurde. Er sah nur durch einen Tränenschleier, aber nie zuvor hatte er einen solchen Willen verspürt zu arbeiten, alles zu erreichen, was es zu lernen galt, sich für die Aufgabe zuzurüsten, die vor ihm lag.

Der Winter 1872 in Schottland war hart. Der Schnee war früh gefallen, die Flüsse waren bald gefroren, und der Weg über die Moore und durch die Bergschluchten war schwierig zu durchziehen. Zu der Zeit beschloß Fred Arnot, daß ein Teil seines Trainings für Missionsarbeit in Afrika sich in Form von Geländetouren gestalten sollte. Die Landschaft unter einer ständigen Schneedecke hatte all ihre individuellen Merkmale verloren, Grenzsteine waren verdeckt, und so konnte man den Weg nur mit Hilfe eines Kompasses finden.

Die Monate Januar und Februar des Jahres 1873 sehen Fred immer noch seine Touren durch den Schnee und den Graupelregen durchführen. Er wandert, bis seine Füße ihn nicht mehr weiter tragen, bis sein Körper vor Kälte erstarrt ist. Wenn er in einem Spalt Schutz sucht, schaut er auf die Fußabdrücke seiner Spuren im Schnee; er betet, daß eines Tages diese Fußspuren Afrika durchqueren mögen. Er ist bereits von seinem Ehrgeiz und der Inspiration durch Livingstone ganz besessen.

Der zentralafrikanische Himmel öffnet sich, und unaufhörlicher Regen fällt auf Livingstone, als er in den Monaten Januar und Februar mühsam in Richtung des Sees Bangweulu wandert. Sein Weg führt über fieberverseuchte Sümpfe und angeschwollene Flüsse. Die Dorfbewohner verweigern ihm Nahrungsmittel, und er und seine Begleiter ziehen viele Tage lang hungrig dahin. Dann verschlimmert Krankheit sein Leiden noch. Die Einträge in seinem Tagebuch beginnen, einen entmutigten Klang anzunehmen: "28. Januar. Ein düsterer, nasser Morgen und keine Nahrung in der Nähe, von der wir wüßten. Es tropft und tropft und tropft und nieselt aus Nordwesten. Wir schlachteten gestern abend unser vorletztes Kalb, um jedem einen Happen zu geben."

Später, am 21. April: "Versuchte zu reiten, war aber gezwungen, mich hinzulegen, und dann brachten sie mich erschöpft ins Dorf zurück." Und schließlich, am 27. April: "Ziemlich erschlagen und bleibe - erhole mich - sende, um Milchziegen zu kaufen. Wir sind an den Ufern des Molilamo."

So zieht David Livingstone schwerfällig nach Ilala, und dort nimmt er am 1. März 1873 endgültig Abschied von Afrika.

In den Monaten März und April verlieren die Hügel Schottlands ihr Winterkleid; wilde und gezüchtete Frühlingsblumen strecken sich aus der reichen, guten Erde dem klaren, blauen Himmel entgegen. Im Mai erscheint das neue Heidekraut. Es ist die Zeit derer, die im Herzen jung sind, die Zeit der Verliebten, und es ist eine Zeit der Inspiration, des Ehrgeizes, der Hoffnung für ein gerade begonnenes Leben ...

Am 15. April 1874 brachte der Orient-Dampfer 'Malwa' die Gebeine Dr. David Livingstones nach England. An Bord war

Jacob Wainwright, einer von der tapferen Truppe afrikanischer Gefolgsleute, die den Leib des großen Reisenden von Ilala an die ostafrikanische Küste gebracht hatten.

Wainwright war von Livingstone bei dem zweiten Afrikabesuch des Missionars aus der Sklaverei befreit worden. Später war er mit anderen Burschen in der Nassick-Schule in der Nähe von Bombay gelassen worden. Nachdem Stanley Livingstone verlassen hatte, fand er Wainwright in Zanzibar, und als er Vorräte und Träger zu seinem Freund zurücksandte, verpflichtete er Wainwright, mit ihnen zurückzukehren.

Als der Sarg vom Schiff geladen worden war, wurde er in einer Prozession durch die Straßen Southamptons getragen. Städtische Würdenträger begleiteten ihn sowie eine Abordnung der Royal Geographical Society, Dr. Moffat, der berühmte Afrikamissionar und Schwiegervater Livingstones, zwei Söhne des Forschers, Henry Morton Stanley und viele andere enge Freunde. Als die Prozession vorbeizog, erklangen Kirchenglocken, und Soldaten, die an der Geschützgruppe auf der Plattform aufgereiht standen, feuerten Gewehrsalven ab.

Drei Tage später stand Fred Arnot in einem der Kreuzgänge von Westminster Abtei und neigte seinen Kopf, als der Sarg langsam an ihm vorbeigetragen wurde. Er hatte beobachtet, wie die kleine Prozession in die Abtei eingetreten war und hatte Thomas und Oswell Livingstone die vorderen Enden des Sargs tragen sehen; dahinter gingen Dr. Moffat, Mr. Webb, Mr. H.M. Stanley, Mr. H. Waller und der Pastor Rev. Mr. Price. Jacob Wainwright hob den hinteren Teil, und hinter allen folgte ein weiterer Afrikaner, der, wie Fred später herausfand, Kalulu war, Stanleys persönlicher Diener.

Thomas und Oswell Livingstone zu sehen, brachte Erinnerungen an die Dachstube in Hamilton zurück, an die magische Laterne, den zerbrochenen Sextant, die Speersammlung und die Karten. Es schien erst vor wenigen Monaten gewesen zu sein, daß Thomas aus der Dachstube gelaufen war, um den Brief seines Vaters zu suchen und ihn ihnen vorlesen zu können. "... Wofür auch immer Ihr Euch am geeignetsten glaubt, befiehlt Eure Wege dem HERRN ..." Als Fred Arnot seinen Kopf hob, nachdem die Prozession vorübergezogen war, wiederholte er die Worte Livingstones an seinen Sohn Thomas. Nachdem der Beerdigungsgottesdienst von Dean Stanley gehalten worden war und Orgel und Chor der großen Kirche die Zeremonie zum

Abschluß gebracht hatten, wurde der Sarg in ein Grab im Zentrum des westlichen Kirchenschiffs herabgelassen. Dann begannen die Tausende von Menschen, die den Gottesdienst miterlebt hatten, sich aufzustellen und am Grab vorbeizugehen, um ihre letzte Huldigung darzubringen.

Fred bewegte sich nicht von seinem Platz im Kreuzgang fort. Das Schlurfen der Füße schien durch die erhabenen Säulen um ihn herum widerzuhallen. Die Spätnachmittagssonne strömte durch die bunten Glasfenster, als ob ein Heiligenschein von Licht herabgekommen sei, um der Würde des Augenblicks noch mehr Würde zu verleihen. Das von den endlosen Füßen der Zuschauer hervorgerufene Geräusch, das wie eine rieselnden Brandung an einem sandigen Strand klang, begann schließlich zu verebben. Er wußte nicht, wie lange er in der Abtei gestanden haben mochte; vielleicht Stunden, Tage, Wochen. Plötzlich fühlte er sich einsam. Nur wenige Leute waren noch im Kirchenschiff übriggeblieben; sie standen in einer kleinen Gruppe am Grab. Als sie sich einem der Ausgänge zuwandten, ging Fred langsam zu Livingstones Grab hinüber.

Er schaute auf den Sarg hinab und las die einfache Inschrift: "David Livingstone, geboren in Blantyre, Lanarkshire, Schottland, 19. März 1813; gestorben in Ilala, Zentralafrika, 1. Mai 1873." Am Rande des Grabs lagen Berge von Blumen und Kränzen; in der Mitte und für sich allein lag eine Gedenktafel der Königin.

Wie seltsam war es, dachte er, daß er, so lange er denken konnte, von diesem Mann inspiriert worden war, der nun nichts weiter als Knochen und Staub war. Jede Reise, jedes Ereignis in Afrika hatte er verfolgt. Er hatte geglaubt, daß es sogar möglich sein könnte, schnell genug erwachsen zu werden, um zum Leben dieses verstorbenen Mannes hinzuzugehören. All das ..., und doch hatte der Mann, der nun in seinem Grab lag, höchstwahrscheinlich nie einen Gedanken an ihn verwendet. Wenn es nur möglich gewesen wäre, daß Livingstone von ihm und seinen Absichten erfahren hätte ... Wenn er nur Livingstone hätte wissen lassen können, daß sein Werk nicht mit ihm sterben würde ...

Der junge Arnot erhob seinen Blick auf den hohen Altar der Westminster Abtei, und als er beobachtete, wie das schwindende Licht Schatten über das Kirchenschiff warf, als er die fast betäubende Stille des großen Walhalls erlebte, da war es, als höre er ein plötzliches Crescendo von Orgelmusik, als sähe er die Wahrheit zum ersten Mal.

Mit Augen, die vor Erkenntnis leuchteten, wandte er sich vom Grab ab, von dem hohen Altar, von den Statuen der geschichtlichen Größen und ging mit Entschlossenheit auf das Hauptportal, auf das Licht der Außenwelt zu. Livingstone war tot, aber Livingstone wußte ...

Acht Jahre nach Livingstones Tod stand Frederick Stanley Arnot an Deck des Segelschiffs *Dublin Castle*, das vom Ostindienhafen nach Südafrika segeln sollte. Endlich war die Zeit für ihn gekommen, den Fußspuren seines Vorbilds zu folgen.

Mit seinen dreiundzwanzig Jahren hatte er eine stattliche Figur. Groß, mit feinen Gesichtszügen, klaren, tiefliegenden Augen, einem geraden Rücken hatte er eine fast militärische Haltung. Es war nicht leicht gewesen, von seinen Eltern Abschied zu nehmen, von seinen Brüdern und Schwestern und seinen Freunden in Schottland. Viele, einschließlich seinem Vater, waren gegen seine Entscheidung gewesen, ohne den Rückhalt einer religiösen Gruppe nach Zentralafrika zu gehen. Sie hatten vorgeschlagen, er solle zuerst an die Universität gehen und dann einen Missionarsposten bei einer etablierten Organisation erlangen. Auf diesem Weg hätte er finanziellen Rückhalt gehabt und alle Unterstützung, die er zu Beginn seines Trecks von der Küste ins afrikanische Hinterland brauchen würde. Aber Arnot war entschlossen gewesen, seine Abfahrt nicht länger als nötig hinauszuzögern. Und schließlich hatten seine Begeisterung, sein Gefühl der Dringlichkeit und seine Entschlossenheit die stärkere Beweiskraft gegenüber denen, die seinen Plänen widerstanden.

Für Arnot gab es nur ein Ziel, und die Hilfsmittel, die ihm zur Verfügung gestellt worden wären, wenn er darauf gewartet hätte, sich einer anerkannten Gesellschaft anschließen zu können, hätten in seinen Augen nichts an dem Endergebnis geändert. So einfach war das. Und so verließ er an jenem warmen, sonnigen Tag, dem 19. Juli 1881, die Küsten Englands, seine Gedanken allein auf die Jahre gerichtet, die vor ihm lagen: mittellos und allein, und vielleicht eine bemitleidenswerte Gestalt, aber mit dem tiefen, reichen, befriedigenden Bewußtsein eines Anfangs, der kein Ende hatte, einer Bestimmung, die Erfüllung seines Ehrgeizes versicherte - eines Ehrgeizes ohne weltlichen Gewinn.

# KAPITEL II

## *Durch die Kalahari-Wüste*

Der Juni war ein schlechter Monat für eine Reise in der Kalahari-Wüste; Wasserstellen und Tümpel waren bereits ausgetrocknet; der Nachtfrost und die Hitze des Tages hatten das Gras so welk gemacht, daß es nur noch Stroh war. Obwohl gerade der Winter begann, kannte die Sonne kein Erbarmen und versengte alles, was ihr in den Weg kam.

Während der Regenfälle war die Wüste nichts als ein unfruchtbares Ödland gewesen. Der Boden, der nun hart und ausgedörrt war, war mit grünen Grasbüscheln und wilden Kletterpflanzen bedeckt gewesen. Die Erde hatte sich in heller Farbe gezeigt und weich wie Sand. In vielen Gegenden waren die *tsamma*-Melonen in großem Überfluß gewachsen; die Kameldornbüsche, die sehr zahlreich waren, hatten lebendig ausgesehen statt so knorrig und starr wie jetzt.

In vielerlei Hinsicht war die Kalahari eine wandlungsfähige Wildnis, vielleicht einzigartig in der Verschiedenheit ihres Charakters. Umsäumt von Gestrüpp und Kameldornbüschen, wurde das Gebiet zu seinem Inneren hin mehr zu einer herkömmlichen Wüste, wo meilenweite Sanddünen ihm die Ausstattung einer nordafrikanischen Landschaft gaben. Im Süden und im fernen Norden gab es zerklüftete Hügel, und entlang der großen, trocknen Flußbetten fand sich eine vielfältige Vegetation.

Die Kalahari konnte abstoßend sein, freundlich und gastlich, unpersönlich und furchterregend. Sie war gastlich, wenn die Regenfälle die Tümpel gefüllt hatten, wenn das Wild sich in großen Herden zusammenfand und das Jagen leicht machte. Sie konnte der furchtbarste Ort der Erde sein, wenn die Wasserlöcher trocken waren, wenn da nichts als ein endloses, pfadloses Ödland war und der Hitzedunst die ganze Wüste vor den Augen des Reisenden zum Tanzen brachte und sie zu einer Fata Morgana von tausend Seen kräuselte.

Der größte Teil der riesigen Fläche wurde von einer der größten Wildansammlungen der Welt durchstreift. Das schreckliche Zuschlagen der Rinderpest 1896 sollte erst noch kommen, und bisher war das Gebiet vergleichsweise frei von weißen Büffeljägern. Gazellen und unzählige andere Antilopenarten machten die Wüste zu einem wahrhaftigen Paradies für die jagenden Buschmänner, für die die Wildnis keinen Schrecken bot. Und für den Bechuana-Stamm im Süden war sie die Heimat des großen Elefanten und damit die königliche Goldgrube Kamas, des Königs der Bamangwato.

Die Buschmänner der Kalahari sollten noch zum Spielball der Boer werden, sie würden wie Tiere niedergeschossen werden. Noch waren sie die unbekümmerten Nomaden, auf die Livingstone, Oswell und Murray dreiunddreißig Jahre vorher gestoßen waren. Klein von Statur, mit hohen Backenknochen, lebten die Buschmänner und ihre Frauen von dem Wild, das sie mit vergifteten Pfeilen erlegten, und von den Wurzeln und Beeren der Wüste. Sie hatten nie versucht, irgend etwas anzubauen; dafür waren sie nie lange genug an einem Ort. Sie waren zähe, gesunde, mannhafte kleine Leute, diese *Eingeborenen* der Kalahari, und sie würden die Verheerungen des Weißen Mannes erst noch erleben. Sie kannten keinen Haß.

Der Planwagen, der seinen gewundenen Weg über den von der Sonne ausgetrockneten Boden nahm, wurde von einem Gespann von zehn Ochsen gezogen. Seine Räder drehten sich langsam, und wenn sie in die Wagenspuren und Risse des Pfades rollten, den sie durchzogen, bebte und ächzte der Wagen selbst. Jeder Stoß wurde von einer Anhäufung von Geräuschen begleitet, wenn Töpfe und Pfannen, Ketten und Geräte sich im Protest gegen die Unbequemlichkeit der Reise schüttelten und aufsprangen.

Ein Stück vor den Ochsen gingen drei Bechuana-Stammesmänner. Der große war bekannt als Tinka, der Hauptjäger Kamas, die andern beiden waren seine Helfer. Sie gingen schnell und mit Entschlossenheit, ihre Augen nie weit vom Horizont entfernt. Dann folgte ein junger Mann, auch ein Bechuana, der den Ochsen an der Spitze führte. An jeder Seite des Fuhrwerks gingen Knechte und Begleiter der königlichen Bechuana-Jäger. An die Rückseite des Wagens gebunden war ein großer, weißer Hengst, Kamas Jagdpferd, das nur der stolze Tinka aus dem königlichen Kraal mitnehmen durfte. Das Pferd, das bereits gegen die Tsetse-Fliege geimpft war, ging langsam und mit unendlicher Würde, warf gelegentlich seinen riesigen Kopf hoch und schüttelte seine lange, rosaweiße Mähne, die von Staub bedeckt war. Den Gegensatz zu der erhabenen Haltung des Jagdpferdes bildete sein Geleit von drei jungen Packeseln, die ebenfalls an die Rückseite des Wagens gebunden waren. Hinter ihnen gingen etwa ein Dutzend Eingeborene, die jeder lange Speere trugen. Sie waren Mitglieder zweier Jägergruppen auf ihrem Weg nach Norden zum Botletle-Fluß, die beschlossen hatten, sich auf Gedeih und Verderb mit den Eigentümern des Wagens zu verbinden. Sie waren eine wilde, laute und fröhliche Gesellschaft, die trunken zu sein schien von der Freiheit der weiten Wüste um sie herum. Ihre kameradschaftliche Haltung war ansteckend, und sogar Tinka, der Stolze, erlaubte sich, seine Verantwortung für eine Zeit zu vergessen, und geruhte, zu ihren derben Späßen zu lächeln, die von Zeit zu Zeit an der Spitze des Zuges gehört werden konnten.

Arnot, der vorne auf dem Wagen neben dem ältlichen, eingeborenen Fuhrmann saß, empfand ein Gefühl der Zufriedenheit, das er nie für möglich gehalten hätte. Die übermäßige Hitze und die Unbequemlichkeit der Reise machten keinen Eindruck auf ihn. Es war nun fast ein Jahr her, daß er von England losgesegelt war, und endlich näherte er sich der ersten Etappe seiner Pläne, um seine Arbeit nördlich des mächtigen Zambesi-Flusses zu beginnen. Zum ersten Mal, seit er den Fuß auf afrikanischen Boden gesetzt hatte, war er selbständig; jetzt war er Herr seines eigenen Schicksals, fähig, die Gesellschaft seiner eingeborenen Begleiter und den Frieden und die dramatische Schönheit Afrikas ganz zu genießen. Viel war geschehen, seit er Natal im September 1881, vor zehn Monaten, erreicht hatte ...

Als er in Durban angekommen war, hatte er vorgehabt, sich zum Zambezi-Fluß aufzumachen und einem der kleineren Nebenflüsse zu folgen und so in das Stromgebiet auf der Nordseite der großen Wasserstraße zu gelangen. Dort erwartete er, ein bergiges und gesundes Land zu finden, das Zentrum einer Missionsarbeit werden konnte.

Von Natal war Arnot mit einem Ochsenwagen nach Potchefstroom gereist, der damaligen Hauptstadt der Transvaal. Bei dieser Fahrt sah er die Truppen von den Schlachtfeldern bei Laing's Neck und Majuba Hill zurückkehren, des Krieges zwischen Großbritannien und der Transvaal Republik, der gerade erst zu Ende war.

Sein Wagen hatte ihn auf dem Marktplatz der Hauptstadt der Transvaal Republik abgesetzt. Die Stadt war noch in einem Zustand der Umwälzung. Grimmig aussehende Boer-Kommandotruppen ritten durch die Stadt und warfen mißtrauische Blicke auf jeden Fremden; von seinem Zelt aus, das er auf dem Platz aufgeschlagen hatte, hatte er den Schaden gesehen, welchen öffentliche Gebäude unlängst durch Kanonenfeuer erlitten hatten. Als er durch die Straßen ging, sah er unbegrabene Reste von Menschen und Tieren, Opfer der Schlacht.

Sechs Wochen lang ritt Arnot von einer Farm des südwestlichen Transvaal zur nächsten und verteilte Lebensmittel und Exemplare der Heiligen Schrift an die Bewohner. Dann hatte er das Glück gehabt, einem jungen Mann vorgestellt zu werden, der schnell als Jäger und Reisender berühmt wurde; er hieß Frank Selous. Der Jäger war dabei, eine Expedition ins Matabele-Land im fernen Norden zu organisieren, und als er hörte, daß Arnot beabsichtigte, den Zambesi zu erreichen, lud er ihn ein, ihn bis Sheshong, der Hauptstadt Kamas, auf seinem Wagen zu begleiten.

Selous' Weg ins Landesinnere führte durch Lichtenberg und Zeerust. Während des größten Teils der Reise war es so heiß, daß man nachts reisen mußte, und Arnot ging die meiste Zeit mit einer Laterne vor den Wagen her, um die Ochsen durch den dichten Busch zu führen.

Am 26. Februar kamen sie am Limpopo-Fluß an. Dort erlebte Arnot zum ersten Mal die wahre Schönheit des afrikanischen Hinterlandes und auch schlaflose Nächte wegen des Brüllens der Löwen, die das Lager umringten.

Ebenfalls am Limpopo-Fluß gelobte Arnot, eine Eingeborenensprache zu lernen, sobald er in Sheshong angekommen sein würde. "Ich fühle mich so nutzlos und manchmal ungeduldig, wenn so viele um mich herum dringend das Evangelium brauchen und ich mich nicht mit ihnen unterhalten kann", schrieb er zu der Zeit in sein Tagebuch. Diese Gedanken scheinen während dieser Phase seine ganze Zielsetzung bestimmt zu haben, sogar so weit, daß er bei Selous' Unternehmungen ganz selbstlos wurde. Er hatte nur einen Gedanken, und das war, nach Sheshong zu gelangen, die Sprache zu lernen und sich dann auf eigene Faust in Richtung Norden aufzumachen.

Schließlich kamen sie am 11. März in Sheshong an, und Arnot wurde warmherzig und spontan willkommen geheißen von den Hepburns, die die Londoner Missionsstation in der Stadt leiteten. Zum ersten Mal seit seiner Ankunft in Afrika fühlte sich Arnot dem Mann nahe, der ihn als Jungen inspiriert hatte - die Londoner Missionsstation in Sheshong war von David Livingstone errichtet worden. Die Hepburns stellten Arnot eines der Missionshäuser zur Verfügung, und innerhalb weniger Tage war er bereits eifrig damit beschäftigt, Sechuana zu lernen, die Sprache der Bamangwato.

Kama war Christ und ein persönlicher Freund der Hepburns, und deshalb zeigte er beachtliches Interesse an Arnot und seinen Plänen. Das Land des Häuptlings erstreckte sich fast bis zum Zambesi, und er sagte Arnot, daß er, sobald er fertig sei, ihn mit Führern und Dienern für die Reise versehen würde.

Es gab zwei mögliche Wege von Sheshong zum Zambesi während der Wintermonate. Der eine führte über Pandamatenka, eine Handelsstation südlich der Victoria-Wasserfälle. Der andere ging über den Botletle-Fluß und die Mababi-Ebene, und da dies bedeutete, die Kalahari-Wüste zu durchqueren, war es die schlechtere Aussicht von beiden, obwohl es vielleicht der direktere Weg war.

Anfang Juni setzte Kama Arnot davon in Kenntnis, daß er beabsichtige, Tinka, den Oberjäger, zum Zambesi zu schicken. Der König fügte hinzu, daß er, wenn Arnot die Jägergruppe begleiten wolle, einen Wagen bereitstellen würde, in dem der Missionar reisen könne. Arnot beschloß, Kamas Angebot anzunehmen, da er damit rechnete, in der Mababi-Ebene Führer zu finden, die ihn weiter bis nach Pandamatenka geleiten könnten. Dort hoffte er einen Händler namens Westbeech zu finden, der die letzten zwölf Jahre lang im Zambezi-Gebiet gelebt hatte und der einen beträchtlichen Einfluß bei den örtlichen Häuptlingen hatte.

Alles Weitere von da an war unsicher. Wenn Westbeech ihm nicht helfen konnte, würde er vielleicht das Südufer des Zambezi hinunterwandern, bis er zu den Gebieten der Häuptlinge Mwemba und Wankie kam. Von dort würde er versuchen, den Fluß zu überqueren in der Absicht, ins Batoka-Land zu gelangen. Das würde Zeit kosten; in Afrika waren Verzögerungen unvermeidbar - diese Erfahrung hatte er bereits gemacht. Oft hatte er Grund, sich an den Rat zu erinnern, den Livingstones Schwiegervater, Dr. Robert Moffat, ihm vor seiner Abreise von England gegeben hatte. Dieser alte Mann Südafrikas hatte

Arnots Hand in einem schraubstockartigen Griff festgehalten, Tränen waren in seine betagten Augen gestiegen. Arnots Begeisterung und Entschlossenheit hatten den alten Missionar beeindruckt und Erinnerungen zurückgebracht, die er im Ablauf der Zeit verloren geglaubt hatte. In Arnot sah er sich selbst am Vortag seiner eigenen Ausreise (sechs Jahre nach der ruhmreichen Schlacht von Waterloo), er sah in Arnot eine Kavalkade junger Männer, die in seinem geliebten Kuruman in Südafrika zu ihm gekommen waren, darunter der feurige, energische und bescheidene Junge David Livingstone. Im Alter von sechsundachtzig Jahren war Robert Moffat normalerweise nicht von Gemütsbewegungen erfüllt, aber als er Arnot Lebewohl sagte, durchbrach ein Gefühl des Stolzes - des Stolzes auf das Wirken aller Missionare - die grobe, fast rauhe Fassade seiner Gelassenheit. Seine letzten Worte an Arnot waren: "Wirst du auch eines nicht vergessen, Junge? Hab Geduld, hab mehr Geduld, als du je geglaubt hast, ertragen zu können, und sogar dann hab noch welche in Reserve ... und, mein Sohn, was auch immer du tust, erwarte nicht zu viel von Afrika oder seinen Kindern."

Zur Hilfe bei seiner Reise, wenn er Tinkas Jagdgesellschaft verlassen haben würde, erwarb Arnot drei Esel. Kama hatte dem Oberjäger außerdem Anweisungen gegeben, Arnot so viele BaSubia zu geben, wie er brauchte, um sein Gepäck nach Pandamatenka zu transportieren. Die BaSubia waren Flüchtlinge aus dem Zambezi-Bezirk, ihre Häuser waren durch die Matabele-Eingeborenen zerstört worden. Sie waren ins Mababi-Land geflohen, um unter Kamas Schutz zu sein. Sie lebten ziemlich unter den gleichen Bedingungen wie die Buschmänner der Kalahari.

Seine Abreise von Sheshong war denkwürdig gewesen. Er hatte sich gewundert, warum Kama und seine Frau nicht unter denen gewesen waren, die Lebewohl sagten, als er auf den königlichen Wagen geklettert war. Er war vorher zum Haus des Häuptlings gegangen, um Abschied zu nehmen, aber man hatte ihm gesagt, daß Kama einige Minuten zuvor fortgegangen sei. Arnot war enttäuscht gewesen und hatte gedacht, daß das nur ein Beweis für die Launen des afrikanischen Gemütes sei. Dann, als der Wagen die Außenbezirke der Stadt verließ, hatte er sie gesehen. Sie standen ganz allein. Kama hatte einen dunklen Anzug an, und seine Frau, die dicht neben ihm stand, trug ein weißes Spitzenkleid. Beide sahen scheu und unglücklich aus. Als der Wagen sich näherte, traten der Häuptling und seine Frau vor. Von einem nahen Haus kam ein Gefolge von Dienern, die Hühner, Melonen, Säcke mit Getreide und Gemüse trugen. Arnot war von dem Fahrersitz des Wagens gesprungen und hatte die Hand des Häuptlings ergriffen. Eine Zeitlang hatten sie dagestanden und sich angeschaut. Dann hatte Kama gesagt: "Diese Dinge, die dir auf deiner langen Reise helfen werden, sind nur wenig im Vergleich zu den Gedanken, die wir im Herzen haben. Vor langer Zeit wurde ich, Kama, König der Bamangwato, Christ dank Männern wie dir. Nun gehst du in die Gegenden jenseits des großen Flusses, um mehr Christen zu gewinnen - so geh denn, Missionar, geh in die Länder deiner Wahl, aber denk daran, daß du hier in Sheshong viele Freunde zurückläßt und einen König, der in den Augen Gottes demütig sein möchte. Möge er mit dir gehen, wo auch immer dein Weg dich hinführt, und möge er dich in Frieden hierher zurückbringen."

Als Tinka, der Jäger, auf den Wagen geklettert war und den Platz des ältlichen Fahrers eingenommen hatte, war Arnot darin vertieft gewesen, sein Tagebuch zu schreiben. Der Wechsel war ein flinker, gewandter Vorgang, der von dem Missionar unbemerkt blieb. Der Wagen hatte nicht angehalten; der Fahrer hatte lediglich seine Peitsche Tinka übergeben und war dann abgesprungen, die Gelegenheit begrüßend, seine Beine ausstrecken zu können. Kein Wort fiel; es war zu heiß für Erklärungen.

Tinka war kein Christ, und sogar dem König gegenüber schämte er sich dieser Tatsache nicht. Er war ein Mann der Steppe, der Wüste und des Buschs. Das waren seine Götter, das waren die Götzen, die er verehrte. Er liebte die Freiheit des Jägerlebens und sah im Christsein eine Zucht und Beschränkung, die für ihn gegen die Gesetze der Natur sprachen. In seinem Leben hatte er eine Reihe von jungen Missionaren gesehen, sowohl in Sheshong als auch in Kuruman. Sie waren alle gleich gewesen - mit sanfter Stimme, gutherzig und sehr töricht. Sie gaben alles, was sie besaßen, jedem, der sagte, er glaube an ihren Gott. Sie glaubten alle Lügen, die man ihnen erzählte, und wenn ein Mann unverschämt zu ihnen war, brachten sie nicht einmal die *sjambok* zu ihm - ja, sie waren sehr seltsam, diese Missionare, und sie waren schwer zu verstehen.

Natürlich hatten einige von ihnen versucht, ihn zu bekehren. Stell dir vor, Tinka, den Jäger, den *königlichen* Jäger, zu einem

Christen zu bekehren. Hm! Das zeigte, wie dumm sie sein konnten! Nicht, daß er nicht ein guter Fang für sie gewesen wäre - fast so gut, als den König selber zu fangen. Es war nicht leicht gewesen, mit ihnen zu diskutieren; es war nicht zu leugnen, daß sie überzeugende Zungen hatten, und dann war da die Tatsache, daß der König sich hatte gewinnen lassen.

Und jetzt war hier wieder einer! Er schien sogar noch dümmer als die anderen. Die, die vorher gekommen waren, waren (mit einer Ausnahme vor vielen Jahren) wenigstens so vernünftig gewesen, in einem Land zu bleiben, wo sie wußten, daß ihnen nichts passieren konnte. Und dieser junge Mann hier brach in den Norden des großen Flusses auf, wo ständig Kriege waren, wo Weiße nur zugelassen waren, weil sie eine leichte Beute für die unehrlichen Häuptlinge und Vorsteher waren, und wo man lächerlich hohe Zollgebühren von ihnen verlangte für das Vorrecht, von einem Land zum anderen fahren zu dürfen.

Da war noch eine andere Sache - wie konnte dieser junge Mann je glauben, mit den Batoka und den anderen Stämmen jenseits des Zambezi Frieden schließen zu können mit der kleinen Menge Güter, die er als Geschenke hatte? Nein, er war ein Dummkopf, aber andererseits war er vielleicht doch nicht ganz wie die anderen. Er sprach nicht die ganze Zeit von seinem Gott, er schien wirklich gern mit den Leuten zusammenzusein und noch besser: er stellte nicht ständig Fragen, die schwer zu beantworten waren. Auf jeden Fall, warum sollte er, Tinka, sich Sorgen machen? Hatte nicht der König seine Verantwortung darauf beschränkt, den Missionar lediglich nach Mababi zu bringen und dort einige von den feigen BaSubia anzuwerben, um sein Gepäck nach Pandamatenka zu bringen? Er hatte Glück, überlegte er, daß der König nicht gesagt hatte, er müsse bei dem Missionar bleiben, bis er das Batoka-Land erreicht habe. Er hatte keine Angst vor wilden Elefanten, vor angreifenden Löwen oder Büffeln, aber er hatte keine Lust, mit den Matabele oder den Barotse-Kriegern in Konflikt zu kommen, die ständig nach den Köpfen von unbefugten Eindringlingen Ausschau hielten, mit denen sie die Spitzen ihrer Dorfeinpfählungen schmücken konnten. Mochte der Missionar das riskieren, wenn er es so wünschte; für sich selbst würde er ganz damit zufrieden sein, wenn die Zeit kam, seine Tage nach Art aller großen Jäger zu beenden.

Obwohl er schon vier Tage und Nächte mit dem jungen Weißen Mann verbracht hatte, wußte Tinka immer noch nicht, was er von ihm halten sollte. Der Missionar hatte nur wenig geredet, sogar nachts am Lagerfeuer. Das war in einer Hinsicht gut, aber es schuf ein Rätsel um Arnot, das Tinka lästig fand. So kam es, daß der alte Jäger beschlossen hatte, mehr über seinen Reisegefährten herauszufinden. Er dachte darüber nach, wie er es anfangen sollte. Es war typisch für diesen Neuen, brummte Tinka vor sich hin, daß er nicht einmal bemerkt hatte, daß er, Tinka der Jäger, den Wagen bestiegen hatte.

In Sechuana, das Arnot, so wußte er, verstehen konnte, wenn man langsam sprach, sagte er: "Dein Gott ist unfreundlich zu uns, daß er in dieser Zeit die Sonne so heiß macht, Missionar!"

Arnot schaute von seinem Tagebuch auf, in das er immer noch schrieb. Er lächelte. "Tinka, ist es so unfreundlich, uns Wärme zu geben? Wenn die Sonne nicht da wäre, würdest du und die anderen, die keine Bedeckung für ihre Körper haben, frieren, und ihr würdet sehr leiden."

"Hm! Die Sonne trocknet alle Wasserlöcher aus. Die Ochsen sind schon durstig, und wir haben es noch weit, bevor wir an mehr Wasser kommen. Wir haben nur noch wenig in den Fässern übrig, um es selber zu trinken. Was, wenn wir auch Durst leiden müßten?" (Er wartete auf die übliche "der-Herr-wird-für-uns-sorgen"-Antwort - er hatte es bei verschiedenen Gelegenheiten mit anderen ausprobiert und sie waren alle darauf hereingefallen.)

"Es ist unwahrscheinlich, daß uns etwas zustößt, während du uns führst. Der König hat mir gesagt, daß du der Herr dieser Wüste bist", antwortete Arnot.

Tinka zuckte zusammen. Er versuchte es erneut. "Missionar, es stimmt, daß ich zur Kalahari gehöre, und ich kenne sie gut, aber ich kann nicht für das Tun deines Gottes verantwortlich sein. Wenn die Wasserlöcher austrocknen und wir dursten, gibt es nichts, was ich tun könnte."

"Ach so, ich verstehe. Wenn du also in deinem Herzen weißt, daß diese Dinge tatsächlich die Werke Gottes sind, dann stimmst du gleichzeitig zu, daß so ein Gott existiert. Wenn das so ist, mußt du an diesen Gott glauben. So einfach ist das, Tinka."

"Hm! Wir müßten die nächste Wasserstelle heute abend in Bukele erreichen", sagte der Jäger in dem Bestreben, möglichst schnell das Thema zu wechseln.

Arnot sagte nichts. Er begann, den Jäger zu mögen, und obwohl er sich dessen bewußt war, daß der alte Mann ihn provozierte, wollte er ihn kennenlernen. Er schaute über das verbrannte, baumlose Land, durch das sie nun zogen, und dann auf die Stammesmänner, die auf jeder Seite des Wagens gingen. Er tat, als sei er tief in Gedanken.

Tinka neckte ihn wiederum. "Missionar, glaubst du, daß dein Gott sich um dich kümmern wird, wenn die Eingeborenen der Matabele oder der Barotse auf deinen Kopf aus sind?"

Arnot sah den alten Mann nicht an. In seiner Stimme war ein schwaches In-sich-hinein-Lachen, als er sprach. "Ich bete, daß er es tut, Tinka, aber wenn er in seiner Güte beschließt, es nicht zu tun, dann wird es nicht viel nützen, sich darum zu sorgen."

Bevor Tinka weiterreden konnte, fügte Arnot mit heiterem Humor hinzu: "Und jetzt, Jäger der königlichen Hofhaltung, laß uns bei irdischeren Dingen verweilen. Willst du mir nicht erzählen, wie du den Elefanten tötest, warum du die Wüste so liebst? Diese Dinge interessieren mich sehr."

Tinka runzelte sein wetterhartes Gesicht zu dem, was er für ein Lächeln hielt. "Hm!", rief er aus. Und während der folgenden paar Stunden lauschte Arnot fasziniert einem Vortrag über die Jagdkunst.

An jenem Nachmittag reisten sie noch durch baumloses Dorngestrüpp. Die Hitze zu Mittag und einige Stunden danach war fast unerträglich gewesen, und sogar Arnot, der vorher an allem, was ihn umgab, viel zu interessiert gewesen war, um es zu bemerken, wurde sich ihrer Stärke bewußt. Seine Kleider waren von Schweiß durchtränkt, seine Augen begannen von dem grellen Licht zu schmerzen, seine Kehle war ständig ausgedörrt. Die Jäger, die am Tag zuvor mit Arnot und Tinka zusammengearbeitet hatten und am Morgen so geschwätzig gewesen waren, verhielten sich nun still. Sie und Arnots eigene Leute hatten ihren Schritt erheblich verlangsamt, und einige blieben viele Meter hinter dem Wagen zurück. Im Westen, mehrere Kilometer entfernt, flimmerten die zentralen Sanddünen der Wüste im Hitzedunst. Vor ihnen war nichts als eine pfadlose Wildnis schrumpeliger Grasbüschel, grausamer Dornbüsche und Kletterpflanzen, die so trocken waren, daß sie knisterten, als die Wagenräder über sie dahinrollten. Die Ochsen und anderen Tiere litten sehr unter Durst, und die ersteren waren nur gerade eben in der Lage, den Wagen im Schneckentempo in Bewegung zu halten.

Als die Sonne gerade im Begriff war, die Dünen zu streifen, zeigte Tinka geradeaus. Dort vor ihnen, etwa einen guten Kilometer entfernt, war eine Baumgruppe, und zu Arnots und der anderen Erleichterung sagte er ihnen, daß es die Bukele-Wasserstelle sei und daß sie dort für die Nacht lagern würden. Das gab der ganzen Safari einen Antrieb; sogar die Ochsen schienen zu merken, daß Erleichterung nahe bevorstand und zogen an ihren Jochen. Doch selbst so brauchten sie noch eine halbe Stunde, bis sie die Gruppe von Kameldornsträuchern erreichten, und dann entdeckten sie zu ihrer tiefen Enttäuschung, daß die Wasserstelle, wenn sie auch nicht trocken war, aus nichts anderem bestand als einer großen Pfütze. Es war nicht genug für das Wagenteam, das Pferd und die Esel, ganz abgesehen vom Auffüllen der Fässer. Die Eingeborenen sanken auf ihre Knie rund um den Tümpel und schüttelten die Köpfe mit Bestürzung. Ein Junge, der zu denen gehörte, die sich am Vortage der Safari angeschlossen hatten, rannte vor und warf sich neben dem Wasser auf den Boden. Bevor er sein Gesicht in die grüne, übelriechende Flüssigkeit tauchen konnte, griff Tinka ihn bei der Schulter und zog ihn weg. Es war unbedingt notwendig, das wenige Wasser, das da war, unter den Tieren aufzuteilen.

Später, als die Sonne verschwand und die Dunkelheit fiel, als die Tiere getränkt worden waren, soweit der dürftige Wasservorrat das erlaubte, ließ sich die Gruppe für die Nacht nieder. Die Temperatur war erheblich gefallen, und jetzt war es äußerst kalt. Rund um ein großes Feuer von Viehdung und Sträuchern, drängten sich Arnot, Tinka und ihr Gefolge zusammen und aßen eine Mahlzeit aus getrocknetem Antilopenfleisch. Ihre eigenen Wasservorräte mußten auch rationiert werden, und es blieb nur so viel übrig, daß jeder am folgenden Tag einen Mund voll haben würde. Bevor er sich schlafen legte, sagte Tinka Arnot, daß er ernste Befürchtungen habe bezüglich der weiteren Wasserlöcher vor ihnen. Der Bukele-Tümpel war eine der besten Versorgungsstellen, und die Tatsache, daß er fast ausgetrocknet war, bedeutete, daß es fast sicher war, daß die anderen sich in einem ziemlich gleichen, wenn nicht schlimmeren Zustand befanden.

Am nächsten Tag brachen sie vor Morgengrauen auf. Bis es hell geworden war, waren sie mehrere Kilometer nördlich von

Bukele und seinem trockenen Tümpel mit den ungastlichen Kameldornsträuchern. Der erste Teil des morgendlichen Trecks war kühl und angenehm, aber das lullte sie dennoch nicht in die falsche Hoffnung ein, daß die Hitze nicht kommen würde. In dem Maß, wie die Sonne am Himmel stieg, erwarteten sie steigende Temperaturen, und um die Mittagszeit waren sie wiederum in einem Zustand der Erschöpfung. Das Team der Ochsen war kurz davor, zusammenzubrechen, ihre Augen quollen hervor, und ihre Zungen hingen ihnen schlaff aus den Mäulern.

Als sie schließlich an eine kleine Baumgruppe kamen, schlug Arnot Tinka vor, die Tiere auszuspannen und sie ohne Lasten vorauszuschicken auf der Suche nach Wasser. Es war offensichtlich, daß sie ohnehin bald nicht mehr fähig sein würden, den Wagen zu ziehen. Tinka war einverstanden, und die elenden Tiere wurden langsam weggeführt. Der alte Jäger war der Meinung, daß die nächste Wasserstelle etwa dreizehn Kilometer vor ihnen läge und daß es ebenso gut sei, den Wagen zu lassen, wo er war, während die Männer den Ochsen zu Fuß folgten. Das wurde diskutiert, und schließlich beschloß man, daß es keine Alternative gab. Es war besser, das Fortkommen zu verzögern und eine Strecke wieder zurückzugehen in dem Bestreben, Wasser zu finden, als bloß vorwärtszugehen, bis die Ochsen und anderen Tiere niedersänken.

Die Fässer, die die wenigen wertvollen Tropfen Wasser enthielten, welche noch übrig waren, wurden unter Tinkas persönlicher Aufsicht herumgereicht. Es reichte dafür, daß jeder Mann sich Lippen und Mund befeuchten konnte. Dann brachen sie unter der brennenden Sonne auf. Zuerst der Jäger des Königs und Arnot zusammen und hinter ihnen eine lange, bummelnde Reihe von Stammesmännern. Sie gingen langsam, und im Laufe der Zeit kostete jeder Schritt, den sie taten, die größte Anstrengung. Es gab keine Erleichterung vor der glühenden Hitze, und selbst die kurzen Windstöße, die innerhalb von Sekunden kamen und gingen, waren unerträglich heiß. Die starke Hitze des Bodens verbrannte ihre Fußsohlen, und sogar Arnot, der dicke Stiefel trug, fühlte sich, als ginge er auf Heizungsstäben.

Als die Zeit verstrich, und es schien Arnot, als ob sie schon seit Tagen marschierten, konnte er das Wimmern der Männer hinter sich hören. Er wußte, daß einige von ihnen nicht mehr lange durchhalten würden. Er versuchte, das Tinka zu sagen, der neben ihm ging, aber er stellte fest, daß kein Laut aus seiner Kehle kam. Seine Lippen waren so voller Blasen, daß er sie kaum auseinander bekam, und als er es tat, war seine Zunge so geschwollen, daß es ihm nicht möglich war, sie zu bewegen. Arnot stolperte mehrere Male, und jedesmal hielt Tinka, der selber in einem traurigen Zustand war, an und half dem Missionar freundlich wieder auf die Füße. Weiter ging es, indem sie einen Fuß nach dem anderen voranschleiften, die Augen zum Schutz gegen das grelle Licht geschlossen, strauchelnd, schleichend, sich in der Spur der Ochsen vorwärtsschleppend.

Arnot versuchte zu beten, aber er konnte sich an keines der Worte erinnern, die er sagen wollte. Sein Kopf dröhnte, seine Lippen schwollen so sehr, daß sie fast taub waren. Er versuchte, Tinkas Arm zu ergreifen, stellte aber fest, daß er ihn nicht erreichen konnte; er sah, daß der alte Jäger schlecht dran war und sich selbst nur gerade so auf den Beinen hielt. Er wußte, daß sein Verstand arbeitete und daß er auf keinen Fall dem großen Wunsch nachgeben durfte, seine Augen zu schliessen und zu Boden zu fallen. Er mußte denken, denken, denken ...

Durch einen Dunst sah er die endlose, flimmernde Wildnis von braunem Gras und Dorngestrüpp vor sich mit dem wolkenlosen Himmel eins werden. Als sie verschmolzen waren, folgte ein blendender Blitz, und als er fühlte, wie er ins Leere sank, war das letzte, was er sah, ein einzelner Kameldornstrauch.

Als er die Augen öffnete, war der Baum nahe; das grelle Licht schmerzte noch, und das Hämmern in seinem Kopf hatte nicht aufgehört. Er richtete sich auf seinem Ellbogen auf, und so weit er sehen konnte, lagen die schwarzen Körper seiner Reisegefährten um ihn herum. Sie bewegten sich nicht, und nur die Tatsache, daß er das Stöhnen einiger von ihnen hören konnte, versicherte ihm, daß sie noch lebten. Er schaute sich nach Tinka um und sah ihn flach auf dem Bauch liegen neben einer Vertiefung im Boden nahe des Dornbaums. Auch Tinka bewegte sich nicht. Arnot versuchte, auf die Füße zu kommen, merkte aber, daß er keine Kraft in den Beinen hatte. Mit einer enormen Anstrengung zog er sich langsam auf den Jäger zu. Sein Kopf fühlte sich an, als ob er platzen würde, und seine Kehle war so trocken, daß er es nun schwierig fand zu atmen.

Schließlich erreichte er Tinka, der schwer atmete. Er versuchte, in eine kniende Position zu gelangen und hob gleichzeitig Tinka vom Boden hoch, aber es hatte keinen Zweck, er fiel nach vorn und blieb hilflos neben dem Eingeborenen liegen. Wieder öffnete er die Augen und sah, daß Tinkas Mund sich bewegte. Er schob sein Gesicht heran in dem Bestreben, zu hören, was der alte Mann sagen wollte. Nach mehrfachen Versuchen begann Tinka zu sprechen. "Auch hier ist das Wasser ... das W-wasser zu Ende, Mis-Missionar." Er versuchte, Arnot tapfer zuzulächeln, fiel aber zusammen. Als der Missionar verzweifelt seinen Kopf niederlegte, entschlossen, dem Ende entgegenzusehen, hörte er Tinka murmeln: "M-M-Missionar, wir ... wir brau-brauchen ... deinen Gott j-jetzt."

In seinem Gebet, bevor er wieder in Bewußtlosigkeit sank, wandte Arnot fragend immer wieder ein, warum dies so früh geschehen mußte. Wenn es geschehen mußte, warum hatte es dann nicht geschehen können, nachdem er von Nutzen gewesen wäre? Dann nahm das Hämmern in seinem Kopf zu, und sein Gebet wurde aus seinem Bewußtsein geblasen.

# KAPITEL III

## *Buschmänner zur Rettung*

Die Buschmänner arbeiteten schnell und schweigend. Vier von ihnen schaufelten Sand aus einem kegelförmigen, gut zwei Meter tiefen Loch. Ihre Arme und Hände bewegten sich unablässig, und Schweiß rann von ihren Körpern. Ein anderer, offenbar der Anführer des Trupps, war damit beschäftigt, einige Grasriedhalme zu schneiden und einander anzupassen. Gelegentlich schaute jeder von ihnen auf, betrachtete den Weißen Mann und seine Gefährten, die bewußtlos um die ausgetrocknete Wasserstelle herum lagen, und schüttelte den Kopf.

Sie waren mehrere Tagesmärsche weit von ihrem Dorf entfernt und waren auf der Jagd gewesen, als einer von ihnen eine Bewegung am Horizont gesehen hatte. Zuerst dachten sie, die winzigen Flecken, die sich langsam auf eine entfernte Gruppe von Dornsträuchern zubewegten, sei eine Antilopenherde. Erst als sie angefangen hatten zu pirschen und sich ihren Weg auf ihre Beute hin zu bahnen, erkannten sie, daß sie Menschen beobachtet hatten. Tief zur Erde geduckt, beobachteten sie, wie Arnot und seine Gefährten den trockenen Tümpel erreichten; sie sahen, wie der Weiße Mann zu einem der Eingeborenen hinüberkroch, und dann sahen sie ihn und die anderen zusammenbrechen.

Schweigend waren sie auf den Tümpel zugelaufen. Sie hatten nicht lange gebraucht, um zu merken, daß die, die sie fanden, im Sterben lagen. Nach einer eiligen Beratung hatten sie sich an die Arbeit gemacht.

Bald darauf standen diejenigen, die Sand aus der Grube geschaufelt hatten, von ihrer Arbeit auf und begutachteten das Loch, das sie gegraben hatten. Der Mann, der der Anführer war, kniete sich an den Rand des Lochs, und mit mehreren Riedhalmen in der Hand rutschte er plötzlich Kopf nach unten auf den Boden der Grube herab. Er nahm einen Riedhalm, dessen Ende bereits mit Gras verstopft war, damit kein Sand eindringen konnte, und schob ihn nach und nach in die Erde. Dann fügte er einen zweiten Riedhalm an den ersten, indem er eine kunstgerechte Verbindung zwischen beiden schuf. Er nahm nun das Ende des zweiten Halms in den Mund, und nachdem er eine lange Zeit gesogen und geblasen hatte, schaute er über seine Schulter auf mit einem Lächeln der Zufriedenheit; er hatte Wasser geschmeckt. Sein Körper triefte vor Schweiß, und mit Augen, Nase und Mund voller Sand kehrte er an die Oberfläche zurück. Nach einer kurzen Weile kroch er zurück in das Loch; diesmal hielt er außer den Riedhalmen einen Schildkrötenpanzer in der Hand, den einer seiner Männer ihm gegeben hatte. Indem er den Halm in die Erde steckte, begann er wieder zu saugen. Er tat das mehrere Minuten lang ohne Ergebnis. Gezwungen, sich für eine kleine Weile auszuruhen, versuchte er es dann aufs neue, und diesmal hatte er Erfolg. Langsam begann das Wasser, in dem Riedstengel hochzusteigen in den Mund des kleinen Buschmanns, von wo er es ausspuckte in den Schildkrötenpanzer.

Es dauerte etwa zehn Minuten, bis das Gehäuse mit einer dunklen, schaumig aussehenden Flüssigkeit gefüllt war. Sehr vorsichtig arbeitete sich der Mann aus dem Loch zurück zur Oberfläche, wobei er darauf achtete, nichts von dem kostbaren Schluck auf dem Weg zu vergeuden. Langsam ging er zu Arnot hinüber und setzte die Schale an seine Lippen. Zuerst kam keine Reaktion, und die Buschmänner, die umherstanden und ihren Anführer beobachteten, wie er versuchte, den Mund des Weißen Mannes zu öffnen, um das Wasser in seine Kehle zu bekommen, sahen ängstlich aus. Dann, als die ersten paar Tropfen auf seine Zunge fielen, öffnete Arnot seine Lippen und begann gierig zu trinken. Als die Schale leer war, ging der Buschmann zu dem Loch zurück, und mit triumphierender Ergebung und Entschlossenheit begann er seine schwierige Aufgabe aufs neue.

Sechs Stunden vergingen, bis der Anführer der Buschmänner zum letzten Mal aus dem Loch kriechen konnte. Er hatte die ganze Zeit ohne Pause gearbeitet und war erschöpft. Es war nun dunkel, und Arnots ganze Gruppe hatte Hilfe erhalten. Der Missionar, Tinka und der Rest des Gefolges, zusammen mit den kleinen Buschmännern, schliefen nun fest. Zum ersten Mal wurde sich der Anführer bewußt, daß er selbst nichts getrunken hatte, aber er war zu müde, um zu seinem Loch und den Riedhalmen zurückzukehren. Er dachte an den ungläubigen Blick der Dankbarkeit des Weißen Mannes und seiner Begleiter und lächelte, bevor er mit geschlossenen Augen zurückfiel und fast unmittelbar zu schnarchen begann.

Kurz vor Morgengrauen erhoben sich die Buschmänner von ihrem Schlaf. Sie gingen zwischen denen, die sie am Abend zuvor gerettet hatten, umher und stellten mit offensichtlicher Freude fest, daß sie atmeten und tief schliefen. Sie sammelten ihre Speere, Pfeile und Bögen auf, und mit einem letzten Blick auf den Weißen Mann gingen sie von der Gruppe schlafender Gestalten fort, so lautlos wie sie gekommen waren. Als die Sonne auf die Wüste losbrach und die frühe Morgenbrise die Höhen der Sanddünen liebkoste, war der kleine Trupp Männer hinter dem Horizont verschwunden und war bereits eifrig dabei, eine vereinzelte Giraffe zu verfolgen.

Die Sonne stand hoch am Himmel, und es war nicht mehr kühl, als Arnot und Tinka ihre Augen öffneten. Arnot stand auf und schaute wortlos auf den alten Jäger herab. Innerhalb weniger Minuten begann der Rest der Gruppe sich zu regen, und bald waren sie alle um ihren Anführer versammelt. Dann, als sie merkten, daß ihre Kehlen nicht mehr ausgedörrt waren, daß ihre Lippen nicht mehr geschwollen waren, begannen sie alle gleichzeitig zu reden. Sie erinnerten sich, auf die Wasserstelle zugegangen zu sein; sie erinnerten sich, daß dort kein Wasser gewesen war; und sie erinnerten sich auch, daß sie sich niedergelegt hatten, um zu sterben. Wie kam es dann, fragten sie sich, daß sie jetzt lebten, daß sie nicht länger dursteten?

Tinka, der nun neben Arnot stand, sagte ruhig: "Missionar, jetzt glaube ich an diesen deinen Gott. Es kann kein Zweifel daran bestehen, daß wir durch seine Hand gerettet worden sind. Ich glaube ..., und ich werde weiterhin glauben."

Arnot sah den Jäger nicht an. Seine Augen blickten über die Gruppe von Männern, die um ihn herum standen, hinaus zu dem trocknen Tümpel und dem kegelförmigen Loch und den Sandhaufen rundherum. In der Nähe lagen mehrere Riedhalme und ein umgedrehter Schildkrötenpanzer.

Ohne seine Augen von dem Schauplatz abzuwenden, antwortete er: "Ja, Tinka, es kann kein Zweifel daran bestehen, daß es das Werk Gottes war." Als er sprach, strich eine leichte Brise über die Spitze eines der Sandhaufen neben der Wasserstelle und wirbelte um den gebogenen Rücken des Schildkrötenpanzers.

Drei Tage später, am 25. Juni, erreichten sie den Botletle-Fluß. Bei ihrer Ankunft waren sie wiederum in einem Zustand des drohenden Zusammenbruchs; obwohl etwas Wasser in den übrigen Tümpeln gewesen war, hatte es nicht für eine normale Versorgung jeden Mannes und Tieres gereicht. Sie hatten die Ochsen, Esel und Kamas Jagdpferd an einer der vorausliegenden Wasserstellen nach dem Ereignis mit den Buschmännern gefunden. Die Tiere hatten Wasser entdeckt und waren wieder frisch. Jetzt allerdings, nach drei weiteren, mühseligen Tagen in der Wüste waren sie alle in traurigem Zustand. Immer wieder suchte Arnot den Horizont nach seinen geheimnisvollen Rettern ab, aber er schaute vergeblich.

Hinter ihnen lag nun die große Kalahari, und vor ihnen lag eine riesige Fläche Schilfrohr. Ein starker Wind wehte von der Wüste her und brachte Wolken weißen Sandes mit sich, aber, so schrieb Arnot in sein Tagebuch: "... besser, einen wenn auch noch so mit Sand beladenen Wind zu haben, als einen, der mit Malaria aus dem Schilfrohr beladen ist ..." Ihr Lagerplatz am Botletle-Fluß war öde, und obwohl so viel Wasser da war, wie sie brauchten, waren Arnots Leute unglücklich und wollten entweder nach Sheshong zurückkehren oder ihre Reise nach Norden fortsetzen. Kurz nach ihrer Ankunft am Fluß tauchten jedoch Fremde auf und sagten, sie seien von drei nahen, im Schilfrohr gelegenen Dörfern gekommen. Sie hatten gesehen, wie sich der Weiße Mann dem Fluß genähert hatte und, so sagten sie Arnot, hatten sich gefragt, ob es vielleicht der 'Monare'[1] sei, der vor vielen Jahren gekommen war. Es war offensichtlich, daß einige von ihnen sich an Livingstone erinnerten und dachten, daß der Mann, der sich von der Wüste dem Fluß näherte, der zurückkehrende Arzt sei.[2]

Obwohl sie enttäuscht waren, nicht Livingstone wiedergefunden zu haben, baten die Dorfbewohner, als sie erkannten, daß Arnot auch ein Missionar war, ihn darum, ihre Häuser zu besuchen. Sie erzählten eine so ergreifende Geschichte über die vielen, die sie aufgrund von Krankheit verloren hatten, daß Ar-

---

[1] Missionar
[2] Bei vielen Gelegenheiten hielten Stammesleute, die Arnot zum ersten Mal sahen, ihn fälschlich für David Livingstone. Die Nachricht von Livingstones Tod war noch nicht ins Hinterland Zentralafrikas vorgedrungen, als Arnot ankam, und die Afrikaner glaubten, daß der große Arzt, der einige Jahre zuvor durch ihr Land gezogen war, zurückgekehrt sei.

not ihrem Flehen nicht widerstehen konnte. Die Leute waren MaKalako, ursprünglich aus dem Matabele-Land. Sie verstanden Sechuana gut, aber waren wild und sahen grausam aus. Tinka, der immer mißtrauisch war, riet Arnot, die Einladung nicht zu beachten, indem er sagte, daß er wahrscheinlich das Leben verlieren würde, das sein Gott ihm gerade erst wiedergegeben hatte. Dieser Missionar jedoch, so stellte er fest, konnte die MaKalako nicht abweisen und versprach, sie am nächsten Tag zu besuchten.

Am nächsten Abend sah man Arnot an einem großen Lagerfeuer in dem ersten der Dörfer sitzen. Früher am Tag hatte er Haus-zu-Haus-Besuche bei allen Einwohnern gemacht. Er hatte die Kranken gepflegt, mit den Alten gelacht, hatte sich für die jungen Leute interessiert. Er war entsetzt über den schmutzigen und von Krankheit geplagten Zustand ihres Dorfes und tat sein Bestes, um den Einwohnern die Übel ihrer unhygienischen Lebensweise einzuprägen. Obwohl er sich deutlich bewußt war, daß so ein Gelegenheitsbesuch, wie er ihn machte, die Situation nicht ändern würde, war es offensichtlich, daß die Leute ihn mochten und seine Worte annahmen. Zum ersten Mal machte er die beglückende Erfahrung, Vertrauen bei den Menschen gesät zu haben. Obwohl er es zu der Zeit nicht wußte, war das eine Erfahrung, die er sein ganzes Leben lang haben sollte.

Und so kam es, daß er am Feuer saß, umringt von etwa vierzig Eingeborenen, und ihnen in seinem stockenden Sechuana vom Evangelium erzählte. Er war erfreut, als er seine Zuhörerschaft anschaute und sah, wie sie mit weit geöffneten Augen und Mündern solches Interesse zeigten an dem, was er sagte. In einer anderen Sprache als seiner eigenen zu beten, schien ihm seltsam, noch mehr, als sie zu sprechen; aber obwohl er sich unsicher fühlte, war er ermutigt. Nachdem er sich vier Monate abgemüht hatte, Sechuana zu verstehen, empfand er eine enorme Erleichterung bei dem Gedanken, daß er zu guter Letzt die Sprache zu dem Zweck gebrauchte, zu dem er sie gelernt hatte. Hinter ihm stand schweigend und grimmig Tinka, der darauf bestanden hatte, ihn auf dem Weg zu begleiten.

Es war, das wußte Arnot, eine Geste des alten Jägers, um seine Freundschaft zu dem 'Monare' zu zeigen. Seine Gegenwart war ein Beistand für den Missionar.

Am nächsten Tag gingen er und Tinka weiter zu einem anderen Dorf. Wieder zogen die Persönlichkeit des jungen Arnot, seine Freundlichkeit und sein Sinn für Humor die Dorfbewohner an, und einen zweiten Abend lang konnte er einer interessierten Zuhörerschaft das Evangelium predigen.

Im dritten und letzten Dorf war es genauso, und bis der Missionar zu dem Lager am Botletle-Fluß zurückkam, war er etwa 95 Kilometer gewandert. Er war müde, aber sehr zufrieden, denn hier in der Wildnis der Kalahari hatte er mit der Arbeit beginnen können, der er sein Leben gewidmet hatte, und er hatte bereits gesehen, daß er dabei erfolgreich sein konnte.

Das freundliche Lächeln, das er an ihrem letzten Abend am Botletle-Fluß von dem gewöhnlich ernsten Tinka erhalten hatte, war die größte Ermutigung von allen.

Nachdem sie den Botletle-Fluß überquert hatten, kamen Arnot und seine Männer durch wildes, aber schönes Land. Es gab reichlich Wasser und einen großen Überfluß an Wild. Die Jäger hatten keine Schwierigkeit, die Safari mit soviel Nahrung zu versorgen, wie ihre Mitglieder essen konnten, und gleichzeitig wurde der Wagen mit getrocknetem Fleisch beladen.

Innerhalb von zwei Tagen hatten sie die Tontgaru-Wasserstelle erreicht, wo sie Vorkehrungen trafen für die nächste Wegstrecke, von der sie annahmen, daß es eine weitere, dürregeplagte Reise durch Wüstenland sein würde. Buschmänner, die kamen, um sie zu sehen, sagten, daß mindestens zehn Tagereisen weit nördlich der Wasserstelle alle Tümpel ausgetrocknet seien.

Deshalb verbrachte der Trupp seine Tage in Tontgaru damit, Wassertonnen zu säubern und zu füllen, wobei sie ein großes Fäßchen für Kamas Jagdpferd reservierten.

Drei Tage nach ihrer Ankunft in Tontgaru zog die Karawane ruhig und ohne Aufregung los, der langen, trockenen Strecke entgegen, die vor ihnen lag. Der Sand erwies sich als ungewöhnlich schwer; die trockene Luft und die stechende Sonne schienen schlimmer denn je, trotz der Pinte (halber Liter) Wasser, die sie sich dreimal am Tag gönnten.

Am vierten Tag nach der Abreise von Tontgaru zeigte Tinka auf einige große, halb im Sand begrabene Objekte, einen guten Kilometer entfernt. Als Arnot näherkam, sah er zu seiner Überraschung, daß es die Überreste von Wagen, Pferdekarren und Pflügen waren. Zuerst hatte der Missionar Schwierigkeiten, Tinkas Erklärung für ihr Dasein inmitten der Wüste zu verstehen. Der alte Jäger schien keineswegs überrascht. Schließlich erfaßte Arnot das Wesentliche der Geschichte, die man ihm erzählte, und fand heraus, daß die Gegenstände, die er gesehen hatte, die Überbleibsel des großen Boer-Trecks 1878 waren, bei dem nur ein sehr kleiner Teil der zweihundert Familien die Reise durch die Wüste überlebt hatte.

Am folgenden Tag lagen die ausgeblichenen Knochen von Ochsen um die größeren Bäume herum, wo die Tiere in großer Zahl gestorben waren. Und dann kamen die Gräber der *voortrecker* selber. Holzkreuze, durch den ständigen Wind in groteske Winkel verschoben, zeugten von dem tragischen Sterben von alten Männern und Frauen, ebenso von einer Zahl kleiner Kinder. Es war ein erschütternder Anblick, der einen tiefen Eindruck auf den jungen Missionar machte.

Zur Zeit, da sie drei oder vier Tagereisen vom Mababi-Fluß entfernt waren, war das meiste des getrockneten Fleischs aufgegessen, und in den Tonnen war kaum noch Wasser. Freitag, den 21. Juli, als sie immer noch weit von dem Fluß entfernt waren, war Arnots eigener Wasservorrat zu Ende, und seine eingeborenen Gefährten erklärten wiederum, daß alles verloren sei.

Als Arnot in der Abgeschiedenheit des Wagens betete, hörte er draußen eine aufgeregte Stimme. "Monare, Monare ..., wenn du Wasser trinken willst, komm schnell ..., hier ist Wasser, hier ist Wasser!"

Langsam stand Arnot auf und schaute heraus. Er traute kaum seinen Augen. Dort, auf dem Boden vor dem Wagen, standen sechs große Kalabassen (Flaschenkürbisse) voll klaren Wassers, und hinter ihnen saßen drei Buschmänner, die ihn angrinsten. Hinter dem Gefährt konnte man Tinkas Stimme hören, die die Geschichte erzählte. Er war mit dem Pferd des Königs auf den Mababi-Fluß zugeritten und war nicht weit gekommen, als er auf die Buschmänner gestoßen war, die Wasser aus dem Fluß zu ihrem Dorf trugen. Sie hatten bereitwillig zugestimmt, ihre wertvolle Last der verzagten Karawane zur Hilfe zu bringen.

Als Arnot und seine Eingeborenen endlich am Mababi-Fluß ankamen, fanden sie einen guten Lagerplatz in der Nähe einiger BaSubia-Dörfer. Der Missionar konnte Mais, Bohnen und andere Nahrungsmittel kaufen, indem er Perlen als Währung verwendete. Als er die große Bevölkerung entlang des Flußufers sah, wurde er sich dessen bewußt, daß hier ein fruchtbares Gebiet für die Verkündigung des Evangeliums war. Einmal war er stark in Versuchung, seine Reise zu beenden und seine Arbeit unter den Menschen zu beginnen, die kamen, um ihn zu sehen. Bei einer Gelegenheit empfing er eine große Abordnung von BaSubia-Ältesten, die ihn darum baten, sich bei ihnen niederzulassen. Er fand es schwer, die Entscheidung zu treffen, seine Reise zum Zambezi fortzusetzen.

Am 31. Juli begannen Arnot und seine Mannschaft ihren Treck in Richtung des Chobe-Flusses. Der erste Teil des Marschs war schwierig, da er sie durch die Riedbetten und Sümpfe führte, in die der Mababi fließt. Es war ein riesiges Flußbett aus Schlamm und Ried, das sich über ihre Köpfe erhob. Sie schleppten sich dahin, wobei sie oft in Schlamm einsanken, der ihnen bis an die Knie reichte. Am 2. August waren sie jedoch aus den Sümpfen heraus und wanderten wieder durch sandige Einöden. Die nächsten vier Tage lang litten sie erneut unsägliche Mühsal in der Wüste. Wasserstellen waren trocken. Die Sonne und der Wind machten ihre Lippen rissig, trockneten ihre Münder aus und zeigten ihnen kein Erbarmen.

Dann kamen sie an den Chobe-Fluß. Arnot vergaß nie die Wirkung, die der erste Anblick der großen Wasserstraße nicht nur auf ihn hatte, sondern auch auf seine Begleiter. Sie wollten sich am Flußufer niederwerfen und das kalte, klare Wasser in sich aufnehmen, aber zu ihrer großen Enttäuschung stellten sie fest, daß sie trotz ihres furchtbaren Dursts nur eine kleine Menge trinken konnten.

An jenem Abend kehrte Tinka mit einem jungen Zebra, das er erlegt hatte, zum Lager zurück. So mit Nahrung und Wasser wieder reichlich versorgt, feierten die kleine Gruppe von Eingeborenen und ihr Weißer 'Monare' ihre Ankunft am letzten Fluß vor dem mächtigen Zambezi.

Aber an jenem Abend erfuhr Arnot zum ersten Mal, daß die BaSubia und andere Stämme, die in der Nähe des Chobe wohnten, in großer Furcht lebten. Die Barotse aus dem Norden des Zambezi waren auf dem Kriegspfad und schworen allen Siedlungen den Untergang. Die BaSubia selbst und einige der Buschmänner, die ins Lager gekommen waren, erzählten ihm, daß die Barotse über die Mashukulumbwe des Kafue-Flusses gesiegt hatten und in der Tat die meisten der Stämme nördlich des Zambezi von den erobernden Horden in alle Richtungen zerstreut wurden.

Als Arnots Begleiter von den Barotse hörten, wurden sie ebenso verängstigt wie die BaSubia-Dorfbewohner. Die Jäger, die sich zu Beginn der Reise Arnots Karawane angeschlossen hatten, beschlossen nun, am nächsten Tag gen Süden zurückzukehren. Diejenigen, die verpflichtet waren, den Missionar zum Zambezi zu begleiten, sahen besorgt aus und unbehaglich. Sie begannen, untereinander zu reden und schüttelten die Köpfe, und nur Tinka hielt sie zusammen. Sie hatten Angst um ihr Leben und waren ganz sicher, daß die Barotse nachts angreifen würden.

Als Arnot merkte, daß er da ein ernsthaftes Problem vor sich hatte, fragte er Tinka um Rat. Der riet dem Missionar, seine Reise nicht am Chobe-Fluß entlang fortzusetzen, sondern sich auf den Weg über den Sandgürtel nach Leshuma zu begeben. Leshuma war eine kleine Siedlung ganz nah am Zambezi und war von ihrem momentanen Lager aus leicht zu erreichen, wenn man nur am Chobe-Fluß entlangging. Es gab noch eine zweite Route nach Leshuma, die in westlicher Richtung landeinwärts führte, aber viel länger war. Auf dieser zog die Gesellschaft nun weiter.

Um die Mittagszeit des 14. August, zwei Tage nach Verlassen des Chobe, durchquerten sie eine dichtbewaldete, niedrige Hügelkette, als sich ein prächtiges Tal vor ihnen auftat; und dort durch dieses Tal floß in der ganzen Majestät Afrikas der Zambezi-Fluß.

Am Fuß der Hügel lag Leshuma, wo George Westbeech eine seiner Handelsstationen hatte. Dort hoffte Arnot, auf seine Männer aus Sheshong verzichten zu können und sich von Tinka zu verabschieden. Als er auf das Tal hinabschaute, sprach Frederick Arnot ein Dankgebet dafür, daß es ihm gestattet worden war, den Zambezi zu sehen. Während er dastand und auf das beeindruckende Bild zu seinen Füßen starrte, merkte er, wie seine kleine Gefolgstruppe hinter ihm vorbeiging auf dem Weg, sein Lager einzurichten. Schweigend, da sie wußten, daß er betete, huschten sie vorüber, selber froh darüber, nun am Ende ihrer Reise zu sein. Nach den Männern kamen die Ochsen, die den Wagen zogen, dann die drei treuen Esel, die nun gut eingewöhnt waren, aber förmlich von den Hufen aufwärts zerstochen waren infolge der Tsetse-Fliegen. Und als letzte von allen kamen Tinka und sein Pferd. Als der Jäger sich dem Weißen Mann näherte, blieb er stehen, schaute auf den Zambezi herüber und seufzte. Bevor Arnot etwas sagen konnte, war er schon weitergegangen, der große, weiße Hengst müde hinter ihm dahintrottend.

Als Arnot schließlich in Leshuma ankam, war er enttäuscht, feststellen zu müssen, daß Westbeech in Sesheke war, nördlich des Zambezi. Die kleine Siedlung war praktisch verlassen, und er erfuhr, daß einer von Westbeechs Assistenten, ein Mann namens Woods, und seine Frau vor kurzem an Fieber gestorben waren. Der zweite Assistent, Blockley, hatte die Handelsstation verlassen, um nach Pandamatenka zu gehen, etwa sechzig Meilen in südöstlicher Richtung. Arnot wußte, daß er um jeden Preis mit Westbeech Kontakt aufnehmen mußte, denn ohne dessen Hilfe würde er nie mit den Barotse verhandeln können. Das wiederum war sehr wichtig, wenn er eine Mission nördlich des Zambezi aufbauen wollte.

Nachdem er die Situation mit Tinka besprochen hatte, entschied er, daß der beste Weg, der sich ihm bot, nicht der war zu versuchen, den Zambezi bei Leshuma zu überqueren, sondern nach Pandamatenka weiterzuziehen, wo er durch Blockley etwas über Westbeechs genaue Unternehmungen erfahren konnte. Als er seinen Leuten die neuen Pläne mitteilte und daß er ihre Dienste für die Reise nach Südosten beibehalten wollte, sagten sie, sie wünschten, ausgezahlt zu werden und auf direktem Weg nach Sheshong zurückzukehren. Das stellte ein grosses Problem dar, da es keine anderen Eingeborenen gab, die sein Gepäck tragen konnten, weil das Gebiet wegen der Barotse-Überfälle geräumt worden war. Die Männer waren unerbittlich, und so zahlte Arnot widerstrebend und nicht wissend, wie er andere Träger bekommen sollte, jedem Mann die vereinbarten zehn Ladungen Schießpulver, Zündhütchen, einen halben Barren Blei und einen halben Meter Tuch.

Als die Männer ihre Bezahlung entgegennahmen, wurden sie von Tinka, der neben Arnot stand, finster angeblickt. Nachdem der letzte seinen Lohn erhalten hatte, begann Tinka, auf sie einzureden. Er erinnerte sie daran, daß sie Männer Kamas waren, daß sie mit der Aufgabe betraut worden waren, die Sicherheit des Weißen Mannes zu garantieren. Er fragte sie, wie sie ihre Haltung dem König erklären wollten, wenn sie nach Sheshong zurückkämen.

Zuerst gaben die Männer vor, daß das Schicksal des Monare' von dem Moment an, da er den Zambezi erreicht hatte, nicht mehr ihre Angelegenheit sei. Zuerst lächelten sie über die Worte des Jägers, aber als er begann, die Stimme zu heben und seine Lippen zu kräuseln, während er Beschimpfungen aussprach, als er anfing zu rufen, sie seien Kröten und Schwächlinge, und schrie, daß er persönlich dafür sorgen würde, daß Kama die Wahrheit über ihre Feigheit erfuhr, änderte sich ihre Haltung.

Ramatlodi, der Bechuana, war der erste, der nachgab. Er stand auf, ziemlich betreten, und sagte, daß er bereit sei, die Reise nach Pandamatenka fortzusetzen. Dann folgten die BaSubia, die Masaroa und die anderen Bechuana Ramatlodis Beispiel.

Am nächsten Morgen nahm Tinka endgültig von Arnot Abschied. Er kam zum Wagen, wo der 'Monare' arbeitete, und stand schweigend und ernst da. Der Missionar, zu jenem Zeitpunkt damit beschäftigt, ein Paar Stiefel auszubessern, hatte den alten Eingeborenen nicht kommen hören. Erst nach einigen Minuten schaute Arnot auf und sah den Jäger. "Du bist gekommen, um dich zu verabschieden, Tinka?", fragte der Missionar ausdruckslos.

"Ja, Monare. Die Zeit ist für mich gekommen, wieder nach Süden aufzubrechen. Schon werden die großen Winde über die Wüste wehen, und wenn ich nicht schnell bin, wird der Elefant mit den langen Zähnen für ein weiteres Jahr verschwunden sein. Ich würde ungern zu Kama zurückkehren ohne das, wofür ich geschickt wurde. Ich, Tinka, der königliche Jäger, wäre beschämt. Das mußt du verstehen, Monare ..."

"Natürlich, du mußt gehen, Tinka, und obwohl mein Herz traurig ist bei dieser Trennung, gehst du mit meinem Segen und dem Segen Gottes ..."

"Ach ja, dein Gott, Monare. Er war gut zu uns da draußen in der Wüste. Ich hoffe, daß er dich weiterhin versorgen wird auf deinen Reisen."

Arnot fand den Abschied schwerer, als er erwartet hatte. Er streckte den Arm aus und legte seine Hand auf die Schulter des alten Mannes. "Nicht *mein* Gott, Tinka", sagte er, "*unser* Gott, und ich bin sicher, daß er sich um uns beide kümmern wird. Geh nun, mein Freund, geh mit Gottes Geleit, und wenn du nach Sheshong zurückkommst, erzähl' dem König von unserer Zeit zusammen."

Es gab kein Händeschütteln, keinen offenen Freundschaftsakt. All das war nicht nötig. Tinka drehte sich um und ging schnell auf den weißen Hengst zu, der geduldig neben einer riesigen Akazie wartete. Mit einer gewandten Bewegung saß er rittlings auf dem Pferd; während er die Zügel zog, um das Tier zu wenden, winkte er Arnot zu, und dann war er im Galopp auf und davon.

Der junge Missionar beobachtete Pferd und Reiter, bis sie außer Sichtweite waren. Er ahnte nicht, daß er Tinka nie wiedersehen sollte und daß der würdevolle Jäger nie die Gelegenheit haben würde, Kama ihre gemeinsamen Erlebnisse zu erzählen. Tinka und sein Roß wurden drei Tage, nachdem sie den Missionar in Leshuma verlassen hatten, von einem Barotse-Kriegstrupp aus dem Hinterhalt überfallen. Es war mit den Eingeborenen, die bei Arnot blieben, verabredet worden, daß sie mit dem Wagen Tinka am Mababi wiedertreffen sollten, nachdem sie den Weißen Mann nach Pandamatenka begleitet haben würden. Der alte Mann wurde von ihnen auf ihrer Heimreise gefunden. Sein Kopf war von seinem Körper abgetrennt worden, und er hatte offenbar unsägliche Qualen gelitten, bevor er gestorben war. Die Verstümmlungsmethode der Barotse war besonders entsetzlich und überaus gründlich. Der königliche Hengst hatte ein schändliches Ende gefunden, indem er den Mördern als Nahrung diente.

# KAPITEL IV

## *Barotse-Speere*

James Hartford Blockley war gebürtig aus Yorkshire. Er neigte zum Dicksein; er war groß und pausbackig, und seine heitere Natur machte ihn bei den Afrikanern Zambezias beliebt. Nicht einmal die Hitze, die Fliegen, noch die plündernden Barotse und Matabele dämpften seinen unerschöpflichen Optimismus.

Er war 1870 nach Afrika gekommen, und nach einer Zeit am Kap hatte er George Westbeech zu seinem Handelsunternehmen im Zambezi-Tal begleitet. Trotz ständiger Stammeskämpfe hatten sie festgestellt, daß die Gegend nördlich der großen Wüste ein wahres Handelsparadies war. Zuerst hatten sie vorgehabt, Perlen und Stoff gegen Elfenbein zu tauschen, einen schnellen Gewinn zu machen und dann bald wieder abzureisen. Nachdem sie einige Wochen in dem Land gewesen waren, hatten sie ihre Meinung geändert. Sie merkten, daß die Eingeborenen, obwohl feindlich gegeneinander, tatsächlich erfreut waren über ihre Gegenwart. Man brachte ihnen mehr Elfenbein, als sie annehmen konnten. Offensichtlich waren dort Möglichkeiten für einen ständigen Handelsposten, und sie waren zu sehr erfahren in Geschäftspraktiken, um sich eine solche Gelegenheit entgehen zu lassen. Sie kehrten zum Kap zurück, machten ein kleines Vermögen mit ihrem Elfenbein und wanderten dann wieder zum Zambezi. Blockley hatte ein aufrichtiges Gefallen an den Stammesangehörigen, unter denen er arbeitete. Er mochte ihren kindlichen Humor, ihre Liebe zur Freiheit und ihre strengen Prinzipien von Zucht und Gerechtigkeit. Für die Eingeborenen des Zambezi war Blockley ein wahrer Vater. Er kümmerte sich um sie, wenn sie krank waren, beriet sie, wenn sie in Not waren, und schalt sie, wenn sie töricht waren. Er war eine Seltenheit unter den frühen Händlern in Zentralafrika - ein Mann von Geduld, Verständnis und Freundlichkeit in höchstem Maß, ebenso wie ein vorausblickender Erbauer des britischen Weltreiches.

In Pandamatenka lebte und arbeitete er in einem aus Flechtwerk und Lehm gebauten Einzimmerladen. Es war kein sehr großes Gebäude, und wenn neue Vorräte kamen, wie vor kurzem, blieb sehr wenig Platz für die Kunden zum Umhergehen. Die Wände waren gesäumt von Säcken voller Perlen und Salz, auf den Regalen stapelten sich Spiegel, Zucker- und Seifenpakete, und auf dem langen, niedrigen Ladentisch, der auch als Bett, Tisch und Schreibtisch für Blockley diente, waren Haufen von Bockfellen, Löwen- und Leopardenhäuten, drei oder vier kleine Elefantenstoßzähne, eine kleine Anzahl Rhinozeroshörner und eine beträchtliche Menge Staub und Schmutz.

Von dem Moment an, da die Türen des Ladens morgens geöffnet wurden, bis weit nach Sonnenuntergang jeden Abend, wenn sie geschlossen wurden, war da ein ständiger Strom von Eingeborenen, die kamen und gingen. Jäger aus den Wüsten- und Waldgebieten brachten ihre Trophäen, um sie gegen kostbares Salz zu tauschen, Dorffrauen kamen mit Körben voller Maismehl, süßen Kartoffeln und Kafferkorn, die alten Männer kamen mit leeren Händen, um zu schwatzen, und die kleinen Negerkinder kamen, um herumzulungern und zu spielen und mit Glück die gelegentliche Handvoll Salz oder die wenigen Perlen aufzusammeln, die während der Geschäfte des Tages auf die Erde fielen. Blockley mochte sie alle, und er war nie glücklicher, als wenn sein Laden voll war. Am meisten gefiel es ihm, mit den Dorfältesten zu plaudern, er hörte sie gern sich der Stammesheldentaten einer vergangenen Zeit rühmen, er achtete ihre Weisheit und lachte über ihren Klatsch, der gewöhnlich mit Witz gewürzt war und mit einem gewissen Maß an Unanständigkeit. Es war selten, wenn überhaupt, daß diese alten Kumpane je den Laden ohne ein Paket Zucker oder eine Handvoll Salz verließen. Es war daher nicht verwunderlich, daß man einen oder zwei von ihnen immer auf den Kaliko-Ballen hokken sah, die gegen den Ladentisch gestützt waren.

Blockley war gerade in eine lange Auseinandersetzung mit einer Frau verwickelt über die Frage, wieviel Salz sie zu erhalten hatte für einen kleinen Korb Korn, als er die Rufe vor seinem Laden hörte. Zuerst schenkte er dem nur wenig Beachtung. Rufen war eine der Volksbeschäftigungen der Bantu, und es verging kaum ein Tag, an dem nicht die eine oder andere Aufregung einen Aufruhr innerhalb oder außerhalb des Ladenbezirks bewirkte. Aber dann hörte er eine Stimme das Wort ›mzungu‹ (Weißer Mann) schreien. Er machte dem Feilschen schnell ein Ende, indem er dem maßlosen Preis der Frau zustimmte, und eilte zur Tür. Er kam gerade rechtzeitig, um eine kurze Reihe afrikanischer Träger von den Bäumen her auftauchen zu sehen, die etwa 400 Meter entfernt waren. Als die Träger sich auf dem Weg zum Laden näherten, wurde eine andere Gestalt hinter ihnen sichtbar. Es war der *mzungu*, den die Stimme einige Minuten zuvor gemeint hatte.

Jim Blockley traute kaum seinen Augen. Er wußte, daß der Weiße Mann nicht sein Partner Westbeech sein konnte, da er in den nächsten drei Monaten nicht vom Norden zurückerwartet wurde. Dieser Mann näherte sich von Nordwesten her, aus der Richtung des Zambezi-Flusses; die Tatsache, daß ein Fremder im Land war, war an sich schon unglaublich, aber daß er aus einer nördlichen Richtung kommen sollte, war noch überraschender. Blockley sorgte sich nicht einmal darum, seinen Laden und dessen Inhalt den Negerkindern auszuliefern, als er schnell auf Frederick Arnot und sein Gefolge zuging.

Arnot hatte drei Tage gebraucht, um die 96 Kilometer von Leshuma nach Pandamatenka zu wandern. Verglichen mit der Reise von Sheshong durch die Wüste war es ein leichter Treck gewesen. Es hatte reichlich Wasser gegeben, genügend Nahrung und ausreichend Schatten. Wenn Arnot nicht mit dem Problem konfrontiert gewesen wäre, wie er den Zambezi überqueren sollte, hätte er die Leichtigkeit der Safari genossen. Da das aber der Fall war, war sein Verstand unaufhörlich mit der Aufgabe beschäftigt, so sehr, daß er nicht einmal die Schönheit der Wälder wahrnahm, durch die er zog, noch die großen Antilopenherden bemerkte, die dastanden und ihn und seine Männer anstarrten.

Er sann immer noch über das Problem nach, als er den Händler von Pandamatenka auf sich zukommen sah.

An jenem Abend, nach einem guten Essen aus gebratenem Hähnchen und süßen Kartoffeln, die Blockleys Leibdiener perfekt gekocht hatte, diskutierten der Missionar und der Händler die Frage der Zambezi-Überquerung.

Blockley hatte bereits bestätigt, daß die Barotse jeden daran hinderten, am Nordufer zu landen. Während des Gesprächs, das nach dem Abendessen stattfand, wiederholte er dies und erzählte Arnot von dem Schicksal einiger Jesuitenpriester, die versucht hatten, den Fluß beim Dorf des Häuptlings Mwemba zu überqueren. Einer war getötet worden, und der andere hatte nur gerade sein Leben retten können. Das war vor weniger als sechs Monaten geschehen.

Der Händler sagte Arnot, seiner Meinung nach sei der bestmögliche Plan für ihn, einen Brief an Lewanika, den König der Barotse, zu senden, der in Lealui wohnte. In dem Brief sollte Arnot sagen, daß er ein Freund Westbeechs sei und gekommen sei, um unter den BaToka zu arbeiten, die nun Untertanen der Barotse waren, und daß er aus diesem Grund die Erlaubnis erbitte, den Fluß zu überqueren.

Arnot wandte ein, daß es mehrere Monate dauern würde, bevor die Boten, die eine solche Mitteilung überbrächten, mit der Antwort zurückkämen. Er konnte es sich nicht leisten, diese ganze Zeit zu warten, und sagte, daß er es am Fluß darauf ankommen lassen müsse. Er würde, fügte er hinzu, keine Träger mitnehmen, da es keinen Zweck habe, anderer Leute Leben zu gefährden. Er würde so viel Verpflegung mitnehmen, wie er selber tragen konnte, und dann würde er durch das Angebot eines großen Lohns an Kaliko und Perlen versuchen, eine Kanuüberfahrt über den Wasserweg zu kaufen.

"... aber ich bewundere Ihren Mut, mein Freund!", sagte der respekteinflößende Blockley. "Aber ich halte Sie für ein bißchen verrückt im Kopf. Sie auf eigene Faust den Fluß überqueren? Warum, Sie würden nie weiter als bis zur Hälfte kommen, bevor Sie mit Speeren gespickt wären wie ein Nadelkissen. Nein, mein Lieber, das kann ich Ihnen nicht erlauben."

"Aber, Mr. Blockley, ich bin den ganzen Weg von Natal gekommen, um den Zambezi zu überqueren, und ich habe nicht die Absicht, zurückzukehren wegen ... wegen eines Stammes von Mördern. Nein, ich werde mich von ihren einschüchternden Drohungen nicht abbringen lassen, aber ich habe mich gefragt, ob ich Sie selbst nicht irgendwie dazu überreden könnte, die Überfahrt mit mir zu machen. Die Barotse trauen Ihnen und Westbeech, Sie haben mir schon erzählt, daß sie Ihnen erlauben, auf der anderen Seite mit ihnen Handel zu treiben. Könnte ich Sie nicht für die Reise mit mir überreden?"

Blockley sah leicht erschrocken aus bei dem Vorschlag. Er schüttelte traurig den Kopf. "Nein, mein Lieber. Das würde nie klappen. Die Barotse sind keine Dummköpfe. Während Andrew am Nordufer geduldet wird, bin ich auf meine Aktivitäten im Süden beschränkt. Sie wollen uns nicht beide gleichzeitig dort drüben haben."

"Aber", wandte Arnot ein, "Sie müssen gar nicht am Nordufer landen. Worum ich Sie bitte, ist nur, mich im Kanu über den Fluß zu begleiten. Sie würden nie das Boot angreifen, in dem Sie sitzen. Sie ... Sie müßten noch nicht einmal aussteigen, wenn wir anlegen. Sie würden sehen, daß ich mit Ihnen herübergekommen bin und daß Sie sich an Ihr Versprechen halten wollen, im Süden zu bleiben, während Westbeech unter ihnen ist. Und ich hätte vielleicht eine Chance, daß sie mich zu den BaToka-Dörfern weitergehen lassen, wenn sie merken, daß ich ein Freund von Ihnen bin und keinerlei Absicht habe, in Barotse-Territorium zu bleiben."

Der Händler hatte, während Arnot gesprochen hatte, den Kopf geschüttelt und schüttelte ihn auch, als der junge Missionar ihn bittend ansah. "Es tut mir leid, junger Mann. Ich würde Ihnen helfen, wenn ich könnte, aber ich kenne diese Teufel; Sie würden nicht unbeschadet davonkommen. Sogar wenn Sie, wie Sie sagen, mit mir hinüberfahren würden, würden sie Sie zur Schnecke machen, sobald ich den Rücken gedreht habe. Sehen Sie den Tatsachen ins Auge, mein Freund, die Barotse mögen weder Lehrer noch Missionare, und sie würden bei Ihnen keine Ausnahme machen."

Arnot war bereit, die Diskussion fortzusetzen, aber der große Yorkshire-Mann stand auf und sagte mit Endgültigkeit: "Es hat keinen Zweck, noch weiter darüber zu reden, mein Lieber. Ich weiß, was ich weiß, und das ist es. Jetzt würde ich an Ihrer Stelle schlafen gehen. Ich gehe nach draußen, die Ziegenhürden festzumachen; es wird nicht lange dauern. Sie können das untere Ende vom Ladentisch als Bett haben." Damit nahm er eine der Sturmlaternen und schlenderte los, hinaus in die schwarze Nacht. Arnot seufzte, als er die Decken aus seiner Bettrolle nahm. War dies wirklich das Ende der Reise, sollte wirklich alles so fruchtlos bleiben? Er weigerte sich, das zu glauben. Es hatte andere Hindernisse gegeben, und er hatte sie überwunden. Wie könnte er nach Sheshong zurückkehren und den Mißerfolg zugeben? Nein, er würde nicht zurückgehen, noch würde er Botschaften an den Barotsekönig senden und mehrere Monate auf eine Antwort warten. Irgendwie, trotz allem, was Blockley gesagt hatte, irgendwie würde er über den Fluß kommen und die Hochebene finden, auf der er seine Station errichten konnte. Ein Mißerfolg kam nicht in Frage; es konnte nur eine erneuerte Entschlossenheit geben, das zu erfüllen, wozu er aufgebrochen war.

Als er seine Decken auf dem Ladentisch zurechtgelegt hatte, kniete er sich zum Gebet nieder, den Rücken zur Ladentür gekehrt. Er endete mit den Worten: "O, mächtiger Gott, ich vertraue dir. Du kannst alle Dinge und alle Menschen für deine Absichten gebrauchen. Hilf mir darum in dieser Stunde der Not und erweiche das Herz dessen, der die Antwort auf mein Problem bringen könnte ..."

Arnot war schon im Bett, als Blockley in den Laden kam. Der Händler hatte gerade durch die Tür gehen wollen, als er den Missionar beim Gebet sah. Verlegen war er draußen geblieben, bis der junge Mann ins Bett gegangen war.

Er verriegelte die Tür, zog sich aus und hievte sich dann mit einigem Grunzen und Stöhnen auf die andere Seite des Ladentischs. Eine Zeitlang lag er da, die Arme unter seinem Kopf verschränkt. Er kümmerte sich nicht darum, die Sturmlaternen zu löschen; er lag einfach da und starrte das Strohdach über sich an. Als zehn Minuten vergangen waren, langte er nach den Lampen und blies sie aus.

In der Dunkelheit schaute er in Richtung Arnot. "Gute Nacht, mein Freund", sagte er ruhig und beiläufig. "Versuchen Sie, 'nen guten Schlaf zu kriegen, wenn Sie können. Wir haben viel zu tun morgen, wenn wir am nächsten Tag weg sein sollen ..."

Arnot drehte sich plötzlich um. "Sie meinen ... Sie meinen, daß ... Sie meinen, daß Sie mich über den Fluß bringen werden. Ich kann es nicht glauben; o danke, danke. Ich ..."

Es war ein leichtes In-sich-hinein-Lachen in der Stimme des Yorkshire-Mannes. "Nun, Freund, das reicht. Ja, ich werd' Sie 'rüberbringen, und machen Sie sich keine Sorgen, wir werden es schon schaffen, Sie werden sehen."

Damit drehte Blockley sich um und murmelte zu sich selbst, und Arnot meinte, den Händler sagen zu hören: "Ja, und ich bin nicht so sicher, daß ich nicht selbst etwas verrückt im Kopf bin."

Draußen hatten die Weihnachtskäfer und Grillen ihre nächtliche Symphonie begonnen, ihre schrillen, schellenartigen Töne gelegentlich unterbrochen von den Schreien der Schakale und dem Gekreisch der Eulen und der anderen Nachtvögel.

Am 24. August kamen sie in Leshuma an und zogen am folgenden Tag durch das dichtbewaldete Land des Zambezi-Tals.

Sie waren ohne Begleitung von Trägern und trugen ihre eigenen Decken, Verpflegung und Wasser. Sie kamen durch mehrere, verlassene Dörfer, die deutliche Hinweise auf einen schnellen Aufbruch ihrer Einwohner zeigten. Hütten, die noch persönliche Dinge enthielten, welche für einen raschen Rückzug zu schwer gewesen waren, Essen, noch in Töpfen in der Nähe der Asche längst ausgebrannter Feuer, gelegentlich ein noch halb gefüllter Getreidekasten - all dies ein Beweis dafür, daß die Barotse in diesem Tal aktiv waren.

Der Missionar und der Händler erreichten den Fluß um die Mittagszeit. Es wehte ein starker Wind, und die trüben, grünen Wasser waren aufgewühlt und stürmisch. Sobald sie am Flußufer waren, wendeten sie sich stromaufwärts und gingen etwa zwanzig Minuten, bis Arnot durch die Bäume hindurch sah, daß sie am Zusammenfluß des Chobe und des Zambezi angekommen waren. Hier, so hatte Blockley Arnot gesagt, würden sie den Bootsmann Munalwa finden, einen alten Mulozi, der vor langer Zeit die Beschäftigung mit Kriegen und Plünderungen aufgegeben hatte zugunsten der weniger aufregenden Tätigkeit eines offiziellen Fährmanns.

In der Annahme, daß Arnot ein neuer Assistent für Westbeech sei, erhob der alte Mann keinerlei Einwände gegen die Reise, außer dem Hinweis, sie sollten vorbereitet sein, ihre Gegenwart den `Männern des Königs' zu erklären, welche wahrscheinlich am anderen Ufer sein würden, um sie zu begrüßen. Blockley schaute Arnot mit einem gewissen Maß an Besorgnis an, als er diese Worte hörte.

Die Überfahrt selbst verlief ohne Zwischenfälle. Sie wurden nicht durch fremde Kanus aufgehalten, noch kamen ihnen Pfeile oder Speere entgegen. In der Tat war die Fahrt über den Fluß äußerst angenehm, und Arnot war die meiste Zeit damit beschäftigt, eine Schar von Nilpferden zu beobachten, die einige hundert Meter flußabwärts umhersprangen. Er sah auch zum ersten Mal die exotische Erhabenheit des Flusses mit seinem dichten, tropischen Unterholz, das die beiden Ufer säumte. Blockley andererseits nahm sehr wenig Notiz von der Landschaft, und seine Augen waren starr geradeaus gerichtet. Er beantwortete Arnots Ausrufe bezüglich des Flusses und seines wilden Lebens mit einem gelegentlichen Grunzen.

Das Nordufer des Flusses stieg steil von der Wasserkante auf; das Kanu wurde fachmännisch von Munalwa in einen kurzen, schmalen Ankerplatz hineingeführt, der gerade groß genug für ein Kanu war. Vom Landesteg wand sich ein ausgetretener Pfad das Ufer hoch zu den Bäumen, die es überragten. Die beiden Weißen Männer gingen an Land, und der Bootsmann begann, nachdem er sein Fahrzeug befestigt hatte, ihnen den Pfad hinauf zu folgen.

Die erste Andeutung, daß nicht alles in Ordnung war, bekamen sie, als sie das Schlagen von Rudern im Wasser unter sich hörten. Sie waren mehr als drei Viertel des Weges vom Ufer hoch gekommen, als das geschah, und als sie hinabschauten, sahen sie, daß zwei große Kanus, jedes mit etwa einem halben Dutzend speertragender Barotsekrieger bemannt, lautlos in Position geglitten waren, um die Ausfahrt des Ankerplatzes zu blockieren. Die Stammesmänner standen nun in den Kanus, ihre Gesichter mit weißer und roter Farbe beschmiert, ihre Speere auf Arnot und Blockley gerichtet, die am Hang des Ufers standen.

Munalwa war der erste, der sprach. Er sah sehr erschrocken aus. "Das ist das Fluß-Überfallkommando des Königs", flüsterte er. "Es ist eine Falle. Sie werden uns daran hindern, ins Kanu zurückzukehren, und da oben werden noch mehr von ihnen sein."

Als Munalwa zum Gipfel der Böschung zeigte, sahen sie die anderen. Es waren große Männer, und jeder trug einen Ochsenhaut-Schild und einen langen Speer. Ihre Größe schien noch gesteigert durch die Tatsache, daß jeder einen schwarzgefederten Kopfschmuck trug. Um ihre Taillen hingen Röcke aus Stoff. Ihre Hälse und Arme waren geschmückt mit Elfenbein und Perlen, und ihre Gesichter trugen, wie die ihrer Kameraden unten in den Kanus, die weiß-roten Streifen der Kriegsbemalung.

Blockley schob Munalwa zur Seite und ging voran, um den Barotse zu begegnen, wobei er Arnot ein Zeichen machte, sich dicht hinter ihm zu halten. Der junge Missionar schluckte hart und tat, wie geheißen. Er sah mit einer gewissen Bestürzung, daß die Speere der Krieger jetzt auf den Händler und ihn selbst zeigten, als sie ans Ende ihres Aufstiegs zur Höhe der Böschung kamen. Beim Näherkommen sah er, daß die bemalten Gesichter noch feindseliger wirkten als schon aus der Entfernung. Hinter sich konnte Arnot den alten Fährmann vor Angst keuchen hören, während er mit Blockley und ihm Schritt zu halten suchte.

Sie hatten gerade die flache Höhe der Uferböschung erreicht, als Arnot und Blockley das Sausen eines Speeres hörten, der durch die Luft in ihre Richtung jagte. Die Stammesmänner waren vor ihnen zurückgetreten, als sie auf der Höhe der Böschung angekommen waren, hatten sich aber gleichzeitig in Form eines Halbkreises verteilt. Der Speer, der durch die Luft sauste und etwa zwei Meter von ihren Füßen entfernt niederfiel, war von außerhalb des Halbkreises der Krieger geworfen worden. Die Klinge schob sich in die weiche Erde, und der Schaft zitterte vor ihnen.

Blockley ging weiter auf den noch schwankenden Speerschaft zu. Während er die Augen auf die Barotse gerichtet hielt, die immer noch schweigend dastanden mit ihren auf sie gerichteten Speeren, drehte er sich halb zu Arnot um und sagte leise: "Nun, mein Freund, da sehen Sie, was ich meine. Das ist nicht gerade ein Empfangskomitee, oder? Diese Sache mit dem Speerwerfen ist nur für Gelegenheiten, wo sie wirklich wütend sind. Ich glaube, wir können mit Unannehmlichkeiten rechnen."

In dem Moment erscholl ein Schrei, der das Blut in den Adern gerinnen ließ, und der Halbkreis teilte sich. Auf sie zugerannt kam ein Krieger mit einem in Schulterhöhe gehaltenen Speer, der nicht nur auf seinem Gesicht Kriegsbemalung trug, sondern auch auf Brust und Armen. Er machte einen furchterregenden Eindruck und schrie laut, während er auf sie zukam.

Gleichzeitig mit seinem Auftauchen begannen die anderen Krieger mit den Füßen zu stampfen und näherzurücken. Während sie das taten, ließen sie einen grausigen Pfeifton vernehmen, der noch zum Schrecken der Situation beitrug. Arnot begab sich an Blockleys Seite, und Munalwa duckte sich hinter ihnen.

Als der Krieger etwa drei Meter von den Weißen Männern entfernt war, machte er einen letzten Sprung, der die Spitze seines Speeres auf einige Zentimeter nah an Arnots Brust heranbrachte. Der junge Missionar zuckte, aber stand sehr still. Blockley ergriff seinen Arm. Der Krieger schrie nicht mehr, aber er hielt den Speerschaft so, daß er nur eine Handbreit von Arnot entfernt blieb. Der Missionar starrte auf den schwitzenden Eingeborenen, der vor ihm stand. Ohne jede Vorankündigung hörte das leise Pfeifen der anderen auf; der Krieger wandte plötzlich seinen Speer von Arnot ab und senkte ihn in den Boden, dann wich er zurück.

Blockley flüsterte Arnot aus dem Mundwinkel heraus zu: "Gut gemacht, Junge. Das war alles ein bißchen Schau. Sie wollen nichts anderes, als uns Angst machen. Das ist wahrscheinlich der Häuptling, der jetzt kommt."

Während Blockley sprach, schauten er und Arnot zur Mitte des Halbkreises von Stammesmännern und sahen, daß ein Neuankömmling sich ihnen näherte. Er war viel kleiner als die anderen; er war dünn und schritt mit beachtlicher Würde auf sie zu. Er hatte einen grausamen Mund mit ungewöhnlich schmalen Lippen. An seinen Armen waren viele Elfenbeinarmbänder, und obwohl er einen kurzen Speer und Schild trug, war sein Gesicht unbemalt.

Er blieb etwas von Blockley entfernt stehen und hob seinen rechten Arm zur Begrüßung. Der leichte Hauch eines Lächelns ging über sein strenges Gesicht. Er sprach ruhig in Silozi. "Wie kommt es, daß der Mann Westbeechs unsere Vereinbarung gebrochen hat?", fragte er Blockley.

Der Händler legte seine Hände auf die Hüften und lächelte: "Der Induna[1] Ramala macht schnell Unannehmlichkeiten an diesem Tag. Wenn er seinen Kriegern befehlen würde, ihre Speere abzusetzen und sich weniger wie Hundesöhne zu verhalten, wird der Induna hören, was ich zu sagen habe. Wenn der Induna will, daß seine Männer sich wie Hundesöhne verhalten, dann wird er nichts mehr von mir hören."

Blockley sprach in perfektem Silozi, und er sprach laut, so daß alle ihn hören konnten. Er wußte, daß der Barotse-Induna nicht von ihm erwartete, vor den Kriegern zu kriechen und daß man ihn auf die erste Äußerung von Angst hin beobachtete. Trotzdem war er etwas unsicher, wie weit er gehen konnte. Innerlich atmete er sehr erleichtert auf, als er sah, daß der Mulozihäuptling eine schwungvolle Geste mit seinem rechten Arm machte, die den Kriegern das Zeichen gab, ihre Speere zu senken. "Jetzt, Mann von Westbeech, zeigen meine Speere nicht mehr auf dich. Du wirst meine Frage vielleicht beantworten?"

Von hinten brachte einer der Mulozi-Speermänner ein Leopardenfell, das er sorgfältig vor den Häuptling legte. Der Induna gab Blockley und Arnot ein Zeichen, sich zu setzen, während er dasselbe tat und sich dabei versicherte, daß er auf dem Kopf des Leopardenfells saß und daß der Schwanz auf die

---

[1] Häuptling

Weißen Männer zeigte. Munalwa, der immer noch vor Angst zitterte, saß auch, aber in respektvoller Entfernung.

Blockley begann zu sprechen. Wiederum tat er dies mit lauter und herausfordernder Stimme. Er sagte dem Induna, daß zunächst einmal der Mulozi-Fährmann sie über den Fluß gebracht habe in der Annahme, daß Arnot ein Händler sei. Er betonte, daß er allein, Blockley, an der Überquerung des Flusses schuld sei. Als Munalwa diese Worte hörte, wimmerte er Zustimmung und begann, leise in die Hände zu klatschen, eine traditionelles Zeichen für die Bitte um Vergebung.

Der Händler fuhr fort, um Arnots Gegenwart zu erklären. Er sagte dem Häuptling, daß Arnot ein Lehrer sei und den Leuten des Toka-Landes von seinem Gott erzählen wolle. Er entschuldigte sich, vor Munalwa vorgetäuscht zu haben, daß Arnot ein Händler sei, aber er wies darauf hin, daß es so wichtig gewesen sei, daß Arnot das Norduferer erreichen konnte, daß er, Blockley, der Mann Westbeechs, entschieden hatte, daß es nötig sei, ins Barotse-Land zu kommen, obwohl er wußte, daß es verboten sei, solange Westbeech selber dort war. Er schloß damit, daß er sagte, er kehre sofort nach Leshuma am Südufer zurück, vorausgesetzt, der Induna verspreche dem Missionar sichere Druchreise ins BaToka-Land.

Während Blockley gesprochen hatte, hatte Induna Ramala den Missionar angeschaut. Als der Händler ausgeredet hatte, stand der Häuptling auf und winkte dann den anderen, das gleiche zu tun. Das Leopardenfell wurde eilig zurückgezogen, und die beiden Speere, die im Boden steckten, wurden von dem Mattenträger weggenommen.

Einige Minuten lang stand der Häuptling da und starrte Arnot an. Niemand sprach. Dann wandte sich der Induna Blockley zu und sagte: "Es ist gut, daß du alles erklärt hast. Obwohl ich nicht einwilligen kann, daß dein Lehrer zu den BaToka gehen sollte, da sie jetzt Sklaven des großen Lewanika sind, werde ich deinem Lehrer helfen. Ich werde ihm erlauben, nach Sesheke zu gehen, von wo er Botschaften an den König senden kann. Ich weiß nicht, was Lewanika denkt, aber ich bin sicher, daß er den Lehrer nicht zu den BaToka gehen lassen wird."

Blockley übersetzte Arnot die Worte des Häuptlings und fügte hinzu, das klügste wäre, so schnell wie möglich zum Südufer zurückzukehren. Aber der Missionar wollte sich nicht so leicht abschrecken lassen. Er bat Blockley, dem Induna zu sagen, daß er gewillt sei, nach Sesheke zu gehen oder sogar nach Lealui selbst, um Lewanikas Genehmigung seiner Pläne zu erlangen. Der Händler schüttelte den Kopf vor Bestürzung, aber er sah, daß Arnot beabsichtigte, am Nordufer zu bleiben, daher informierte er Ramala in entsprechender Weise.

Es wurde beschlossen, daß Arnot sofort nach Sesheke reisen sollte, ohne nach Pandamatenka zurückzukehren, wo er den Hauptteil seiner persönlichen Habe gelassen hatte. Wenn er erst die Stadt am Fluß erreicht hatte, wo er auf jeden Fall Westbeech finden würde, würde er die Situation neu überdenken angesichts der Mitteilungen, die er von Lewanika empfinge.

Ramala willigte ein, dem Missionar einen Mann zu geben, um ihm seine Decken und Verpflegung bis nach Sesheke tragen zu helfen.

Arnot begleitete Blockley den Uferhang hinab zu der Stelle, wo Munalwa und sein Kanu den Händler für die Rückfahrt erwarteten. Die beiden Boote mit den bewaffneten Kriegern waren auf ein Wort des Indunas hin verschwunden. Sie hatten den Häuptling hinter sich gelassen, der an der Spitze der Böschung stand und auf sie hinunterschaute, als sie auf den Ankerplatz zugingen.

Die beiden Weißen Männer schauten sich an, als ihre Hände sich zu einem aufrichtigen Abschied trafen. Blockley sprach als erster, und stieg dabei in das wartende Kanu. "Gut, mein Freund", sagte er mit einem resignierten Seufzer, "ich hoffe, daß Sie wissen, was Sie tun." Dann mit einer Spur von Hoffnung: "Noch haben Sie Zeit, Ihre Meinung zu ändern."

Frederick Arnot lächelte den Händler an und streckte noch einmal die Hand nach ihm aus. "Auf Wiedersehen, mein lieber Freund. Ich habe Ihnen viel zu danken", sagte er. "Ja, ich weiß, was ich tue, und es ist genau das, was ich wollte, so kann es für mich nicht in Frage kommen, meine Meinung zu ändern. Ich bete, daß Sie mit Gottes Geleit gehen ..."

Blockley antwortete nicht. Er tippte nur Munalwa auf die Schulter und befahl ihm abzulegen. Das kleine Kanu glitt aus dem Ankerplatz, und Arnot beobachtete es, bis es fast auf der Mitte des Flusses war. Die Sonne ging hinter den Baumwipfeln unter und verbreitete eine rötliche Glut auf dem Wasser, das sich unter Munalwas Ruderschlägen kräuselte. Beide, der Fährmann und Blockley drehten sich um, um einen letzten Blick auf den Missionar zu werfen, der am Fuß der Böschung stand und winkte. Als sie sich wieder nach Süden wandten, ließ Arnot seinen Arm sinken und beobachtete einige Minuten lang, wie das Boot in den abendlichen Schatten der Bäume am gegenüberliegenden Ufer verschwand.

Er schaute hoch und sah, wie Ramala ihn aufmerksam beobachtete. Plötzlich fühlte er sich furchtbar allein.

# KAPITEL V

## *Zambezi-Safari*

Als Arnot mit Setobe, dem Mulozi-Träger, den Ramala ihm gegeben hatte, in Richtung Sesheke zog, wanderte er durch ein parkartiges Land von kurzem Gras und großen Akazien. Herden von Impala-Antilopen grasten unbekümmert wenige hundert Meter von seinem Pfad entfernt, und gelegentlich konnte er einen flüchtigen Blick auf Zobel, Rotschimmel und Eland-Antilopen werfen. Das Land war leicht zu durchwandern, es gab reichlich Wasser, die Pfade waren eben, und mit Setobe als Führer und als Ausweis für ihn waren die Dorfbewohner gastfreundlich und hilfsbereit.

Setobe war der Bruder von Siluane, ein Vetter des Häuptlings Ramala. Mit seinen sechsundzwanzig Jahren war er ein voll eingeweihter Krieger des Barotsestammes, und er hatte an mehr als hundert Streifzügen teilgenommen. Die Narbe, die sich von seiner Schläfe bis zu seinem unteren rechten Backenknochen erstreckte, war ein Beweis seiner Tapferkeit im Kampf. Er hatte viele BaToka und Mashakulumbwe getötet und achtete Leben gering. Zuerst, als er angewiesen worden war, das Gepäck des Missionars aufzuheben und mit ihm nach Sesheke zu wandern, hatte er vorgehabt, mit Ramala zu streiten. Warum sollte er, Setobe, der Krieger, sich selbst erniedrigen, indem er ein gewöhnlicher Träger für den Weißen Mann würde? Er war ein Hauptmann in der Armee des Königs, warum sollte er dann genötigt werden, sich in den Augen seiner Kameraden und der Leute, deren Dörfer sie auf der Reise nach Sesheke durchziehen würden, zu demütigen? Sein erster Gedanke war gewesen, den von Ramala persönlich gegebenen Befehl abzulehnen, aber als er den grausamen Blick in den Augen des Häuptlings gesehen hatte, der erregt war, wußte er, daß sein Zögern, dem Befehl zu gehorchen, nichts einbrachte, und er hatte sich eines Besseren besonnen. In dem Moment war ihm bewußt geworden, daß der Ehebruch, den er einige Tage zuvor mit der Tochter des Häuptlings begangen hatte, dem Vater bekannt war. Eines solchen, verruchten Verbrechens überführt zu werden, bedeutete, seinen Speerarm und das rechte Ohr zu verlieren oder die Zunge herausgeschnitten zu bekommen. In der Erkenntnis, daß Ramala ihn dadurch bestrafte, daß er ihn zum Träger für den Weißen Mann machte, sagte er nichts, erleichtert über die Milde der Strafe.

Setobes Gedanken weilten, während er einige Schritte vor Arnot herging, hauptsächlich bei seiner letzten Liebeseroberung, bei der kürzlich stattgefundenen Schlacht und bei dem Angriff, der jetzt wahrscheinlich in der Nähe von Mbalwa am Kafue-Fluß stattfand. Er dachte an die Rolle, die er bei dem Angriff gespielt hätte, wenn er nicht die Aufgabe erhalten hätte, Kindermädchen für den Weißen Mann hinter ihm zu sein. Aber er hatte keinen Haß im Herzen gegen Arnot; der Stolze, so sagte er sich, hat keinen Raum für Haß. Wenn überhaupt, dann empfand er eine leichte Geringschätzung gegen den Missionar; er konnte nicht verstehen, wie jemand, sogar ein Weißer Mann, sich selbst so klein machen konnte, daß er kniend zu einem unsichtbaren Gott betete, bevor er schlafen ging. Er war nicht in der Lage zu verstehen, warum Arnot milde sprach und diejenigen anlächelte, die, wie er gemerkt haben mußte, seine Feinde waren.

Während der drei Tage, die sie zusammen gewandert waren, hatten Arnot und Setobe nur wenig gesprochen. Der Mulozi kannte einige Worte in Sechuana, was Arnot sprach, aber er konnte sich nicht in der Sprache unterhalten. Sie kamen hauptsächlich durch den Gebrauch von Zeichen weiter, die von einem gelegentlichen Wort in Sechuana unterbrochen wurden. Obwohl Setobe dem jungen Missionar gegenüber sein Schweigen und seinen Abstand beibehielt, war er weder grob noch unhöflich. Nachts, wenn sie unter den Bäumen schliefen, sah Setobe immer nach dem Feuer und stellte sicher, daß genug Blätter für Arnots Schlafplatz da waren. Wenn die Tagesgeschäfte erledigt waren, zog er sich in eine respektvolle Entfernung zurück und legte sich, seinen Speer nah an seiner Seite, mit einem resignierten Knurren nieder, das Gesicht in Richtung auf Arnot und das Feuer, in der Stellung eines treuen und stolzen Wachhundes.

Zuerst, als Frederick Arnot zu den wartenden Barotsekriegern zurückgegangen war, hatte er sich allein gefühlt und Angst gehabt. Aber Ramala hatte sein Versprechen gegenüber Blockley eingehalten. In einwandfreiem Sechuana hatte er dem Missionar gesagt, daß er fünf Tage brauchen würde, um Secheke zu erreichen und daß Setobe, der der tapferste Mann sei, dazu abgeordnet sei, ihn zu begleiten. Setobe würde, sagte Ramala, sicherstellen, daß Arnot keine Schwierigkeiten begegnen würden auf der Reise, und er würde bleiben, bis ein Treffen mit Westbeech zustande gekommen sei. Als Warnung hatte der Häuptling Arnot gesagt, daß Setobe den Auftrag hatte, ihn auf direktem Weg nach Sesheke zu bringen und ihn daran zu hindern, in irgendeine andere Richtung abzuweichen. Dann waren der Häuptling und seine Männer gegangen und hatten Arnot und Setobe allein zurück gelassen. Dieser hatte wortlos alle Gepäckstücke des Weißen Mannes aufgehoben und zu einem einzigen, riesigen Bündel zusammengebunden, hatte es sich über seine breiten, muskulösen Schultern geworfen und sich dann in Richtung Sesheke in Bewegung gesetzt.

Nach drei Tagen und Nächten in der Gesellschaft des schweigenden Setobe fühlte sich Arnot nicht länger einsam oder ängstlich. Obwohl kaum ein Wort zwischen ihnen fiel, war Arnot ganz sicher, daß ihm kein Leid zustoßen würde, während der Mulozi sein Führer war.

Während er im Schatten der großen Zweige der Akazien dahinwanderte, begann der Missionar, an die Trainingszeit zu denken, die er sich selbst im schottischen Hochland abverlangt hatte. Das Marschieren war viel anstrengender gewesen als bei der jetzigen Reise, und als er leichten Fußes durch den zentralafrikanischen Busch schritt, fuhr er fort, Gott für die Führung zu danken, die er erfahren hatte. Ja, es *war* Führung. Es war die Vorsehung gewesen, die die Richtung seiner beabsichtigten Reisen geändert hatte. Sein Bestreben war gewesen, den Zambezi zu überqueren und das Hochland nördlich des großen Flusses zu erreichen. Aber die Vorsehung hatte ihre Hand im Spiel gehabt und hatte es so geführt, daß er sich nun nach Westen ins Land der Barotse wenden sollte. War es, so fragte er sich, der Wille der Vorsehung, daß er sein Ziel unter diesen Menschen finden sollte, und nicht unter denen, die er ursprünglich zu finden losgezogen war? Die Antwort, so sagte er sich, würde in Sesheke zu finden sein und wahrscheinlich weiter westlich in Lealui, der Barotse-Hauptstadt. Zuerst, als er erkannt hatte, daß er gezwungen war, Hunderte von Kilometern von seinem Weg abzuweichen, um Lewanika um Reiseerlaubnis zu ersuchen, war er niedergeschlagen gewesen und hatte sich gegen die Umstände auflehnen wollen. Aber seit er sich auf der Reise nach Sesheke befand, war er allmählich zu dem Schluß gekommen, daß er von einer höchsten Autorität geleitet wurde. Als ihm diese Erkenntnis gekommen war, hatte er sich damit zufrieden gegeben, das Unabwendbare zu akzeptieren, und hatte in der Folge sogar neue Gründe gefunden, immer dankbar zu sein für die Führung, die er, wie er wußte, erfuhr.

Am vierten Abend rasteten sie unter einigen großen Bäumen in der Nähe eines klaren Wasserlaufs. Sie waren etwa 24 Kilometer gewandert an jenem Tag, und obwohl das Marschieren angenehm gewesen war, waren sie müde. Es dauerte daher nicht lange, bis sowohl der Missionar als auch sein Führer eingeschlafen waren. Bald war das Feuer ausgebrannt, und die schrillen Rufe der Nachtvögel und das Heulen der Schakale und Hyänen begann. Normalerweise wäre Setobe, immer wachsam, aufgestanden und hätte das Feuer neu in Gang gebracht; und normalerweise wäre Arnot noch wach gewesen, als die Geräusche des Buschs begannen. Aber an diesem besonderen Abend war es anders, beide Männer schlummerten tief und waren sich keineswegs der Szene bewußt, die sich wenige Meter von der Stelle abspielte, wo sie lagen.

Es war kaum hell, als Setobe von seinem Schlaf aufwachte. Als er die Augen öffnete, wurde er sich eines tiefrachigen Knurrens bewußt, das aus dem Inneren der Erde neben ihm zu kommen schien. Er setzte sich auf und horchte, und als das furchterregende Geräusch von neuem begann, wurden seine Augen weit vor Schreck. In dem Moment bemerkte er zum ersten Mal den ekligen, stechenden Geruch von tierischem Urin. Für Setobe bedeutete das nur eines: Ein Löwe war kaum etwas von der Stelle entfernt, wo er gelegen hatte und wo der Weiße Mann noch fest schlief. Der Mulozi kam zu einem schnellen Entschluß. Er hob seinen Speer hoch und kroch langsam auf den schlafenden Missionar zu, wobei er jeden Busch beobachtete. Während er Arnot an der Schulter schüttelte, legte er die andere Hand auf seine Lippen als Zeichen, daß Schweigen unbedingt erforderlich war. Beide Männer standen auf und schauten um sich. Der Löwe war nirgends zu sehen, aber dann plötzlich hörten sie ein ohrenbetäubendes Gebrüll. Sie schauten auf den Boden nieder etwa vier Meter von der Stelle, wo Arnot gelegen hatte. Sie trauten ihren Augen und Ohren kaum, denn das Brüllen kam aus einem Loch im Boden, daß sicher nicht dagewesen war, bevor sie sich für die Nacht zur Ruhe gelegt hatten. Als Arnot Setobe folgte, der vorsichtig auf den Rand des Lochs zuging, wurde ihm klar, daß sie ihr Lager neben einer Wildfalle aufgeschlagen und während der Nacht unbeabsichtigter Weise als Köder gedient hatten.

Als sie an den Rand der Grube kamen, die ursprünglich mit kleinen Zweigen, Blättern und Gras bedeckt gewesen war, sahen sie etwa drei Meter tiefer einen vollmähnigen Löwen. Er war ein schönes Tier, und sobald sie ihn erblickten, begann er zu knurren und zu brüllen. Da sahen sie, daß er sich nicht aus seiner geduckten Stellung wegbewegen konnte. Beim Sturz hatte er sich eines seiner Hinterbeine gebrochen. Nachdem Setobe Arnot ein Zeichen gegeben hatte, zurückzutreten, zielte er sorgfältig und stieß seinen Speer mit voller Kraft in das Herz des Tiers. Der Löwe ließ ein fürchterliches, vollhalsiges Gebrüll vernehmen und begann, seinen riesigen Körper gegen den Rand der Grube zu schlagen. Die Heftigkeit seiner Bewegungen wurde nach und nach schwächer, und nach einigen Minuten begann das Tier, das unvermeidliche Todesknurren von sich zu geben. Setobe lag flach auf dem Boden und lehnte sich über den Rand der Grube, um den Schaft seines Speeres zu fassen zu bekommen. Als er das geschafft hatte, riß er die Waffe aus dem Körper des Löwen und gab ihm einen zweiten und letzten Stoß als Gnadenstoß. Mit einem leisen, nachhallenden Stöhnen machte der Löwe eine letzte Angriffsbewegung mit seiner Vordertatze, dann brach er zusammen und starb.

Als Setobe seinen Speer wiedergewonnen hatte, strich er etwas von dem Blut des Löwen von der Klinge ab und schmierte es sich auf die Arme. Damit stellte er sicher, daß der Geist des Löwen in seinen Körper eindrang und ihm noch mehr Stärke verlieh für seine zukünftigen Kämpfe. Er schaute zu Arnot herüber, der seine Tun interessiert beobachtete. Er wollte dem Weißen Mann sagen, warum er das Blut auf seinen Körper brachte, aber er wußte, daß es unmöglich war. Stattdessen begann er, zum ersten Mal seit Beginn ihrer Reise zu lächeln, und als er sah, daß Arnot es erwiderte, wurde sein Lächeln zu einem breiten, stolzen Grinsen.

Die am Fluß gelegene Stadt Sesheke schwitzte unter der Nachmittagssonne. Ihre aus Lehm und Flechtwerk gebauten Häuser mit ihren braunen Strohdächern schimmerten in dem Hitzedunst, der die engen Straßen umgab. Die trockene, staubige Hauptstraße entlang sammelte eine der gelegentlichen Brisen genügend Schwung, um einen kleinen Wirbelwind hervorzurufen, der sich schon wieder legte, als er sich gerade erst gebildet hatte.

Früher am Tag war die Stadt ein Bienenkorb voller Betriebsamkeit. Ihre Straßen und Plätze waren überfüllt von Fischverkäufern, Getreidehändlern und Besuchern aus den nördlichen und westlichen Gebieten des Barotselandes. Überall hatte sich ein saurer, fauler Geruch von sonnengetrocknetem Fisch verbreitet. Von allen Ecken der Stadt her hatten sich die Rufe der Händler und die Einwände der Käufer, die meistens das Handeln auf einem afrikanischen Markt begleiten, mit dem allgemeinen Lärm eines geschäftigen Stadtlebens vermischt.

Jetzt, wo die Sonne in ihrer höchsten Stellung unbarmherzig alles versengte, was ihr ausgesetzt war, war die Stadt verlassen. Die Leute von Sesheke hatten Zuflucht gesucht in ihren dunklen, aber kühlen Häusern. Kochtöpfe, die die Reste eines Mittagessens enthielten, umgaben die Eingänge der Hütten und waren die einzigen Zeichen dafür, daß es tatsächlich Leben gab in der Stadt. Sogar die Jagdhunde und die Schafe und Ziegen folgten dem Beispiel ihrer Herren und verbrachten die verfluchteste Stunde Afrikas schlafend. Nur die unvermeidlichen Fliegen, die um die ungewaschenen Kochtöpfe schwirrten, störten die Stille des heißen Nachmittags.

Fred Arnot und Setobe kamen von Westen her nach Sesheke. Sie gingen etwa eine 400 Meter weit durch das, was das Zentrum der Stadt zu sein schien, ohne irgend jemanden zu sehen. Als sie an einen großen Platz kamen, auf dem vier mächtige Bäume ein strohgedecktes Schutzdach umrahmten, machte Setobe ein Zeichen, daß Arnot warten sollte, während er selber fortging, um Westbeech und den örtlichen Häuptling zu suchen.

Arnot war froh, seine Füße auszuruhen, und machte es sich im Schatten der Bäume so bequem wie möglich. Wie typisch für die stolzen Barotse, dachte er, daß sie sich für so unangreifbar hielten, daß es überflüssig sei, die Stadt zu bewachen. Wie anders war diese offene Stadt als die eingepfählten, befestigten Dörfer am Südufer des Zambezi, wo die Einwohner in täglicher Furcht lebten, von den Barotse-Kriegstruppen angegriffen zu werden. Kein Wunder, daß der große Fluß eifersüchtig bewacht wurde und niemand ihn ohne die Erlaubnis der Barotse-Stammesältesten überqueren durfte. Wenn Fremde zum Nordufer und zurück wandern dürften, könnte leicht die Nachricht die Feinde der Barotse erreichen, daß die Städte ungeschützt waren und mit nur wenig Anstrengung eingenommen werden konnten. Es war offensichtlich, daß die meisten jungen Männer nicht in den Barotse-Städten und -Dörfern waren, sondern eifrig damit beschäftigt, neue Stämme und Landstriche für ihren König zu erobern. Die Städte am Nordufer waren unbewacht, weil es buchstäblich außer den alten Kriegern keine Männer gab, um sie zu bewachen. Die Stadtleute hatten Glück, überlegte Arnot, daß das Kriegsverständnis der unterjochten Stämme rund um das Barotseland schwach war.

Der Missionar mußte gedöst haben, als er plötzlich Stimmen in der Nähe hörte. Er öffnete die Augen und sah Setobe auf ihn zugehen, begleitet von einem Weißen Mann, der, wie er wußte, George Westbeech sein mußte. Bei ihnen war außerdem ein großer, würdevoller Eingeborener, in einen Stoffrock gekleidet und mit den Elfenbeinarmbändern der höheren Würde an beiden Handgelenken. Dem Eingeborenen, der, so vermutete Arnot, der Häuptling war, folgte eine Zahl von Dienern.

Als der Missionar aufstand, um die Gruppe zu begrüßen, trat George Westbeech vor und ergriff seine Hand. Er war ein kleiner, drahtiger Mann mit Adlerszügen und einem ansteckenden Lächeln.

Nachdem die beiden Weißen Männer sich einander vorgestellt hatten und Westbeech große Überraschung darüber zum Ausdruck gebracht hatte, daß Arnot bis Sesheke hatte kommen dürfen, wurde der Missionar dem Eingeborenen mit den Elfenbeinarmbändern vorgestellt. Er hieß Ratau und war, wie Arnot vermutet hatte, der Häuptling von Sesheke.

Der Häuptling sprach in Silozi mit Westbeech, und nachdem sie eine kurze Diskussion beendet hatten, während der Ratau nie die Augen von Arnot abgewandt hatte, übersetzte Westbeech dem Missionar, was geredet worden war. "Der alte Mann ist mißtrauisch. Er will wissen, warum Sie es vorgezogen haben, mit den BaToka zu arbeiten, die, so sagt er, die Hunde der Erde sind und die Knechte der Barotse! Er sagt auch, daß Sie jetzt, wo Sie hier sind, bleiben und unter seinem eigenen Volk arbeiten sollen. Wenn Sie bereit sind, daß zu tun, wird er einverstanden sein, Sie Lewanika zu empfehlen."

Fred Arnot erkannte sofort, daß hier die Herausforderung war, die er erwartet hatte. Als er Rataus Worte gehört hatte, wußte er ohne Zweifel, daß er seinen ursprünglichen Plan aufgeben sollte, jedenfalls in diesem Augenblick. Mehr denn je war er sich nun bewußt, daß er dahin geführt wurde, seine Arbeit hier im Land der Barotse zu finden.

Er sah den Häuptling an und nickte mit dem Kopf. Zu dem Händler sagte er: "Ich wäre dankbar, wenn Sie dem Häuptling sagen würden, daß ich, obwohl es meine Absicht gewesen war, Lewanika um Erlaubnis zu bitten, nach Norden reisen zu dürfen, jetzt bereit bin, in diesem Land zu bleiben und unter seinem Volk zu arbeiten."

Als Ratau diese Worte hörte, lächelte er und sagte, er würde eine Botschaft zu Lewanika senden mit dem Vorschlag, daß Arnot zur Hauptstadt gebracht werden sollte. Westbeech fügte hinzu, daß er die Botschaft des Häuptlings selbst nach Lealui bringen und gleichzeitig Arnot persönlich dem König empfehlen würde. Er würde, so sagte er, Lewanika bitten, Kanus nach Sesheke hinunterzuschicken, um Arnot abzuholen, der, während dies arrangiert würde, nach Pandamatenka zurückkehren sollte, um zu holen, was er von seinem Gepäck und seiner Ausrüstung dortgelassen hatte.

Dann folgte eine Diskussion über Missionsarbeit im allgemeinen, und plötzlich wurde Ratau sehr ernst. Er zeigte mit dem Finger auf Arnot und sprach mit Nachdruck. "Der Häuptling spricht eine Warnung aus", übersetzte Westbeech, "er sagt, daß sowohl Lewanika als auch er keine weißen Lehrer haben wollen, die für einige Monate in ihr Land kommen und dann weglaufen wegen der Dinge, die sie sehen. Wenn Sie einwilligen, mit den Barotse zu leben, müssen Sie das für eine lange Zeit tun. Ohne dieses Versprechen wird Lewanika nie zustimmen, daß Sie hier arbeiten."

Wiederum war Fred Arnot klar, daß dies nur noch eine weitere Herausforderung war und eine, die er ohne Zögern annehmen mußte. Mit ausdrücklicher Betonung erwiderte er: "Weder Ratau noch Lewanika müssen die geringste Befürchtung haben, daß ich weglaufen werde."

Dann geschah etwas Unerwartetes. Setobe, der hinter Arnot gestanden hatte, fiel plötzlich auf eines seiner Knie nieder und grüßte den Häuptling. Einige Minuten lang sprach er ohne Pause, wobei er oft in Richtung auf den Missionar zeigte. Als der Häuptling geantwortet hatte, stand der Krieger wieder auf und grinste Arnot an.

Ratau drehte sich zu Westbeech um, und nach einem kurzen Gepräch lächelten sie beide. "Es scheint, daß Sie unseren Kriegerfreund beeindruckt haben", sagte der Händler. "Er hat gerade den Häuptling gebeten, ihn von seinen militärischen Pflichten zu befreien, sodaß er bei Ihnen bleiben und Ihr persönlicher *capitau* werden könne. Er sagt, daß Sie jetzt, wo Sie im Barotseland bleiben werden, jemanden wie ihn bräuchten, der Sie die Sprache lehre und insgesamt von Schwierigkeiten fernhalte!"

Arnot brauchte nicht zu antworten. Er drehte sich bloß zu dem grinsenden Setobe um und nickte Zustimmung.

Arnot blieb sieben Tage in Sesheke und war während dieser Zeit George Westbeechs Gast. Abgesehen davon, daß er vorbereitet blieb für den Treck zurück nach Pandamatenka, wanderte er jeden Tag durch die Stadt und lernte die Menschen kennen. Er stellte fest, daß Sesheke eine Sklavenstadt war, wobei drei Viertel der Bevölkerung absolutes Eigentum der anderen war. Wenn das hier die Lage war, sagte er sich, würde es sich wahrscheinlich in Lealui, der Hauptstadt, ebenso verhalten. Er war sich kaum im klaren darüber, als was für eine Untertreibung sich das herausstellen sollte.

An den Abenden versammelten sich die Stammesleute rund um das Feuer in einem kleinen Riedhof und hörten zu, wie er das Sechuana-Testament vorlas und jeden Abschnitt kurz erläuterte. Als er ihnen von dem Hirten erzählte, der sein Leben für die Schafe hingab, war ein Murmeln voller Verständnis zu vernehmen. In einem Fall belauschte er einen jungen Vorsteher, wie er wiederholte, was er gehört hatte: "Der Gute Hirte; er gab sein Leben für die Schafe! Eee ma we!...Eo more oa Modimo [Er ist der Sohn Gottes]...Mora oa Modimo [Sohn Gottes]..."

Arnot lächelte und ließ den Afrikaner, da er ihn nicht stören wollte, mit seinen Gedanken allein. Aber an jenem Abend dankte der Missionar Gott in der Tiefe seiner Seele, daß er das Vorrecht gehabt hatte, Zeuge zu sein, wie der Kern des Evangeliums von dem primitiven Afrika angenommen wurde.

Ratau zeigte seine Großzügigkeit, indem er dem Missionar zwei Kanus gab und Paddler, die ihn an den Zusammenfluß des Chobe- und des Zambezi-Flusses bringen sollten. Am 5. September begannen er und Setobe ihre Reise; die Paddler sangen, als sie ihre Ruder in "die Mutter aller Flüsse", von der ihr Lied handelte, eintauchten.

Die ersten beiden Reisetage brachten sie an die Stelle der Vereinigung von Chobe und des Zambezi. Hier machten die Paddler ihre Kanus fest und tarnten sie mit Gras und Zweigen von den Bäumen. Hier war es auch, daß Arnot, als er sich auf den Inland-Treck nach Pandamatenka vorbereitete, zum ersten Mal bemerkte, daß er an leichten Kopfschmerzen litt. Er tat es als Folge davon ab, daß er wahrscheinlich zu lange in der Sonne gewesen sei. Ohne dem weitere Beachtung zu schenken, nahm er seine Stellung an der Spitze der Kolonne der Sesheke-Paddler ein, mit dem treuen Setobe an seiner Seite, und startete den Treck zu der Handelsstation. Sie bewältigten die lange, trockne Reise von 136 Kilometern, meist durch schweren Sand, in zweieinhalb Tagen. Während der letzten 110 Kilometer fanden sie kein Wasser und waren gezwungen, von dem wenigen zu leben, was sie vom Zambezi mitgenommen hatten.

Als sie in Pandamatenka ankamen, war Arnot in einem Zustand der Erschöpfung. Die Hitze war schlimmer denn je, und es war nun offensichtlich, daß es keine Erleichterung von diesem Wetter geben würde, bis die Regenfälle kämen.

Arnot hatte vorgehabt, mindestens eine Woche in Pandamatenka zu bleiben, bevor er zum Fluß und zur weiteren Reise nach Sesheke zurückkehrte. Die Barotse-Paddler sorgten jedoch für eine sonderbare Situation. Sie sagten, sie hätten Angst, daß die Matabele von ihrer Gegenwart hören könnten und versuchen würden, sie als Vergeltung für die verschiedenen Barotse-Streifzüge, die in ihrem Land stattgefunden hatten, zu töten. Da die Paddler ältere Männer waren und schwach bewaffnet, hatte Arnot Mitleid mit ihrem Flehen und beeilte sich, zum Fluß zurückzukehren. Statt sich auszuruhen, arbeitete er daher Tag und Nacht, indem er Bündel von Tuch, Perlen und Verpflegung zurechtmachte, so daß die Rückkehr ohne Aufschub geschehen konnte. Er war sich darüber im klaren, daß, wenn er zuviel Zeit verlöre, jede Möglichkeit dafür bestünde, daß die Barotse-Paddler in solch eine Panik kämen, daß sie ohne ihn loszögen.

Trotz des fast ständigen Reisens, dem er während der letzten sechs Wochen nachgekommen war, machte er sich am 14. September wieder nach Sesheke auf. Die Schwierigkeiten begannen, kaum daß sie Pandamatenka verlassen hatten. Wiederum wurde das Wasser für die Gruppe knapp, und einer oder zwei der Paddler, die nun das Gepäck des Missionars trugen, ergriffen alles verfügbare Wasser und verschwanden im Busch. Dann klagte Setobe über Übelkeit, und sobald die anderen sahen, daß der Chefdiener des Weißen Mannes nicht mehr zu wirksamer Leiterschaft fähig war, wurden ihre Forderungen und Beschwerden lauter.

Dann, am zweiten Tage nach Verlassen der Handelsstation, als sie etwa 60 Kilometer durch die sandigen Einöden zurückgelegt hatten, fühlte Arnot sich plötzlich krank. Sein Kopf schmerzte, und seine Glieder wurden so schwach, daß er gezwungen war, sich hinzulegen. Sobald sein Körper zu Boden sank, merkte er, daß er zu krank war, um weiterzugehen, und obwohl er versuchte, wieder aufzustehen, stellte er fest, daß es unmöglich war. Innerhalb von wenigen Minuten war sein Körper in Schweiß gebadet und zitterte gleichzeitig unter einem rasenden Fieber. Seine Schläfen hämmerten, und obwohl seine Augen geöffnet waren, konnte er nichts sehen. Dann, als Setobe ihn in seinen Armen hielt, verlor er das Bewußtsein. Als er so dasaß, seinen Herrn haltend und ihm den Schweiß von der Stirn wischend, schrie Setobe nach den Trägern um Hilfe; aber aus Furcht vor dem, was eine Verzögerung bedeuten mochte, taten sie so, als hörten sie nicht und gingen schnellen Schrittes weiter auf den Zambezi zu.

Allein dort in der steinübersäten Ebene ohne jeglichen Schutz sitzend, seinen neugefundenen Meister pflegend, wurde Setobe bewußt, daß er einer verantwortungsvollen Entscheidung gegenüberstand. Wenn er in seinem eigenen schwachen Zustand versuchte, den Missionar nach Pandamatenka zurückzutragen, würde wahrscheinlich keiner von ihnen lebend dort ankommen. Die einzige Alternative war, seinen Herrn zu lassen, wo er lag, und sich so schnell er konnte zu der Handelsstation zu begeben, um Hilfe zu holen.

Nachdem er es Arnot so bequem wie möglich gemacht hatte, schaute er ihn ein letztes Mal an, wischte ihm noch einmal den Schweiß von der Stirn und machte sich dann in einem mühevollen Trott auf nach Pandamatenka.

Zwei Tage und Nächte lang lag Fred Arnot der Sonne ausgeliefert, von einem quälenden Fieber geschüttelt und sich hin und her wälzend, unter Durst und der brennenden Sonne leidend. Geier begannen, über ihm zu kreisen, und sogar in seinem Zustand des Fieberwahns schaffte er es, genügend Kraft zu sammeln, um Steine auf sie zu werfen, als sie hoffnungsvoll tiefer flogen. Ein anderes Mal näherte sich eine kleine Gazelle schüchtern bis auf wenige Meter und stand beobachtend da mit großen Augen, die mitleidig blinkten. Aber am meisten litt Arnot während der Nächte. Sobald die Sonne untergegangen war, fielen die Temperaturen, bis die Kälte der Nachtluft das Fieber verschlimmerte und sein Körper sich in Fieberkrämpfen krümmte.

Am dritten Tag, nachdem Setobe ihn verlassen hatte, war er dem Tod sehr nahe. Er lag ganz still, sein Gesicht furchtbar verbrannt von der erbarmungslosen Sonne, seine Lippen geschwollen und voller Blasen, seine Augen eingefallen. Er war kaum wiederzuerkennen.

In diesem Zustand fanden ihn Blockley und Setobe, als sie mit dem Ochsenkarren zurückkamen. Vorsichtig hoben sie ihn auf ein improvisiertes Bett im hinteren Teil des Gefährts. Nachdem sie sein Gesicht und seinen Körper gewaschen hatten, drehten sie den Karren in Richtung Pandamatenka für die langsame Rückreise. Weder Blockley noch Setobe redeten. Alle paar Minuten schauten sie Arnots reglosen Körper an, beide in der Hoffnung, daß sie nicht zu spät gekommen seien. Setobe litt selber unter einem rasenden Fieber, aber das hatte er vergessen in der Sorge um Hilfe für seinen Herrn. Nachdem er Arnot verlassen hatte, war er ohne jegliche Rast gewandert und hatte die 60 Kilometer in zehn Stunden zurückgelegt.

Zehn Tage lang lag Fred Arnot in Blockleys Laden, ohne ein Wort von sich zu geben. Der Händler hatte schlimme Fälle von Schwarzwasserfieber gesehen und war davon überzeugt, daß Arnot nicht überleben würde. Dann, während der zweiten Woche, begann das Fieber nachzulassen.

Fünf Wochen später bestand Arnot darauf, wieder zum Zambezi aufzubrechen. Blockley hatte ihm Vorhaltungen gemacht, und Setobe hatte mit Mißbilligung und Bestürzung den Kopf geschüttelt. Aber Arnot war entschlossen, trotz seines geschwächten Zustands. Das Fieber hatte jedoch seinen Tribut gefordert, und der junge Missionar, der die Kalahari-Wüste durchquert und die Qualen von Durst und Sonnenstich überlebt hatte, war nun ein veränderter Mann. Obwohl er es zu dieser Zeit überhaupt nicht ahnte, sollte der erste Befall von der gefürchtetsten aller afrikanischen Fieberkrankheiten für den Rest seines Lebens Rückwirkungen haben.

Der Arnot, der Pandamatenka mit dem Mulozi-Führer an seiner Seite verließ, war ein Schatten seiner früheren Persönlichkeit. Das Fieber hatte sein Gesicht bleich und gefurcht gemacht; als er langsam die Pfade dahinwanderte, ging er vor Erschöpfung krumm, und er mußte häufige Pausen machen.

Als sie den Zambezi-Fluß erreichten, stellten sie fest, daß die Paddler sein Gepäck bereits nach Sesheke gebracht hatten, und da es keine andere Möglichkeit des Flußtransports gab, erforderte das eine weitere Reise zu Fuß. Als Arnot durch das Parkland des Barotse-Tals wanderte, hatte er Zeit, über seine zukünftige Arbeit nachzudenken. Zu der Zeit schrieb er in sein Tagebuch: "Nachdem ich zwölf Monate umhergewandert bin, freue ich mich bei dem Gedanken an eine etwas stetige Arbeit, wenn es auch nur in geringem Maß sein mag und anstrengend für den Eifer und die Geduld, die man hat. Doch schließlich, kann eine Art Dienst gesegneter sein als die andere ...?"

Gegenwärtig zeigten die Barotse eine große Bereitschaft, ihm in ihrem Land zu erlauben, unter ihrem Volk zu predigen und zu lehren. Aber, dachte er, wenn ihnen das Christentum und seine ganze Auswirkung eingeprägt wird, was dann? Seine Lehren würden die Grundstrukturen und viele Aspekte des Stammeslebens durchkreuzen. Würden die Menschen dann noch genauso über ihn denken? Es war schwer zu sagen. Aber er würde nicht damit anfangen, diese Struktur niederzureißen, so verdorben sie sein mochte. Er hatte keinen Zweifel daran, daß die Medizinmänner alles tun würden, was sie konnten, um Widerstand gegen ihn zu organisieren, aber er war überzeugt, daß sie nur bis zu einem gewissen Maß widerstehen konnten und sich endlich die Wahrheit des Christentums durchzusetzen würde.

"Alles", schrieb er in sein Tagebuch, "sind wir aufgefordert zu erleiden, und alle Widerstände, die uns begegnen, die abgewogen und gemessen sind, und unsere Kraft, die unbrauchbar ist, wird nicht in diese Rechnung einbezogen. Vielmehr umfaßt uns der Arm Gottes."

Bei seiner Ankunft in Sesheke war er so schwach, daß er zusammenbrach und mehrere Stunden ganz still dalag. Setobe lief, um Ratau, den Häuptling, zu holen. Als dieser den Missionar sah, hielt er ihn für tot und gab Anweisungen, daß man eine Decke über sein Gesicht ziehe. Nachdem das geschehen war, wurde einigen Dorfbewohnern befohlen, ein Grab zu schaufeln. Mitten in all der Aufregung bewegte sich Arnot und bat um Wasser. Von da an konnte Ratau nicht genug tun, um es dem Missionar bequem zu machen. Er saß viele Stunden des Tages an seiner Seite und stellte sicher, daß er mit sauberem Wasser versorgt wurde und mit Köstlichkeiten wie Ziegenmilch.

In wenigen Tagen erholte sich Arnot und stellte dann fest, daß all sein Gepäck mehrere Wochen zuvor in Sesheke angekommen war und daß alle betroffenen Paddler von Ratau dafür bestraft worden waren, daß sie ihn verlassen hatten. Er stellte auch fest, daß Lewanika zwei große Kanus und zwölf Bootsmänner für seine Reise nach Lealui geschickt hatte. Mit den Bootsmännern hatte der König auch zwei Älteste geschickt, um ihn zu führen und ihm beizustehen. Ein Brief von Westbeech (der, wie es hieß, in der Hauptstadt bleiben sollte, bis der Missionar ankam) wurde ihm ebenfalls gegeben. Der Brief lautete:

Lealui, den 5. Oktober 1882

Mein Herr,

ich habe vom Häuptling die Erlaubnis für Sie erhalten, herzukommen, und dies ohne große Schwierigkeiten. Er schickt Ihnen zwei Boote, und sowohl er als auch ich werden gespannt Ihre Ankunft erwarten. Er schickt Ihnen zwei verantwortliche Leute mit - der ältere heißt Monie-Ki-Umbwa und der andere Mato Kwan.

Sie werden Verpflegung für die Reise gekauft haben, bis Sie ankommen. Wenn nicht, tun Sie es sofort.

Versuchen Sie, einen guten Ruf unter Ihren Bootsmännern zu erlangen, da sie von verschiedenen Kraals kommen und natürlich viele Fragen stellen werden. Wenn Sie irgend etwas auf dem Weg schießen, nehmen Sie, soviel Sie für sich selbst brauchen und am liebsten mögen, und geben Sie den Rest an den Vorsteher, Monie-Ki-Umbwa, damit er es unter seiner Mannschaft verteilt.

Der König muß ungefähr 20.000 Stück Vieh, die er im Krieg erworben hat, ins Barotse-Tal gebracht haben, abgesehen von dem, was auf dem Weg an Unterversorgung und Tsetse gestorben ist.

Grüßen Sie Ratau von mir. Ich wünsche Ihnen Gesundheit und Erfolg,

Ihr ergebener George Westbeech.

So machte sich Arnot, begleitet von Setobe, an jenem frühen Morgen Mitte November auf zu der Flußreise nach Lealui. Der Missionar vertraute auf einen freundlichen Empfang seitens Lewanika. Während des ersten Teils des Wegs konnte er sich ohnehin ausruhen und von seiner letzten Krankheit erholen.

Die Schwierigkeiten begannen jedoch, als sie in das Wasserfallgebiet kamen. Obwohl der Fluß zu der Zeit niedrig war, war die Strömung an vielen Stromschnellen so stark, daß die Boote ausgeladen und die Güter über Land getragen werden mußten, so daß die Kanus leer den Fluß hinaufgezogen werden konnten. An einer Stelle namens Nyambe waren sie gezwungen, beide Boote und die Güter über Land zu tragen, weil das Gefälle im Fluß so stark war.

Danach wurde ihr Vorrat an Verpflegung knapp, und bald waren sie ganz von dem Wild abhängig, das sie im Busch in der Nähe des Flußufers jagen konnten. Sie waren jedoch nicht ganz erfolgreich, und zeitweise war ihr Hunger so groß, daß sie genötigt waren, das verfaulte Fleisch von Wildkadavern zu essen, das die Krokodile am Flußufer zurückgelassen hatten.

Einmal, als sie mehrere Tage lang nichts gegessen hatten, kamen sie durch ein verlassenes Elefantenjägerlager. Sie fanden einige Knochen und etwas Haut, die sie, nachdem sie sie gekocht hatten, mit großem Genuß verzehrten.

An den Gonye-Fällen mußten die Männer wieder die Güter fast fünf Kilometer weit über Land tragen und dann zurückkehren, um die Boote zu holen. Das bedeutete eine Verzögerung von mehreren Tagen. Zu dem Zeitpunkt setzten starke Regenfälle ein, und Arnot war für den Rest der Reise ohne trockne Kleider oder Decken.

Endlich kamen sie in das Barotse-Tal. Die dichtbewaldeten Hügel auf jeder Seite des Flusses traten allmählich zurück, und bald sahen sie Herden von wohlgenährtem Vieh in den nahen, schilfigen Sümpfen weiden. Danach hatten ihre Lager an den Ufern des Zambezi keinen Schutz mehr vor Wind und Regen, und oft flogen die Grasdächer ihrer Unterschlüpfe mitten in der Nacht fort. Der Regen überschwemmte ihre Betten, und sie waren gezwungen, in durchweichten Kleidern aufrecht zu sitzen bis zum Anbruch des Tageslichts.

Am Spätnachmittag des 19. Dezembers 1882 kamen sie in Lealui an.

# KAPITEL VI

## *Lewanika, der König*

Es gibt eine Legende unter dem Volk der Barotse, die besagt, daß das Königtum des Oberen Zambezi von dem Sohn des *Nyambe* (ihres Gottes) gegründet worden sei. Man glaubt, daß mit dem Kommen von Nyambes Sohn auf Erden der Barotse-Stamm seinen Anfang nahm.

Abgesehen von der Volkssage ist bekannt, daß das Barotse- oder Lozi-Königtum gegen Mitte des achtzehnten Jahrhunderts gegründet wurde. Zu der Zeit hatte es mehrere der benachbarten Stämme unterworfen. 1823 besetzten die Makololo aus dem Süden das Tal und eroberten die Lozi.

Als David Livingstone 1851 den Zambezi-Fluß erreichte, traf er die Makololo noch als Herren des Tals an, unter ihrem verehrten Häuptling, Sebitwane, der schon ein sehr alter Mann war. Sebitwane starb im gleichen Jahr, als Livingstone ankam, und nachdem drei andere Männer den Thron für kurze Zeiträume innegehabt hatten, wurde einer namens Sepopa, ein Prinz von königlichem Blut der Lozi, Häuptling.

Es hieß, daß Sepopa einstmals von Dr. Livingstone als Koch angestellt gewesen sei. Der neue König wählte Sesheke als seine Hauptstadt. Dabei, so glaubte man, war er weitgehend beeinflußt von seinem Interesse an der Elefantenjagd. Aber Sesheke war nicht eigentliches Barotse-Land, und die Häuptlinge, die Sepopa gegen die Makololo gefolgt waren, gaben sich mit nicht weniger zufrieden, als mit der Wiederherstellung der alten Dynastie, mit der ganzen Macht, der Würde und dem Pomp, die man in vergangenen Jahren mit ihrem berühmten Tal verband. Sepopa wurde 1876 ermordet. Mwanawina, dem Nachfolger Sepopas, mißlang es ebenfalls, die Ältesten zufriedenzustellen, und auch er wurde in einem Aufstand getötet. Dann, 1878, kam Libosi Lewanika an die Macht, der Mann, der dazu bestimmt war, der berühmteste aller Barotse-Häuptlinge zu werden.

Bei seiner Ankunft in der Barotse-Hauptstadt wurde Arnot zu einer Hütte aus Schilfrohr und Gras in den Außenbezirken der Stadt gebracht. Dort erwartete er die Ankunft Lewanikas.

Der erste, der kam, um ihn zu sehen, war George Westbeech, der seine eigene Abreise von Lealui aufgeschoben hatte bis zu dem Zeitpunkt, da er sich der Sicherheit des Missionars vergewissert haben würde. Während der Händler mit Arnot zusammen war, kam Lewanika mit einem großen Gefolge von Ältesten und Dienern bei der Hütte an.

Lewanika stellte eine vornehme Erscheinung dar. Er war groß, würdevoll, stolz und machte einen glücklichen und zufriedenen Eindruck. Er begrüßte Arnot mit einem breiten Grinsen und sagte ihm, daß er sich außergewöhnlich glücklich schätze, daß der Missionar erwählt habe, zu kommen und unter seinem Volk zu leben. Arnot beschloß, die Andeutung, er habe in dieser Angelegenheit wählen können, nicht zu beachten und warf dem Häuptling und Westbeech lediglich ein ironisches Lächeln zu.

Lewanika legte eine große Hand auf George Westbeechs Schulter, wandte sich aber an Arnot: "Natürlich", sagte er, "weißt du schon von meinem guten Freund Westbeech, daß es dir unmöglich ist, aus dem Land der Barotse herauszugehen. Aber das heißt nicht, daß du keine Arbeit haben wirst. Es gibt viele Menschen hier in Lealui, die aus deiner Hilfe Nutzen zögen."

Arnot, der mittlerweile ganz der Tatsache ergeben war, daß er in der Barotse-Hauptstadt bleiben würde, beschloß, daß er ebensogut beginnen könne, wie er weitermachen wollte. Als er Lewanika ansah, sah er in ihm einen weiteren Häuptling, einen allmächtigen Machthaber mit erheblichem Einfluß. Waren nicht auch die Bechuana ihrem König ins Christentum gefolgt? Es war daher klar, daß, wenn er unter den Barotse Erfolg haben wollte, es sein Hauptziel sein sollte, zuerst Lewanika zu bekehren. Mit diesem Hintergedanken sagte er: "Ich werde mich dazu verpflichten, unter deinem Volk zu arbeiten, aber du mußt verstehen, daß ich, wenn ich auch eine gewisse Anzahl an Medikamenten für ihre Krankheiten mitbringe, wenn ich auch fähig bin, ihnen Lesen und Schreiben beizubringen, sie auch das Wort meines Gottes lehren werde. Und, wenn sie verstehen sollten, was ich über meinen Gott sage, wenn sie ihn annehmen sollten, werden sie Führung brauchen; und deshalb, König Lewanika, würde ich vorschlagen, daß, sobald ich eingerichtet bin, du und ich noch einmal miteinander reden müssen. Wir müssen über dich reden, dich selber, daß du die Worte meines Gottes annimmst."

Während Arnot gesprochen hatte und seine Worte übersetzt worden waren, hatte George Westbeech entsetzt ausgesehen. Niemand hatte je zuvor so zu Lewanika gesprochen, und der Händler, das Schlimmste befürchtend, schüttelte den Kopf über Arnot in dem Bemühen, ihn zu stoppen. Es war zu spät. Lewanikas Lächeln begann zu schwinden, und bis Fred Arnot ausgeredet hatte, bebte der König vor Wut. Er wandte sich den Ältesten zu, welche begannen, Einwendungen zu machen gegen den Vorschlag des Missionars. Dann, als ob er Antrieb erhalten habe durch die Unterstützung, die sein Gefolge ihm zeigte, rief der König: "Wisse dies, Weißer Mann: ich, Lewanika, bin hier König. Ich bin es, der unterweist, ich bin es, der sagt, was die Menschen machen werden. Meine Macht ist groß, größer als alle Menschen. Ich brauche deine Worte nicht oder die Worte deines Gottes. Wenn du wünschst, in meinem Land gut zu leben, wirst du das nie vergessen ..."

Es war Westbeech, der den Häuptling unterbrach. In Silozi bemühte er sich, ihm zu erklären, daß der Missionar nichts Böses beabsichtige, daß sowohl Arnot als auch er wüßten, daß der Name Lewanikas gleichbedeutend sei mit Macht und Ruhm, Wissen und Weisheit. Der König schnaubte und wollte die Hütte verlassen, als Arnot wiederum sprach. Seine Stimme war ruhig und unerschüttert, als er sich an den Übersetzer wandte: "Sag dem König, daß es wahr ist, daß seine Macht groß ist, aber sag ihm auch, daß die Stellung eines Menschen in dieser Welt überhaupt nichts mit seinem Platz in der kommenden Welt zu tun hat. Sag ihm, daß mein Gott mit Herzen handelt und nicht mit Häuten."

Als die Worte übersetzt wurden, drehte sich Lewanika, der dabei war zu gehen, um und sah Arnot an. Er starrte den Missionar an und stand herausfordernd da, mit gespreizten Beinen und den Händen auf den Hüften. Arnot fuhr mit Erregung fort zu sprechen. "Sag ihm auch, daß es möglich ist, daß der niedrigste Sklave sehr wohl im Palast meines Gottes seinen Sitz haben mag und ein König oder Häuptling wegen seines Stolzes, wegen des Bösen in ihm ausgeschlossen wird."

Der König schrie nicht noch einmal. Stattdessen schaute er erst Westbeech in Bestürzung an, und dann, als ob er seine Verlegenheit verbergen wollte, hob er die Augen zum Grasdach der Hütte. Nach ein paar Sekunden sah er wieder Arnot an. "Du bist ein kühner Mann, Missionar", sagte er. "Du weißt vielleicht nicht, wie kühn du bist. Du hast auch Glück, daß ich so denke. Ich wünsche, daß es dir gut geht hier in Lealui, aber sprich nie wieder so mit mir, wie du es heute getan hast. Ich wünsche nicht, etwas über deinen Gott zu hören, noch wünsche ich, daß du mir noch einmal Anordnungen gibst."

Indem er sich Westbeech zuwandte, lächelte Lewanika noch einmal. "Ich bin überrascht, mein Freund, daß du den Missionar nicht gewarnt hast, daß es unweise ist für einen Floh, anzufangen, den Hund zu beißen, bevor er einen festen Halt auf dem Rücken des Hundes hat. Bevor du ihn hier zurückläßt, wäre es auch gut für dich, ihn zu beraten."

Damit warf er Arnot einen flüchtigen Blick zu, drehte sich dann um und stürmte aus der Hütte, den Händler und Arnot, die ihm nachstarrten, hinter sich lassend.

Bevor Westbeech irgend etwas zu seinem Freund sagen konnte, hob Arnot aus Protest seine Hand. Seine dunklen Augen lächelten, als er sagte: "Bitte, machen Sie sich keine Sorgen um mich, und schelten Sie mich nicht, weil ich etwas ungestüm gewesen bin. Vielleicht habe ich mehr gesagt, als ich bei einer ersten Begegnung hätte sagen sollen, aber, wissen Sie, ich habe das Gefühl, daß Lewanika und ich Freunde sein werden. Das mag eine Weile dauern, aber wir werden Freunde sein, eines Tages ..."

Nach der ersten Begegnung mit Lewanika litt Fred Arnot fast sechs Wochen lang an akutem Rheuma, eine Folge des Anfalls von Schwarzwasserfieber. Die erste Hütte, die man ihm gegeben hatte, brach während der heftigen Regenfälle zusammen. Man gab ihm eine andere, aber sie war nur einen Tag lang trocken. Der beständige Regen ließ das Dach sehr undicht werden, und sein Bettzeug und der kleine Vorrat an Gütern und Medikamenten wurde durchnäßt. Es standen keine anderen Hütten zur Verfügung, so war er genötigt, in dem überschwemmten Bauwerk zu bleiben. Es war klein und schmutzig und kaum groß genug für ihn, um nachts voll ausgestreckt auf dem Boden liegen zu können. Seine Vorräte begannen zu faulen, und jeden Abend, sobald es dunkel wurde, gruben Scharen von Ratten sich ihren Weg durch die Wände oder krochen durch die Dachvorsprünge, nur um alles Eßbare zu verschlingen, was er besaß. Nachts lag er schaudernd, wenn sie über seinen Körper liefen.

Nicht lange, nachdem er in Lealui angekommen war, war er sich des Ausmaßes der Unmenschlichkeit Lewanikas und seines Volkes bewußt geworden. Bevor Westbeech sich von Arnot verabschiedet hatte, hatte er ihn gewarnt, daß er wahrscheinlich die Grausamkeit der Barotse erleben würde, aber dennoch war er schockiert von dem, was er sah.

Jeden Tag gab es Hinrichtungen, jeden Tag wurde in irgendeinem Winkel der Stadt der Kochend-Wasser-Test durchgeführt. Er sah Hexen, die am Marterpfahl verbrannt wurden, er sah, wie Männer, Frauen und Kinder für das kleinste Vergehen zu Tode geknüppelt wurden. Manchmal empfand er Ekel vor dem Blutgeruch, und der Tod schien die Stadt zu durchdringen. Zuerst war er so entsetzt, daß er glaubte, es habe keinen Zweck, in der Hauptstadt zu bleiben. Wie könnte er so unzivilisierte Geschöpfe lehren, wie könnte er Gottes Wort gebrauchen, um solches Böse zu bekämpfen? Dann hatte gerade der Zweifel, der sich in sein Denken eingeschlichen hatte, die Wirkung einer Herausforderung, von der er wußte, daß er sie annehmen mußte. Das war doch der Grund, weshalb er dort war. Wegzulaufen, weil unzivilisierte Ereignisse ihn schockiert hatten, war eine Schwäche, von der er nie gedacht hätte, daß er sie in Betracht ziehen könnte. Die Kalahari zu durchqueren, durch Durst und Krankheit dem Tode nahe zu sein, das waren alles jeweils Herausforderungen gewesen, denen er hatte begegnen können. Er war Zeuge der Schönheit Afrikas geworden, er hatte in Afrika Enttäuschungen und Gefahren erlebt, und nun war er mit Afrikas Barbarei konfrontiert. Das war die wirkliche Herausforderung, das war der Grund seines Kommens, und er wußte, daß er bleiben würde, um die finsteren Übel zu bekämpfen, die er sah.

Eine der ersten Siedetopf-Feuerproben, deren Zeuge er war, fand einige Meter von seiner eigenen Hütte entfernt statt. Früh an einem Morgen hatte er bemerkt, daß eine Menge sich versammelte. Kurz darauf wurde ein großes Feuer angezündet und ein Topf mit Wasser daraufgesetzt. Es war der Prozeß gegen zwei alte Männer wegen Hexerei. Beide Angeklagten wurden auf den Schauplatz geschleppt, und jeder von ihnen wurde gezwungen, seine Hände in das Wasser zu tauchen, das inzwischen kochte. Erst der eine, dann der andere hatte seine Hände in das siedende Wasser eingetaucht, etwas davon geschöpft und über die Handgelenke gegossen. Wenn sich nach vierundzwanzig Stunden die Haut ablöste, mußten die Opfer lebendig verbrannt werden. Wenn die Haut unversehrt blieb, wäre es ein Zeichen der Unschuld. Einen Tag später sah Arnot, wie die Männer abgeführt wurden, um vor einem brüllenden, fluchenden Pöbel verbrannt zu werden. Die Hände und Handgelenke beider Männer waren völlig enthäutet, und die Röte des gekochten Fleisches sah ekelhaft und scheußlich aus. Arnot sollte feststellen, daß solche Szenen sich fast täglich abspielten.

In Lealui konnte nichts Bedeutungsvolles ohne Menschenopfer geweiht werden, in den meisten Fällen ein Kind. Fred Arnot zwang sich, selbst viele dieser Zeremonien zu beobachten, und während die blutdurstige Menge vor Wonne kreischte, betete er still für das Opfer. Zuerst wurden die Finger und Zehen abgehauen und das Blut auf das Boot, die Trommel, das Haus oder was immer geweiht werden sollte, gesprengt. Erst dann wurde das Opfer getötet, aufgeschlitzt und in den Fluß geworfen. Der Prozeß für Hexerei war kurz und entschieden. Wenn ein Mann einen anderen verdächtigte, ihn behext zu haben, brachte der Ankläger den angeblichen Missetäter vor die Ratsversammlung, und man griff auf den Siedekessel zurück. Nachdem er in den ersten paar Monaten viele dieser Fälle gesehen hatte, schlug Arnot den Ältesten vor, daß, wenn sie es für eine faire Probe eines guten oder bösen Herzens hielten, sowohl der Ankläger als auch der Angeklagte ihre Hände in das siedende Wasser halten sollten. Dieser Vorschlag brachte Arnot und den König wieder zusammen. Lewanika war dafür, ihn zu verwirklichen, und sagte, er würde alles tun, um solch ein furchtbares Mordsystem abzuschaffen, das die Reihe seiner besten Männer ausdünnte. Die Ältesten jedoch waren gegen alles, was dem Volk seinen 'Sport' nahm, und schließlich stimmte Lewanika ihnen zu.

Als Arnot das Volk und seine Sitten immer besser kennenlernte, stellte er fest, daß sie viele gute Gesetze bezüglich Standhaftigkeit und Treue hatten. Aber ihre angeborene Grausamkeit ging über alles Begreifliche hinaus. Das war besonders bei den Kriegern der Fall. Wenn die Stammesmänner von einem Streifzug zurückkamen, erzählten sie triumphierend die entsetzlichen Grausamkeiten, die sie begangen hatten. Sie machten ihren Frauen den Hof mit Berichten ihrer eigenen Barbareien, und die Frauen hörten mit großer Wonne jeder Einzelheit zu. Mehrere Monate nach seiner Ankunft in Lealui, als ein großes Überfallkommando aus dem Land der Mashukulumbwe zurückkehrte, erfuhr Arnot den größten Schock, den er je erlebt hatte. Eines Spätnachmittags hörte er sehr viel Rufen und Singen. Bald liefen Hunderte von Männern, Frauen und Kindern hinter seiner Hütte vorbei auf ein kleines Wäldchen in den Außenbezirken der Stadt zu. Von der allgemeinen Aufregung neugierig gemacht, folgte Arnot ihnen. Erst als er die lange Reihe von Kriegern aus der Entfernung sah, bemerkte er, daß eine Zahl von gefangenen Kindern bei ihnen war. Selbst als er die Krieger unter den Bäumen stehenbleiben sah und als er beobachtete, wie die kleinen, zappelnden Körper der Kinder von ihren Fängern hochgehoben wurden, erkannte er die entsetzliche Wahrheit nicht. Erst als er die Krieger an den Seilen ziehen sah, die inzwischen über die Baumäste geworfen worden waren, wußte er, was da geschah.

Er zweifelte an seinen eigenen Sinnen; er konnte nicht glauben, was er sah, und einen Moment lang stand er in schierem Entsetzen völlig still. Dann begann er, in Richtung auf das Wäldchen zu laufen, aber bis er angekommen war, war es zu spät. Vierzehn kleine Körper hingen von den Bäumen, und zu den Kriegern hatte sich nun die Stadtbevölkerung, jung und alt, gesellt und feierte die makabre Heimkehr. Sie sangen und tanzten, spotteten über die Körper der Mashukulumbwe-Kinder und priesen laut die Krieger. Frederick Arnot war sprachlos. Er fiel inmitten der umherwirbelnden Menge auf die Knie und weinte offen, während seine Lippen sich im Gebet bewegten.

Im April 1883 war Arnot in Lealui gut eingerichtet, und obwohl er die Schrecken der täglich von den Barotse praktizierten Grausamkeiten nicht aus seinen Gedanken vertreiben konnte, hatte er das Gefühl, in seiner Arbeit voranzukommen. Er hatte nach dem Mord an den Kindern mehrmals mit Lewanika gesprochen, und der König hatte ihm gesagt, daß es sein eigener Wunsch sei, daß das Töten aufhöre. Eine Zeitlang hatte Arnot bemerkt, daß Lewanikas Worte wirksam waren, aber nach einigen Wochen begannen die täglichen Barbareien, die vorher Teil des normalen Stadtlebens gewesen waren, von neuem. Er konnte nur zufrieden sein, den König davon überzeugt zu haben, daß unnötiges Morden im Namen der Gerechtigkeit böse war und Schande über den Namen der Barotse brachte. Im übrigen konnte er nur hoffen, daß Zeit und Gebet ihm zu Hilfe kommen würden.

Nicht lange danach konnte Arnot seine erste Schule eröffnen. Die Kinder - es waren alles Jungen - lernten schnell, aber es erforderte große Geduld und Ausdauer, sich um sie zu kümmern. Von Haus zu Haus unter der brennenden Sonne Schulschwänzer zu suchen, war unangenehm, und er bekam keine Unterstützung von den Eltern, die wenig Interesse an seinen Bemühungen zeigten.

Kurze Zeit nachdem er zu unterrichten begonnen hatte, tauchte Lewanika im Schulgebäude auf. Dem Häuptling folgten zwei persönliche Diener; er lächelte, als Arnot ihn an der Tür traf, und sagte, er sei gekommen, um herauszufinden, was seine Kinder gelehrt würden. Er war offensichtlich beeindruckt, als der Missionar in Silozi antwortete. Nach vier Monaten beherrschte Arnot die Sprache fast vollständig, und wenn er auch langsam sprach, so war seine Aussprache doch fast perfekt. "Ich lehre die Kinder Lesen und Schreiben", sagte Arnot, "und ich erzähle ihnen von der Welt außerhalb von Lealui, von der Welt der Weißen jenseits des Meeres, von der Welt der großen Könige und Königinnen. Ich erzähle ihnen auch über die Sünde, über den Tod und über das letzte Gericht Gottes."

Bei den letzten Worten fuhr Lewanika zusammen. "Lesen und Schreiben ist für sie gut, sehr gut. Aber lehre sie nicht diese Dinge über deinen Gott, das ist schlecht. Sind wir nicht bereits übereingekommen, daß du das nicht tun würdest?"

Arnot sah, daß Lewanika sich erregte und beschloß, einige Sekunden zu warten, bevor er antwortete. Als er dann anfing, sprach er sanft: "Du weißt gut, daß wir über nichts dergleichen übereingekommen sind. Du hast gesagt, daß du nicht wünschst, daß ich zu *dir* über meinen Gott rede - du hast nichts über das Unterrichten der Kinder gesagt. Wovor hast du eigentlich solche Angst, Lewanika? Hast du Angst, daß die Leute, die über Gott hören, merken, wie schwach, im Vergleich, du selber bist? Ja, das ist so - nein, sprich nicht, laß mich ausreden. Alle Menschen haben Angst vor dir, weil du die Macht über Leben und Tod hast, aber du hast keine Macht über Gott, aber er hat Macht über dich. Du magst lachen, aber eines Tages wird die Wahrheit zu dir kommen, und dann wird es vielleicht zu spät sein. Du willst nicht, daß dein Volk die Worte Gottes hört, weil du glaubst, daß sie dich nicht mehr als großen König betrachten werden. Wenn du sie am Zuhören hinderst - und das müßtest du, denn du würdest mich nie daran hindern, zu reden - werden sie merken, daß du Angst hast - du, Lewanika, König der Barotse, Angst ..."

Der König starrte Arnot an, wandte sich seinen beiden Dienern zu und entließ sie. Dann setzte er sich auf eine umgedrehte Kiste, die der Missionar als Tisch benutzt hatte. Eine Weile sprach keiner der beiden Männer; dann sagte Lewanika, seine großen Augen weit offen vor Bestürzung: "Ich verstehe dich nicht. Zuerst hielt ich dich für kühn, weil du meine Worte ablehnst. Jetzt glaube ich, du mußt verrückt sein. Ist dir nicht klar, daß ich deinen Kopf am Marterpfahl haben könnte, wann immer ich es wünschte? Warum sprichst du so zu mir?"

"Weil ich weiß, daß du erkennst, daß ich die Wahrheit sage."

Lewanika schien sich über diese Antwort Gedanken zu machen. Schließlich begann er wieder zu sprechen. "Ich habe es mir anders überlegt. Du kannst den Kindern von deinem Gott erzählen. Es ist ihre Sache, was sie zu glauben beschließen, und ich weiß, daß sie nicht glauben werden, daß Lewanika, ihr König vor irgend jemandem Angst hat, nicht einmal vor deinem Gott."

Bevor Arnot etwas erwidern konnte, war der König gegangen.

Einige Monate später erhielt Fred Arnot eine Aufforderung von Lewanika, sein "Gottesbuch" zur *khotla* (Ratsversammlung) zu bringen. Der Missionar war sehr verblüfft über dieses Gesuch, vor allem nach der vorherigen Haltung des Häuptlings. Es kam ihm in den Sinn, daß Lewanika vielleicht so ungehalten über ihn war, daß er beschlossen hatte, die Bibel zu zerstören, die so bekannt wurde wie der Missionar selbst. Als er an der *khotla* ankam, war er überrascht von der überschwenglichen Begrüßung durch Lewanika, und automatisch lockerte sich sein Griff um die Bibel.

"Seit einiger Zeit", sagte der König so, daß alle anwesenden Ältesten es hören konnten, "lehrst du nun meine Kinder aus dem Buch, das du unter dem Arm hältst. Viele Geschichten sind an unsere Ohren gedrungen, und wir fragen uns, ob irgend etwas darin ist, was für einen König passend wäre, es zu hören?"

Arnot konnte kaum seinen Ohren trauen. Die Worte des Königs gaben ihm einen Hoffnungsschimmer, den er nie erwartet hatte. Er versicherte dem Häuptling sofort, daß in der Bibel mehr für Könige und über Könige stände als über irgendeine andere Menschengruppe.

"Naja", antwortete Lewanika, "das werden wir noch sehen. Hier um mich herum habe ich alle Edlen und Prinzen des königlichen Hauses der Barotse. Wir sind übereingekommen, dir zuzuhören, wenn du irgend etwas finden kannst, was uns beeindruckt. Komm, jetzt hast du deine Chance Ich bin bereit, den Worten ... den Worten deines Buchs zuzuhören."

Obwohl der Missionar schnell genug geantwortet hatte, als er merkte, daß er die Gelegenheit hatte, dem König und seinem Hof vorzulesen, hatte er nun Mühe, an eine passende Botschaft zu denken, die er aus der Bibel vorlesen könnte. Stammelnd, wie ein ängstlicher Schuljunge vor seinem Direktor, durchblätterte Arnot die Seiten des großen Buchs, das er nun auf den Tisch legte. Plötzlich schien das Wort "Nebukadnezar" in goldenen Buchstaben vor ihm zu leuchten.

In kurzen Sätzen begann Arnot, die Geschichte des großen, östlichen Machthabers zu übersetzen. Lewanika schien gefesselt und drehte sich fortwährend zu seinen Ältesten um, um zu sehen, ob sie ebenfalls zuhörten. Schließlich konnte der König sein Entzücken nicht mehr verbergen und rief laut aus: "Ja, das werde ich sein. Ich bin der große Nebukadnezar von Afrika!"

Arnot wartete, bis die Ausrufe der königlichen Gefolgsleute verebbt waren, und fuhr dann mit der Geschichte fort. Schließlich kam er zum Sturz des großen Nebukadnezar und beschrieb ihn als ein Tier mit Klauen, das Gras fraß. In dem Moment, als er diesen Teil der Geschichte las, wurde er sich des Fehlers bewußt, den er gemacht hatte. Plötzlich erhob sich Lewanika mit einem Gebrüll der Entrüstung und marschierte aus der *khotla* hinaus, ängstlich gefolgt von seinen 'Edlen'.

Zwei Monate vergingen, bevor Arnot und Lewanika sich wieder trafen. Das geschah, weil der Häuptling krank war und geträumt hatte, daß der Missionar Medizin hätte, die ihn wiederherstellen würde. Das war die Geschichte, die die Botschafter Arnot erzählten, als sie ihn holten. Als der Missionar im Palast ankam, war er jedoch überrascht, daß Lewanika gut aussah und sogar kräftig. Sobald sie allein waren, sah der König Arnot leicht verlegen an und sagte: "Obwohl ich gezwungen gewesen war, über die Geschichte von Nebukadnezar wütend zu sein, vor allem über die Stelle, wo der König wie ein grasfressendes Tier wird, habe ich in letzter Zeit viel darüber nachgedacht und würde gerne wissen, wie die Geschichte endet. Du wirst einverstanden sein, es mir bitte zu erzählen ..."

Und so saß der Missionar im Halbdunkel des königlichen Gemachs und erzählte ihm aus dem Gedächtnis das Ende der Geschichte. Er betonte die Buße des Königs aus dem Osten und seine Annahme der Vergebung Gottes. Als er geendet hatte, war es still im Raum, und nur das Seufzen der Zufriedenheit und Erleichterung Lewanikas war zu hören. Ruhig und ohne ein Wort verließ der Missionar den tief in Gedanken versunkenen König.

Gegen Ende 1883, mehrere Monate nachdem Arnot die Erzählung über Nebukadnezar zu Ende geführt hatte, begann er die Früchte seiner Mühe zu sehen.

An einem schwülen Oktobermorgen, während Arnot mit seiner kleinen Klasse von Schülern beschäftigt war, kam ein Bote von Lewanikas Hof mit zwölf Kindern. Ihr Alter reichte von acht bis etwa dreizehn Jahren, und zwei von ihnen waren Lewanikas eigene Kinder. Der Bote, der von Setobe zu Arnot geführt wurde, sagte, der König habe die Kinder als "Geschenke" für den Missionar gesandt und daß er, wenn er es wünschte, "sie alle Dinge lehren könne, einschließlich das Wort von dem Gott des Weißen Mannes ..."

Von da an schickten auch andere, Lewanikas Beispiel folgend, ihre Kinder zu Arnot, und bald darauf war das kleine Schulzimmer überfüllt. Allmählich nahm auch die Zahl der Schulschwänzer ab, und Arnot stellte fest, daß Eltern vom königlichen Hof mit strengen Strafen gedroht wurde, wenn sie ihren Kindern erlaubten, ohne gute Entschuldigung von der Schule fernzubleiben.

Einige Wochen später informierte Setobe Arnot darüber, daß er zum König gerufen worden sei und man ihm gesagt habe, daß er dreißig Männer zusammen mit Bauholz und Dachstroh zur Verfügung gestellt bekäme, um ein neues Haus für den 'Monare' zu bauen. Lewanika hatte bereits einen guten Platz ausgesucht, und den Arbeitern war gesagt worden, daß der Bau in einer Woche vollendet werden müsse. Setobe fügte hinzu, daß Lewanika angeordnet habe, das Haus solle eine Überraschung sein für Arnot, und er solle nicht darüber informiert werden, bevor die Arbeit fertiggestellt sei. Der Diener des Missionars entschuldigte seinen Ungehorsam gegenüber der letzten Anweisung des Häuptlings damit, daß der Bau des Hauses bedeute, daß er einen großen Teil seiner Zeit entfernt von seinem Meister verbringen würde. Es würde, so argumentierte er, sowieso nicht lange dauern, bis Arnot gemerkt hätte, was vor sich ging.

Arnot wahrte seinerseits das Geheimnis, und als er offiziell benachrichtigt wurde, daß ein neues Haus für ihn gebaut worden sei, besuchte er Lewanika, um ihm seine Dankbarkeit auszudrücken.

"Deine guten und königlichen Gedanken bezüglich meiner Gesundheit und meines Wohlergehens zeigen, daß dein Herz groß ist, König Lewanika", sagte Arnot während des Gesprächs. "Das neue Haus, das du mir gegeben hast, kam nicht nur als Überraschung, sondern auch als Symbol einer Freundschaft, die ich sehr schätze."

Der Barotse-Herrscher lächelte schwach und antwortete: "In der Vergangenheit, Monare, waren wir uns nicht immer einig. Es hat Zeiten gegeben, in denen mein Zorn uns zu zwei Männern gemacht hat, die von gegenüberliegenden Seiten einer weiten Ebene aus sprachen. Nur Toren verschwenden wütende Worte gegen die Guten, und Lewanika ist kein Tor."

Der König seufzte, als er sprach. Zum ersten Mal, seit er in der Hauptstadt war, bemerkte Arnot, daß Lewanika müde und besorgt aussah. Er wollte gerade das Gespräch abbrechen, indem er sich verabschiedete, als der König seinen Arm ergriff und sagte: "Ich habe erst heute davon Nachricht erhalten, daß nicht alles in Ordnung ist im Barotse-Königreich. Es scheint, daß es böse Männer gibt, die seltsame Absichten haben. Wenn ich erfolgreich sein will gegen die, die mir schaden wollten, Monare, ist es nicht an der Zeit für mich, mich von denen abzuwenden, die mir Gutes wollen. Mein Freund, vielleicht werde ich deine Hilfe brauchen."

Lewanika fügte dieser unheilvollen Erklärung nichts hinzu, als Arnot ihm die Hand drückte, und kurz darauf war das Treffen beendet. Arnot kehrte zu seinem Haus zurück, verblüfft über die offenen Freundschaftserweise und -äußerungen des Königs und die Worte drohender Not.

Es war am 1. Januar 1884, daß sich der König und der Missionar wiedersahen. Das Gespräch hatte im Zwielicht vor Lewanikas Palast begonnen, als der Führer der Barotse-Nation

Arnot gebeten hatte, ihm etwas über die Sterne, den Mond und die Sonne zu erzählen.

Plötzlich fragte Lewanika, ob Gottes Wohnsitz auf einem bestimmten Stern sei und ob der Mensch, wenn er stirbt, auf denselben Planeten käme. Fred Arnot antwortete, daß Gott nicht an einen Ort gebunden sei und daß, wenn der Körper des Menschen sterbe, sein Geist aufsteige und für immer in Gottes Gegenwart wohne. Er fügte hinzu, daß diejenigen, die Gott im Leben verleugnet haben, hinausgeworfen würden an einen "Ort des Jammers und des Feuers".

Der König sah verwirrt aus. "Aber warum macht dein Gott das so?", fragte er. "Welchen Grund hat er dafür, den Menschen von sich zu trennen?"

Daraufhin sprach der Missionar von der Gerechtigkeit Gottes - daß er auf keine Art und Weise den Schuldigen freisprechen könne.

"Aber hier im Barotse-Land kennen wir die Vorschriften und Gesetze deines Gottes nicht. Wie kann er dann mein Volk dafür bestrafen, daß es seine Gesetze nicht gehalten hat?", fragte Lewanika.

Ermutigt durch das offensichtliche Interesse, welches der Häuptling an dem Thema zeigte, sagte Arnot: "Du weißt, daß ein Mensch, der dich offen anlügt und dich bestiehlt, dir Unrecht tut, und du nennst ihn schlecht, böse und sündhaft. Wenn du nun morgen das gleiche tust, wird Gott dich mit dem gleichen Gericht richten, mit dem du dein Mitgeschöpf gestern gerichtet hast."

Lewanika sann eine Weile darüber nach und nickte dann mit dem Kopf, als ob er noch immer tief in Gedanken sei. "Ja, das ist wahr; das verstehe ich."

Gleich darauf murmelte der König etwas über die Härte des menschlichen Schicksals und daß er hoffe, der Gott des Weißen Mannes habe eine gute Kenntnis der Schwierigkeiten, die es mit sich bringt, so ein Land wie das Barotse-Land zu regieren. Dann drehte er sich mit einem Seufzen von Arnot weg und verschwand durch das Tor des Palastes.

Während des folgenden Monats war der Missionar wieder krank. Es war offensichtlich, daß der ursprüngliche Anfall von Schwarzwasserfieber ihn nicht nur mit chronischem Rheumatismus zurückgelassen hatte, sondern auch seine Konstitution mehr geschwächt hatte, als ihm bewußt war.

Nach mehreren Tagen schwerer Kopfschmerzen und hohem Fieber brach er in einem Zustand des Deliriums zusammen. Nur Setobe wußte, was man für ihn tun konnte, und der hingegebene Diener saß Tag und Nacht an seiner Seite, badete seinen Kopf, wechselte seine Kleider und stellte sicher, daß immer ein frischer Vorrat an Trinkwasser zur Verfügung stand.

An dem Tage, an dem Fred Arnot seine Augen öffnete und feststellte, daß er zum ersten Mal klar sehen konnte und daß er keine furchtbaren Schmerzen mehr in Kopf und Körper hatte, war er höchst überrascht, einen Weißen an seinem Bett sitzen zu sehen.

Der Portugiese war gut gebaut, dunkelhäutig und wie ein Reisender gekleidet, ein wohlhabender Reisender. Er lächelte auf Arnot herab und erklärte mit ruhiger, fast schüchterner, akzentuierter Stimme seine Gegenwart. "Ah, mein Herr, es geht Ihnen jetzt etwas besser, glaube ich. Ich heiße Silva Porto und komme aus Bihe. Ich bin an diesen heidnischen Ort gekommen, weil ich Händler bin und nach neuen Märkten suche. Ich kam vor drei Tagen hier an, und man sagte mir, noch ein anderer Weißer sei hier. Stellen Sie sich daher meine Überraschung vor, mein Herr! Aber als ich kam, um Sie zu sehen, fand ich Sie sehr krank. Das tut mir sehr leid, mein Herr."

Arnot versuchte zu sprechen und hatte äußerste Schwierigkeiten damit. Porto ergriff sein Handgelenk. "Mein Herr, bitte, Sie sind noch kein leistungsfähiger Mann. Strengen Sie sich nicht zu schnell zu sehr an. Aber, mein Herr, wir werden bald wieder miteinander reden. Sobald Sie aufstehen können, senden Sie Ihren Diener zu meinem Lager, das in der Stadt ist, und ich komme wieder. Einer Sache bin ich jedoch sicher, mein Herr, ich glaube, es ist an der Zeit, daß Sie diesen heidnischen Ort verlassen. Sie sind ein kranker Mann, mein Herr, und Sie müssen zum Arzt, aber ich rede sowieso zu viel. Sie werden mich rufen, wenn es Ihnen wirklich besser geht, vielleicht morgen oder übermorgen, ja?"

Alles, was Arnot tun konnte, war, den Kopf vom Bett zu heben und den Worten des portugiesischen Reisenden zuzustimmen. Als der Besucher gegangen war, schloß Arnot die Augen, und der stechende Schmerz in seinem Kopf tauchte wieder auf. Er konnte von Ferne Portos Stimme hören. Sie wiederholte die Worte: "... es ist an der Zeit, zu gehen ... zu gehen ... zu gehen ..."

Silva Porto kam einige Tage später wieder in Arnots Haus. Diesmal war er in Begleitung von Lewanika, dem Premierminister Ngambela und mehreren anderen Ältesten.

Zuerst wiederholte Porto, was er schon früher gesagt hatte in bezug auf die Gesundheit des Missionars, und drängte noch stärker als zuvor darauf, daß Arnot mit ihm zur Westküste zurückkehren solle. Um seiner Meinung Nachdruck zu verleihen, sprach er mehrere Minuten lang auf Silozi zu dem König und dem Ngambela, indem er ihnen sagte, es sei seine wohlüberlegte Meinung, daß Arnot sterben würde, wenn er noch viele Monate in der Hauptstadt bliebe.

Bevor Arnot etwas gegen Portos Worte einwenden konnte, hob Lewanika die Hand, um dem Missionar Schweigen anzudeuten, und lächelte ihn gleichzeitig herzlich an. Der König war unglücklich; er hatte sich sehr viel Gedanken gemacht über das, was er nun sagen wollte. Es war nicht leicht für ihn gewesen, sich zu entscheiden; selbstlos zu sein, das Wohl eines anderen vor seine eigene Sache zu stellen, den Mann fortzuschikken, den er jetzt am meisten brauchte - all das fiel ihm sehr schwer.

Als Lewanika sprach, war seine Stimme tief, gebrochen und von ungenierter Gefühlserregung erfüllt. "Mein Freund", begann er, "wir haben ein Sprichwort, das du vielleicht inzwischen kennst: daß der Mann mit einem starken Herzen viele Regimenter von Männern mit starken Armen und Beinen wert ist. Du hast uns den Nutzen deines starken Herzens geschenkt, und wir werden dich deshalb nie vergessen. Jetzt kommt viel Not in dieses mein Land, und die Zeit ist gekommen, in der die Männer mit den starken Armen und starken Beinen wichtiger sein werden als der Mann mit dem starken Herzen. Sei nicht unglücklich über meine Worte, mein Freund, ich versuche zu sagen, daß wir bald untereinander im Krieg stehen werden. Bruder wird gegen Bruder kämpfen, Vater gegen Sohn, Stamm gegen Stamm, und in einem solchen Krieg ist kein Platz für den Mann mit einem guten Herzen, so wie deines. Die Art Krieg, die bevorsteht, ist böse, es ist die Art Krieg, die kein Gott, weder deiner noch meiner, gutheißen wird, und, mein Freund, nichts kann ihn aufhalten, nicht einmal *dein* gutes Herz."

Der König hielt einen Moment inne; niemand sprach, und nur das entfernte Bellen einer Meute Dorfhunde unterbrach die Stille. Dann räusperte Lewanika sich, und diesmal war seine

Stimme bestimmter, seine Art und Weise königlicher und distanzierter. "Du mußt mit diesem Weißen Mann mitgehen, mein Freund. Du bist krank, du mußt die Ebenen des Barotse-Landes verlassen und damit das Fieber, das dich hier befällt. Wie ich gesagt habe, es wird bald viel Kampf und Blutvergiessen geben, und ich könnte dir kein sicheres Geleit aus dem Land hinaus versprechen, wenn es erst einmal begonnen hat. Deshalb..., deshalb befehle ich, daß du mit Silva Porto meine Hauptstadt verläßt, sobald du in der Lage bist, dich in Bewegung zu setzen."

Arnot sah den König nicht an. Er wußte, daß Lewanika versuchte, seinen Weggang von Lealui so leicht wie möglich zu gestalten. Er war sich dessen bewußt, daß dieser große Häuptling, der bald der Gewalt von Krieg und Blutvergießen gegenüberstehen würde, der dringend Freunde brauchte, auf die er sich verlassen konnte, ein sehr menschlicher und demütiger Mann war.

Dem Missionar schnürte sich die Kehle zusammen; er sprach ruhig. "Ich habe deine Worte gehört, König Lewanika. Ich weiß, daß es Worte eines guten, weisen Mannes sind. Daher werde ich in drei Tagen, wenn der Händler Porto fertig ist, Lealui verlassen. Möge Gott sich deiner und deines Volkes in eurer Stunde der Not annehmen."

Lewanika erhob sich von dem Hocker, auf dem er gesessen hatte. Sein Gefolge stand ebenfalls, und auf ein Zeichen von ihm nahmen sie Abschied von Arnot und Porto. Bevor er selber ging, umfaßte der König Arnots Schultern mit seinen riesigen Händen. "Wir werden uns noch einmal sehen, um uns zu verabschieden", sagte er. Und dann, bevor Arnot antworten konnte, war der König durch die Tür des Hauses verschwunden.

Mehrere Minuten lang sprach keiner von den beiden Weissen. Arnot war zu überwältigt, und Porto war sich bewußt, daß er nicht viel sagen konnte, um die Gefühle des anderen zu erleichtern.

Setobe brach das Schweigen. Er stürzte ins Haus mit der Nachricht, daß des Königs Boten gerade verkündet hätten, daß in mehreren Teilen des Landes Aufstände ausbrachen und daß es eine Verschwörung gab, Lewanika zugunsten des Sohnes von Sekufelu abzusetzen.

"Es scheint, daß Lewanika nur noch kurze Zeit zu regieren hat im Barotse-Land", rief Setobe aus.

Drei Tage später nahmen der Missionar und der portugiesische Händler formal Abschied vom König und seinem Hofstaat und begannen ihre Reise gen Westen.

# KAPITEL VII

## *Benguella und Bihe*

Nicht einmal die kühle Brise, die über die Ebene blies, die Schönheit der Wälder, die fröhliche Gesellschaft Silva Portos konnten den Schmerz lindern, unter dem Fred Arnot während der ersten paar Tage seiner Reise gen Westen litt.

Am Vorabend seines Aufbruchs von Lealui hatte er einige Gewehre eines alten Mulozi repariert, als beim Feuern eines Hinterladers das Blockscharnier nachgab und sein Gesicht und rechtes Auge durch die Explosion schlimm verbrannt wurden. Zu seinem Unglück kam noch hinzu, daß der Reitochse, den Porto ihm zur Verfügung gestellt hatte, versehentlich der Safari vorausgesandt worden war und er so halbblind sechzehn sehr mühsame Kilometer lang von Setobe geführt wurde.

Als er dann endlich den Ochsen benutzen konnte, stellte er fest, daß er mit seinem verbundenen Auge unfähig war, das Tier zu leiten, und so wurde er durch Dorngestrüpp und gegen die rauhen Baumstümpfe gezogen. Einmal galoppierte der Ochse durch dichtes Unterholz, und Arnot wurde abgeworfen. Aber nach einigen Tagen begannen trotz der hektischen Reise sein Auge und Gesicht zu heilen, und er war wieder fähig, den Frieden und die Schönheit Afrikas zu genießen, die nur diejenigen erleben, die durch Afrikas Wälder und über ihre Ebenen wandern.

Als sie das Barotse-Tal hinter sich gelassen hatten, reisten Arnot und Porto mehrere Tage lang durch hügeliges Land. Obwohl tagsüber die Sonne intensiv war, war es nachts kalt, und in den frühen Morgenstunden fanden sie Spuren von Frost. Zwei Wochen vergingen, und weil Arnots Stiefel abgenutzt und nicht mehr zu reparieren waren, sah er sich gezwungen, barfuß zu gehen.

Ende Mai waren sie ins Land der Baluchazi gekommen, ein finsterer, feindseliger Stamm, der wegen seiner Räuberbanden und despotischen Häuptlinge verrufen war. Sobald sie den Shulongo-Fluß erreicht hatten, wußten sie, daß sie in Gefahr standen, angegriffen zu werden.

Das Land selber war dicht bewaldet und fruchtbar, und indem sie dem Shulongo folgten, kamen sie an den Kumbule, einen breiten, schönen Strom, der über ein Bett aus silbernem Sand dahinzutanzen schien. "Er war so hell", schrieb Arnot in sein Tagebuch, "daß es weh tat, ihn anzuschauen. Orange, grüne und andere hellfarbene Wasserpflanzen wuchsen üppig und waren wunderhübsch gemischt. Alle Flüsse und kleinen Ströme haben das gleiche, helle Aussehen in diesem Teil des Landes und zeigen, daß 'Afrikas sonnige Quellen' nicht bloß poetische Träumereien sind; aber der Sand ist silbern, nicht 'golden' wie in Hebers Hymne."

Erst Mitte Juni stieß die Safari, die aus einer langen Reihe von vierundsiebzig Trägern bestand, angeführt von den beiden Weißen, auf bewohntes Gebiet. Sie sahen die Dörfer zum ersten Mal, als sie eine weite Ebene überquerten. Die Gruppen von Hütten, umgeben von den unvermeidlichen, mit Eisenstacheln versehenen Holzzäunen, traten in den Lücken des Waldes am entfernten Rand der baumlosen Ebene hervor.

Sobald die Dörfer in Sicht kamen, wurde der Befehl gegeben, auf der Hut zu sein. Sie waren noch im Baluchazi-Land, und es würde unklug sein, irgendein Risiko einzugehen. Als sie näherkamen, waren sie jedoch überrascht zu sehen, daß die Frauen des Dorfs aus den Einpfählungen herausgekommen waren und sich anschickten, sie zu begrüßen. Ihre schlimmsten Befürchtungen schwanden, und Arnot und Porto gingen beide voraus. Dabei erzählte der Portugiese Arnot, daß die Einwohner nicht Baluchazi, sondern Bambunda waren, ein Stamm, der die Erlaubnis erhalten hatte, im Land zu siedeln, nachdem er eine enorme Summe Tribut an den früheren Stamm gezahlt hatte.

Bis der letzte Träger mit seinen Lasten die Ebene verlassen und sich den Dörfern genähert hatte, waren Arnot und Porto zusammen mit Setobe und mehreren Männern des Safari-Gefolges damit beschäftigt, eine höfliche Unterhaltung mit den Frauen zu führen. Sie waren noch nicht lange dabei, als sich eine Reihe von schrillen Schreien hinter den Einpfählungen vernehmen ließ. Als Arnot und Porto aufschauten, waren sie entsetzt zu sehen, daß sie und ihre Leute von mehreren hundert Stammesmännern umringt waren, alle mit farbebeschmierten Körpern und erhobenen Speeren.

Vier von den Trägern gerieten in Panik, ließen ihre Lasten fallen und begannen zu rennen. Sie wurden schnell eingeholt und von den Bambunda-Kriegern gefaßt, die erstaunlicherweise nicht ihre Speere benutzten, sondern die unglücklichen Träger bloß am Genick hielten. Dann begannen vier von den Bambunda, die beiden Ochsen wegzutreiben, und als Fred Arnot vortrat, um gegen diese Aktion Einspruch zu erheben, griff Silva Porto schnell nach seinem Gewehr, das von einem eingeborenen Diener in seiner Nähe getragen wurde. Bevor irgendeiner von den Angreifern handeln konnte, hatte Porto einen Schuß in die Luft abgefeuert. Sofort entstand ein Höllenlärm. Frauen kreischten, einige Krieger warfen ihre Speere in Richtung auf Porto, aber keiner traf sein Ziel. Die Bambunda, die die Träger festhielten, ließen ihre Gefangenen los und folgten der allgemeinen Massenflucht ihrer Stammesgenossen, und innerhalb von Minuten sah man keinen feindlichen Krieger mehr. Nach der Annahme handelnd, daß Klugheit der bessere Teil der Tapferkeit sei, versammelten Arnot und Porto die Safari und verließen, nachdem sie eine Nachhut organisiert hatten, das Gebiet, so schnell ihre Beine sie trugen.

Die regelmäßigen Lagerplätze waren im allgemeinen am Rand eines Waldes, wo die Träger genug Bauholz und belaubte Zweige finden konnten, um damit vorübergehende Unterkünfte zu bauen. Eine Woche nach dem Bambunda-Zwischenfall hatte die Safari am Nachmittag an einem solchen Platz gelagert. Die Träger waren eifrig damit beschäftigt, Bauholz zu schneiden und Zweige zu sammeln; Silva Porto gab Anweisungen für die Abendmahlzeit; und Fred Arnot behandelte eine Reihe von Kranken. Es war ein kalter Tag, und ein großes Lagerfeuer brannte bereits; der Tagesmarsch war nicht besonders lang oder beschwerlich gewesen, und die Träger, die eifrig das Lager in Ordnung brachten, waren zufrieden und glücklich. Sie pfiffen, sangen und riefen einander in guter Laune zu. Jenseits des Lagerplatzes waren die stakkatoartigen Axtschläge der Holzhauer zu vernehmen.

Fred Arnot leistete seine Erste Hilfe mehrere Meter von der Hauptgeschäftigkeit des Lagerbetriebs und nur etwas vom Waldrand entfernt. Als er den Fuß seines letzten Patienten verband, hörte er das Summen eines Pfeils, der über seinem Kopf durch die Luft sauste. Mit einem Schrei zeigte der Träger, der vor Arnot gesessen hatte, auf den Wald. Aus den dunklen Schatten der Bäume tauchten nun sechs hochgewachsene Eingeborene auf, deren Größe noch durch ihren rot-weiß-gefederten Kopfschmuck betont wurde. Jeder war mit Pfeil und Bogen bewaffnet, und als sie vortraten, konnte Arnot sehen, daß die Pfeilspitzen alle auf ihn gerichtet waren. Er merkte sofort, daß die Männer Baluchazi waren.

Die Eindringlinge waren nackt, bis auf ihren reich verzierten Kopfschmuck und Lendenschurz. Ihre Körper waren wie die der Bambunda mit weißer Farbe beschmiert, und als sie sich dem Missionar näherten, begann der Anführer in einer Sprache zu rufen, die Arnot nicht verstehen konnte. Das Sausen des Pfeils im Flug, der Schrei des Trägers und das Rufen des Baluchazi-Anführers brachten Porto und einige der tapfereren Träger dazu, Arnot zu Hilfe zu eilen.

Die Baluchazi sagten, daß sie kein Interesse hätten an Perlen und Kaliko als Tribut für das sichere Geleit der Safari durch ihr Land. Stattdessen forderten sie, daß ihnen acht von den Trägern als Sklaven ausgeliefert würden. Als sie Portos Gewehr gesehen hatten, taten sie ihre Pfeile und Bögen zur Seite, aber ihre Haltung blieb nichtsdestoweniger rauh und wild. Als ihnen gesagt wurde, daß sie keine Sklaven bekommen würden und daß sie entweder Kaliko und Perlen haben könnten oder gar nichts, akzeptierten sie widerwillig letzteres.

Schließlich, nach manchen Klagen und Drohungen, verließen sie das Lager. Silva war es, der bei ihrem Weggang den Kopf schüttelte und sagte, er glaube nicht, daß dies das letzte sei, was die Safari von den Baluchazi gehört habe.

Aber selbst Silva Porto ahnte nicht, wie bald sie wieder von ihnen hören sollten! Es war etwa eine Stunde nach der Abendmahlzeit; die Sonne war längst hinter dem Horizont hoher Bäume verschwunden. Das Lagerfeuer war für die Nacht aufgebaut worden, und das trockene Holz war nun ein knisterndes, spuckendes Inferno. Gelegentlich ließ eine Waldeule ein freundliches Rufen vernehmen; unterhalb, irgendwo draußen in der Ebene, kläffte ein Schakal, und die Grillen und Ochsenfrösche begannen ihre nächtliche Symphonie. Sterne tauchten am Himmel auf, aber das Lager wurde nur durch die Flammen des Lagerfeuers erleuchtet, als die Weißen Männer und ihre Träger sich für ihre Nachtruhe vorbereiteten. Manchmal gab es leuchtende Funkenexplosionen, wenn ein besonders trockenes Holzstück verrutschte und dadurch fortwährend große Portionen glühender Asche wegschob. Bald hörte das Reden auf. Die Karawane schlief gemütlich in der am Nachmittag gebauten Unterkunft. Nur die Wachposten, deren Pflicht es war, während der Nacht aufs Feuer aufzupassen, redeten gedämpft. Und bald waren auch sie, ihre Speere bereit, mit Unterbrechungen eingedöst, weil ihre Körper vom Feuer gewärmt wurden ...

Es war Kangkanga, der älteste der diensthabenden Wachposten, der als erster bemerkte, wie sich die Flammen ihren Weg in Richtung Unterkunft leckten. Zuerst dachte er, das Gras um das Camp herum hätte durch die Funken des Lagerfeuers Feuer gefangen, aber nach ein paar Sekunden wußte er, daß dem nicht so war, denn er sah, daß das Gras von allen Seiten brannte.

Kangkangas Warnschüsse durchdrangen die stille Nacht wie die schrillen Schreie von tausend Falken. Binnen Minuten war das Camp erwacht, und jeder war dabei, die Flammen, die sich gefährlich nah beim Lager und den Nahrungs- und Kalikovorräten befanden, niederzuschlagen. Nachdem die Flammen schließlich unter Kontrolle waren, rief Porto alle Männer zusammen, denn seine schlimmsten Befürchtungen waren eingetroffen. Die Baluchazi hatten sich gerächt und versucht, das Camp in Brand zu stecken. Aber das war nicht alles. Acht Gepäckträger fehlten - die genaue Anzahl, die die Baluchazi als Tribut für die Einreise der Safari in ihr Land forderten!

Sobald es hell war, führten Arnot und Porto je eine Truppe von dreißig Männern, um die vermißten Gepäckträger zu suchen. Porto ging Richtung Norden und Arnot durchkämmte den Wald in westlicher Richtung. Nach einem aufreibenden Marsch stießen Arnot und seine Männer auf die Baluchazi.

In Fred Arnots Tagebucheintragung vom 15. Juni heißt es: "Ich hatte alles unternommen, um mich zwischen meine Männer und die Baluchazi zu stellen. Und als Zeichen meiner friedlichen Absichten hielt ich einen ihrer landestypischen Hocker hoch vor der bedrohlichen Menschenmenge, und dann setzte ich mich drauf und drängte sie, sich hinzusetzen, und mit mir zu reden. Der alte Häuptling, der die jüngeren Männer zurückweichen sah, fing an, sie zu tadeln, weil sie ängstlich waren. Vorwärts stürzend richtete er sein Gewehr auf mich, bereit abzufeuern.

Bis dahin hatten unsere Männer ihre Gewehre auf den Schultern; aber ich rief ihnen zu, nicht zu schießen. Die jungen Männer fürchteten, ihr alter Häuptling würde sie ins Unglück stürzen, falls er mich erschießen würde. So ergriffen sie ihn, nahmen ihm sein Gewehr weg und zogen ihn in eine danebenstehende Hütte, und dies in schändlichster Weise mit seinen Händen auf dem Rücken. Schließlich kam einer nach dem andern näher und setzte sich hin. So sprachen wir über die Sache. Sie hielten Wort, und die gestohlenen Männer wurden am nächsten Tag zurückgebracht ..." Die Tagebucheintragung schloß mit den Worten:"... und somit endete, was für mich in der Tat eine schwere Prüfung war."

Sie überquerten den Fluß Kwanza am 4. Juli und brauchten dafür vier Stunden. Sobald die Gepäckträger am Ufer dieser schönen Wasserstraße ankamen, wußten sie, daß sie ihre Reise nach Bihe fast geschafft hatten. Die meisten von ihnen waren Einheimische, die Porto auf seiner Expedition nach Lealui begleitet hatten. Als sie den Kwanza sahen, eilten sie ins Wasser, denn jeder wollte der erste sein, seine Ladung in ein Kanu zu legen und ans andere Ufer zu kommen. Arnot und Porto blieb nichts anderes übrig, als bis zu den Hüften im Fluß zu stehen, um mit ihren Wanderstöcken zu verhindern, daß die Boote überladen wurden.

Einmal bemerkte Fred Arnot im Territorium von Bihe, daß die Einheimischen im Gegensatz zu denen im Osten gut gekleidet waren. Die meisten Männer trugen Hüte und Mäntel, und die Frauen hüllten sich in Baumwolltücher; bunte, groteske Muster waren Mode! Die Häuser waren viereckig und gut gebaut, mit Scharnieren an den Türen und mit einheimischen Eisenschlössern. Die Gärten waren groß, gut bebaut und ordentlich gefurcht. In sein Tagebuch schrieb er: "Aber bedauerlicherweise sind sie dem Trunk und der Unmoral ergeben. Es ist nicht zu leugnen, daß jene Stämme, die in der Nähe von Europäern leben und deren Gebräuche nachahmen, oft verdorbenere Sitten haben als die Stämme im Inland." Die Safari kam in Belmonte, Portos Wohnsitz, zehn Tage nach der Überquerung des Kwanza an. Am folgenden Tag gingen sie zum Häuptling des Distrikts, einem Mann von über sechzig, humorvoll und fett. Porto sagte zu Arnot, sie hätten Glück, ihn nüchtern anzutreffen!

Nach einer langen Pause in Belmonte begleitete Silva Porto Fred Arnot zur Küste, und sie kamen am 11. November in Benguella an. Der Missionar fand die Küstenstadt "sehr ruhig und wenig geschäftig". Es waren hohe Zölle zu bezahlen, nämlich 25 Prozent im Durchschnitt für die meisten Güter; und um die Sache noch schwieriger zu machen, ging es nach dem Wert, den die Waren in Benguella hatten und nicht etwa nach dem eigentlichen Warenwert.

Um die Stadt in seinem Tagebuch zu beschreiben, notierte Arnot: "Es scheint, als ob das Meer einen Damm aus Sand aufgeworfen hätte, um die jetzige Küste zu formen. Ein großer Teil der Landschaft scheint ein Stück niedriger zu liegen als das Meer, folglich gibt es keine Kanalisation ... besser ausgedrückt: Der Ort ist ungesund. Zumindest sehen es die Portugiesen so, da die meisten ihrer Sträflinge hierher gebracht werden und allen Regierungsbeamten, die hier arbeiten, die Zeit doppelt angerechnet wird ..."

Nachdem Arnot erworben hatte, was seine mageren Mittel erlaubten und nachdem er sich von Silva Porto verabschiedet hatte, der an Bord eines Frachtschiffs nach Lissabon ging, fing er an, Vorkehrungen für seine Rückreise nach Bihe zu treffen. Porto hatte ihm genehmigt, während seiner Abwesenheit Belmonte zu nutzen, aber Arnots Gedanken weilten im Hinterland Afrikas. Er würde nur so lange in Belmonte bleiben, bis er endgültige Pläne gemacht und seine Gepäckträger zusammen hatte. Sein Hauptziel war aber immer noch, ins Gebiet nördlich des Barotselandes zu kommen und unter jenen eine Missionsstation zu errichten, die Lewanika "die Hunde der Barotse" nannte. Dort, so spürte er, würde er am meisten gebraucht, und, seltsam genug, dachte er gar nicht daran, nach Hause zurückzukehren, obwohl er schon drei Jahre in Afrika war und eine außergewöhnliche Reise hinter sich hatte.

In ihm reifte die Gewißheit, daß andere im Vereinigten Königreich darauf vorbereitet wurden, ihm zu helfen, und er machte sich Sorgen, daß man dazu die falsche Person aussuchen könnte. Er wußte, daß es nicht immer der strahlende, gewandte, aktive Mann war, der mit den Launen Afrikas fertig werden könnte. In einem Brief an Freunde schrieb er zu diesem Thema:"... denn solch ein Mann würde es völlig unerträglich finden, wenn er sich in den Händen von ein paar elenden Geschöpfen wiederfinden und von ihnen zum Spielball gemacht würde. Er wird merken, daß, wenn er den Fußmarsch um ein paar Tage beschleunigen will, seine Männer sich vornehmen, den Marsch nun gerade um Tage zu verlangsamen.

Man hat mit Leuten zu tun, die sich für unentbehrlich halten, die an grausamster Tyrannei ihre größte Freude haben.

Man ist von solchen umgeben, deren Freundschaft nur ein Lippenbekenntnis und deren Herz ein gezücktes Schwert ist, und dies im Normalzustand. Das sind Entdeckungen, die bei den ersten Eindrücken von der schwarzen Rasse so völlig fremd sind und bei vielen den Mut sinken lassen. Der Weiße Mann, der nach Afrika kommt, glaubt gewöhnlich, daß die Schwarzen zu ihm als einem ihnen wesentlich überlegenen Wesen aufschauen. Aber laß ihn mal bei den Gesprächen am Lagerfeuer zuhören, wie ich es oft getan habe, als sie dachten, ich schliefe. Dann wird er anders darüber denken. Gibt es eine Rasse unter der Sonne, die nicht im tiefsten Herzen von sich denkt, sie sei d a s Volk?"

Nachdem Arnot sich entschlossen hatte, egal was geschieht, nur so lange in Bihe zu bleiben, als zur Vorbereitung für die neue Safari ins Landesinnere nötig wäre, verließ er Benguella in Richtung Belmonte am 27. Januar 1885.

Von der portugiesischen Küste nahm er die sandige Straße nach Catumbella, und von dort marschierte er mit Setobe und nur einer Handvoll Trägern durch die felsige Wüste, die die Küste vom fruchtbaren Land dahinter trennt. Nachdem sie den Fluß Kuvali zweimal überquert hatten, führte ihr Weg durch das tropischste Stück ihrer Reise. Sie gingen in einiger Entfernung am Flußufer entlang, liefen unter Torbögen aus hängendem Wein und Kletterpflanzen. Jenseits davon befanden sich auf jeder Wegseite feste Bergfelsen, die sich als riesige Felsblöcke 300 Meter über ihnen auftürmten. Dann ging die kleine Gesellschaft heraus aus der tropischen Vegetation und ließ die Affenbrotbäume und Palmen hinter sich. Vor ihnen lagen die vertrauten Laubbäume der gemäßigten Zone.

Als sie Olombingo erreichten, sahen sie den Berg, der sich über die Landschaft erhebt und Zwillingsgipfel bildet, deshalb der Name "Hörner". Von dort nach Belmonte im Bihe-Land durchzogen sie wiederum eine bergige Gegend, bis sie die Pracht des Bailundu-Tals erreichten.

Die Straße durch das Tal nach Chipongi, der Hauptstadt von Bihe, war eine der dichtbesiedeltsten Gebiete, die Arnot seit Beginn seines Marsches in Durban gesehen hatte. Nachdem sie Bailundu hinter sich gelassen hatten, kamen sie in eine Gegend, die von den vielen Armen der Hauptflüsse des Bezirks durchzogen war. Bei seiner Ankunft in Belmonte sah er, daß der Häuptling von Bihe und sein Gefolge schon auf ihn warteten, um ihn zu begrüßen.

Arnot blieb in Belmonte und arbeitete unter den Menschen von Bihe und Bailundu mehrere Monate. Niemals ließ er sich von seinem Ziel abbringen, in des Landesinnere Zentralafrikas durchzudringen. Da er jedoch hoffte, von zu Hause Briefe zu bekommen, und da er wußte, daß er außerdem noch mehr Gegenstände benötigen würde, als er auf der letzten Reise gekauft hatte, beschloß er, noch einmal die Küste zu besuchen, bevor er endgültig von Bihe abreisen würde.

Am 27. März traf er während seiner achttägigen Reise nach Benguella den Postboten. Dort in den Wäldern und Bergen Angolas erhielt Fred Arnot sein erstes Päckchen Briefe, seit er von Natal aufgebrochen war. Es waren ermutigende Worte, Warnungen vor einem zu langen Aufenthalt in Afrika und - am rührendsten von allem - Briefe von seinen geliebten Eltern.

In Benguella angekommen, fand er viele nützliche Geschenke von Freunden und Verwandten zu Hause. Darunter waren zwei Westley-Richard-Karabiner, Kleidung, Baumwolltücher und ein paar Bücher.

Er verbrachte mehrere arbeitsreiche Tage an der Küste, um Vorbereitungen für die Trägergefährten zu treffen, die er gedachte, ab Bihe in Anspruch zu nehmen. Kaliko war der wichtigste Artikel für den Tauschhandel im Landesinnern; doch nahm er auch Perlen, Schießpulver und Bleikugeln, über fünfzig Kilo Schiffszwieback, Tee, Kaffee und Zucker mit.

Arnot brach wieder von Benguella auf am 2. Juni 1885. Als er hochkletterte und die Küste unter ihm lag, warf er einen letzten Blick auf das Meer und dachte an alle jenseits des Meeres, die ihm so viel bedeuteten. Es war, als ob er sich erneut von ihnen verabschieden würde und die vier Jahre noch vor ihm lägen, seit er sich auf der S.S. Dublin Castle einschiffte in Richtung Kap. Auch wenn er darüber traurig war und sich sehr einsam fühlte, hatte er doch nie zuvor solch ein starkes Verlangen gehabt, ins Landesinnere zurückzugehen.

Als er auf seiner Rückreise schon ein paar Tage aus Bailundu heraus war, nahm die Vorsehung sein Geschick in die Hand. Setobe und er gingen den Trägern voraus, als sie plötzlich von fern eine Gruppe Männer auf sich zulaufen sahen. Als die Fremden sich näherten, bemerkte Arnot, daß ihre Kleidung anders aussah und daß sie auf Kiswahili sprachen. Einige trugen einen Turban auf dem Kopf, und ihre Körper waren mit weißen Kanzus behangen, wie sie die Araber an der Ostküste tragen.

Nach einer höflichen Begrüßung sagte der Führer, ein älterer Mann mit feinen arabischen Gesichtszügen, der ein wenig Portugiesisch konnte, zu Arnot, daß sie aus Garenganze kämen, dem Königreich des mächtigen Mushidi. Er sagte, daß sie vom König mit einem Brief geschickt wurden, den sie seinem Schwager in Chivula überbringen sollten. Mushidi, so wurde gesagt, wollte seinen Verwandten beauftragen, weiße Männer ins Land zu schicken, um Handel zu treiben. Die Gesandten erzählten Arnot, daß Garenganze dicht bevölkert sei und bisher nur von arabischen Händlern der Ostküste aufgesucht wurde.

"Wenn Sie ein Kaufmann sind, würden Sie gut daran tun, ins Land unseres großen Königs zu kommen. Es gibt ein großes Handelsbedürfnis bei unseren Leuten, und Mushidi würde Sie willkommen heißen", fügte der Fremde hinzu.

Arnot lächelte und schüttelte den Kopf. "Nein, ich bin kein Händler. Das, was ich habe, möchte ich verschenken, nicht verkaufen."

Der alte Mann mit Namen Tabu schaute verblüfft. Er zuckte mit den Achseln und drehte sich nach seinen Kameraden um. "Was für eine Sorte Weißer ist der, der nach Afrika kommt, nur um etwas zu verschenken? Es kann nur bedeuten, daß das, was er verschenkt, von geringem Wert ist."

"Wie unrecht Sie haben, mein Freund!" entgegnete Arnot, nicht ohne Geduld und guten Humor. Meine Mission ist, allen Menschen das Wort Gottes zu predigen, Licht hinauszutragen, wo es finster ist, und dort zu helfen, wo es am nötigsten ist. Ich verschenke das Wort Gottes, und das ist der wertvollste Besitz auf Erden."

Als Tabu Arnots Antwort hörte, schüttelte er den Kopf, und dann übersetzte er die Worte des Missionars seinen Freunden. An deren Lächeln konnte man sehen, daß sie Arnot offensichtlich nicht sonderlich ernst nahmen. Als Männer des Ostens waren sie an arabische Händler und Swahili - Kaufleute an der Küste gewöhnt. Die einzigen Weißen, die sie je gesehen hatten, waren gelegentliche Reisende oder Forscher, die entweder handelten, und das sehr zu ihrem eigenen Vorteil, oder sie beschäftigten sich mit der Jagd und, mehr als die Sitten erlaubten, mit den Dorffrauen.

Jedenfalls war ein weißer Mann, der behauptete, nur daran interessiert zu sein, den Leuten über seinen Gott zu erzählen, eine Merkwürdigkeit, um nicht zu sagen das Letzte.

Trotz der Tatsache, daß er von den Fremden als nutzlos für Garenganze verabschiedet wurde, hatten ihn diese Leute auf einen Gedanken gebracht. Als er ihnen zuhörte, wie sie mit seinen Trägern sprachen, und als er die Worte "Garenganze" und "Mushidi" in jedem Satz vernahm, wußte er, daß er nicht länger nach einem Arbeitsfeld suche mußte. Die Fremden, die selber Swahili waren, hatten angedeutet, daß es ein dicht besiedeltes Gebiet war. Sie hatten gesagt, daß Mushidi weiße Händler haben wollte. Nun, wenn dem so war, dann hatte Mushidi im allgemeinen nichts gegen Weiße. Mit etwas Takt und möglicherweise einer tüchtigen Portion Glück könnte er vielleicht den Häuptling überreden, ihm das Errichten einer Mission zu gestatten. Aber zuerst mußte er einmal nach Garenganze kommen. Zu dieser Zeit wußte er überhaupt nichts über dessen geographische Lage. Er hörte, daß es von Dorfbewohnern in Bihe gelegentlich erwähnt wurde, und einmal hörte er einen portugiesischen Händler über den despotischen Häuptling reden, der über ein Gebiet herrsche, das sich einen monatelangen Marsch entfernt von der Küste befand.

Nun war es Nachmittag, und da er die Swahili mit vielen Fragen über ihr Land und ihren Herrscher überhäufen wollte, schlug er ihnen vor, eine Pause zu machen und mit ihm zu essen. Sie waren prompt einverstanden, und noch ehe sie bereit waren, ihre Reise fortzusetzen, besaß Arnot alle Informationen, die er brauchte, um die Expedition nach Garenganze vorzubereiten und auszuführen. Aber was noch wichtiger war, die erhaltenen Informationen gaben ihm noch mehr Gewißheit, daß das Treffen mit den Gesandten Vorsehung und daß sein zukünftiger Weg völlig klar war. Beim Abschied von Arnot sagte Tabu: "Sie haben viele Fragen gestellt und uns viel über Ihre Arbeit erzählt, die wir zuerst nicht verstanden haben. Nach Ihren Fragen sieht es so aus, als hätten Sie sich im Herzen vorgenommen, unser Land zu besuchen. Wenn das so ist und wenn das wahr ist, daß Sie Medizin für die Kranken bringen würden und unseren Kindern Lesen und Schreiben beibringen könnten, dann könnte es sein, daß Mushidi Sie willkommen heißt. Doch verlassen Sie sich nicht darauf, denn es ist nicht einfach, die Launen des Königs im voraus zu wissen."

Arnot antwortete: "Was Sie mir erzählt haben, hat mich zweifellos davon überzeugt, daß in Ihrem Land viel Arbeit auf mich wartet. Ich leugne überhaupt nicht, daß ich die vielen

Fragen im Hinblick darauf gestellt habe, daß ich vielleicht eines Tages Garenganze besuchen werde. Doch was die Launen Ihres Königs angeht und ob er mich akzeptiert oder nicht, das kann ich nur in die Hände meines Gottes legen."

Tabu nickte ernst. Und dann, fast flüsternd, trotz der Tatsache, daß er eine Fremdsprache benutzte, die seine Kameraden nicht verstanden, fügte er in der Angst, rein zufällig verstanden zu werden, hinzu: "Sie haben uns gezeigt, daß Sie ein guter Mensch sind, und deshalb sage ich folgendes und nicht mehr: Unterschätzen Sie bloß nicht die Macht Mushidis bzw. seine Fähigkeiten, diese Macht zu gebrauchen. Ich kenne zwar nicht die Macht und die Stärke Ihres Gottes, aber ich kenne die von Mushidi."

# KAPITEL VIII

## *Vom Westen nach Osten*

Die lange Reihe der Träger erstreckte sich mehrere hundert Meter entlang des schmalen Pfads durch den Wald. Ausgelassen und fröhlich sangen die Männer ein Marschlied, denn es war erst der erste Tag ihrer Safari, und ihr 25-Kilo-Gepäck hatte bis jetzt noch nicht ihre Kraft verbraucht. Am letzten Abend hatten sie eine gute Mahlzeit bekommen mit Fleisch und anderen Köstlichkeiten. Mit ihren vollen Bäuchen und der Aussicht auf jede Menge Fleisch unterwegs gab es nichts, worüber sie besorgt sein müßten.

Es waren fünfundfünfzig an der Zahl, einige waren alt, andere waren noch Jugendliche. Doch als Karawane war Arnots Safari überhaupt nicht groß. Gewöhnlich betrug die Anzahl der Träger für eine Reise ins Landesinnere etwa zwei- bis dreihundert. Es war nicht einfach, seine Gepäckträger zusammenzustellen, als diese erfuhren, daß die Reise nach Bunkeya, in die Hauptstadt von Garenganze, gehen sollte. Gerüchte hatten sich verbreitet, nach denen Arnot angeblich eine Expedition zur Ostküste machen und dort ein Schiff nehmen wollte und seine Männer am Strand zurücklassen würde. Da gab es noch andere Geschichten über die Safari. Einige sagten, Arnot hätte vom großen Mushidi keine Genehmigung bekommen, in sein Land zu gehen, und daß, sobald sie einen Fuß dort hineinsetzen würden, Mushidis Armee über sie herfallen würde, und jene, die nicht getötet würden, als Sklaven behalten würde. Es kostete den Missionar, Setobe und den Bihe-Häuptling Chipongi viel Zeit und Geduld, sie vom Gegenteil zu überzeugen. Als sie einmal zugestimmt hatten, Arnot zu begleiten, wurden sie ziemlich gelassen, was die Reise betraf. Seit der Weiße Mann im Bihe-Bezirk war, hatte es sich gezeigt, daß man seine Worte respektieren sollte und daß es ausreicht, wenn er sagte, daß er auf sie aufpassen würde. Darüber hinaus wurde ihnen gute Bezahlung versprochen, gutes Essen, insbesondere Fleisch. Es war für sie ein unbeschreibliches Gefühl, dem Weißen Mann helfen zu sollen, dessen entschlossene Art

Vertrauen erweckte. Sie mochten es, wie Arnot mit ihnen lachte. Und er lachte nicht über sie, wie es so viele andere Reisende taten. Sie bewunderten seinen Wunsch, den Kranken zu helfen, und sie mochten seine nette Art, wenn er mit ihren Kindern sprach.

Ihr Gesang und das Fußgestapfe auf dem Boden, wenn sie sich den Weg durch den Wald bahnten, vermischte sich gut mit all den andern Geräuschen Afrikas. Goldene Pirole, Sittiche und ein Dutzend anderer Waldvögel kreischten und pfiffen über ihren Köpfen. Irgendwo im hohen Gras bellte eine Truppe Paviane ihren Gruß. Der Regen stand ihnen noch bevor, und es war sehr heiß. Aber dann und wann berührte eine sanfte Brise zärtlich die Blätter des großen Muyombo-Baumes, und das ständige Rascheln wurde zu einer zarten und endgültigen Untermalung zum Hauptthema der Sinfonie.

Immer im Frieden mit der Welt, besonders dann, wenn er durch die Wälder und Ebenen seines geliebten Afrikas reiste, war Fred Arnot jetzt zufriedener als je zuvor. Im tiefsten Innern war er sicher, daß er schließlich auf dem Weg zur Verwirklichung seines größten Ziels war. Seine Reise von Natal nach Sheshong und anschließend ins Barotse-Land, sein Aufenthalt in Lewanikas Hauptstadt, sein Marsch nach Benguella waren nicht alles, obwohl sie Bestandteile des Plans waren. Niemals spürte er so wie jetzt, daß seine Erfüllung unmittelbar bevorstand. Er hörte den Stimmen der Träger zu; obwohl das Lied die Safari beschrieb, schien es ihm wie eine Hymne, ein musikalisches Dankgebet zu sein, daß man um seinetwillen sang für die Führung, die er erlebt hatte.

Er lauschte mit großer Freude. Als er die Kolonne führte, schämte er sich nicht des Stolzes, als er den Union Jack sah. Diesen hatte er vom Gouverneur in Benguella erhalten, und nun flatterte er an einem improvisierten Stab und wurde von einem Jugendlichen ein paar Meter vor ihnen her getragen. So war es auch bei David Livingstone, und nun würde er treu den Fußtapfen seines Kollegen folgen.

Als er vor ein paar Monaten mit Tabu und seinem Swahili-Gefolge über Garenganze sprach, fand er heraus, daß Mushidis Hauptstadt irgendwo im Norden liegen muß, und zwar im bewaldeten Ursprungsland des großen Sambesi-Flusses. Sie lag östlich der Länder Chibokwe, Luvale und Lunda, und das bedeutete, er würde mindestens vier Monate brauchen, um von

Belmonte dorthin zu gelangen. Wenn es möglich gewesen wäre, in der Trockenzeit zu reisen, hätte er einen Monat weniger gebraucht. Aber so würden das Hochwasser der Flüsse und schlammige Wege zweifellos die Safari verzögern, besonders im Dezember und Januar, wenn es stark regnete.

Arnots Vorbereitungen für die Reise nach Bunkeya mußten unvermeidlich in großer Unsicherheit getroffen werden, denn die Entfernungen zwischen Camps, Flüssen und Dörfern auf der Strecke waren nur reine Vermutungen der Swahilis. Dazu kam noch, daß die Namen Garenganze und Mukurru auf keiner aktuellen Landkarte zu finden waren. Laut Tabu war die Strecke ziemlich gut bevölkert bis zum See Dilolo. Aber hinter diesem Ort war das Lunda-Land und die jenseitigen Hügel in Richtung Garenganze praktisch menschenleer. Soweit er den Führer der Swahili verstanden hat, haben bisher nur zwei weiße Männer Mushidis Land jemals besucht. Einer ist aus dem Norden gekommen, der andere aus östlicher Richtung. Zusätzlich war in Arnot die Aussicht des Frohlockens, wohlwissend, daß, falls er Bunkeya erfolgreich vom Westen her erreichen würde, er der erste weiße Mann sein würde, der dies geschafft hätte.

Neben den Lasten von Reiseproviant und persönlichen Bedarfsartikeln, so wenig es auch waren, schleppten die Träger Fensterscheiben und Rahmen, sechs Stoffballen à 25 kg, hunderte Pfund Kekse, 14 Tüten Salz, Munition, Vorräte an Kugeln und Patronen. Im Gegensatz zu den meisten portugiesischen Reisenden, die oft die Strecke von Benguella nach Bihe benutzten, trug Arnot keine Rumvorräte bei sich. Um sicherzugehen, daß es keine Schwierigkeiten gab bei der Anstellung der Träger und um sich die Mithilfe des Häuptlings zu sichern, verteilten die Portugiesen jede Menge Alkohol vor und während ihrer Safaris mit den gräßlichen Folgen im ganzen Land.

An diesem Tag der Reise, nachdem sie von Belmonte kurz nach der Dämmerung aufgebrochen waren, kamen Arnot und seine Träger um die Mittagszeit ans Ufer des kleinen Bachs in der Nähe eines kleinen Dorfes namens Nyani an, nur zehn Kilometer von ihrem Aufbruchsort entfernt. Arnot hatte absichtlich den Schritt der Safari verlangsamt, da er inzwischen gute Erfahrung in der Beobachtung von Gepäckträgern hatte. So weit er es einschätzen konnte, betrug die Entfernung, die vor ihnen lag, mindestens tausend Kilometer, vielleicht auch mehr; und er hatte nicht die Absicht, den Trägern zu gestatten, sich zu übernehmen, bevor es erst richtig losging. Es würden schon noch Gelegenheiten kommen, wo sie aus purer Notwendigkeit heraus gezwungenermaßen Märsche von 25 bis 30 Kilometern zurücklegen müßten. Doch bevor es soweit war, wäre es klug, so wußte der Missionar, die Reise in sehr leichten Etappen durchzuführen.

Deshalb gab Arnot, als sie an dem kleinen Bach Nyani ankamen, die Anweisung, abzuladen und ein Camp einzurichten. Es war der 10. Oktober 1885.

In den ersten drei Wochen änderte sich der Alltag der Safari nicht. Da gab es jeden Tag kleine Wege, die gewöhnlich in einem Camp im Wald endeten, irgendwo in der Nähe eines Flusses oder Bachs. Die Träger aßen nichts vor ihrem Tagesmarsch. Sie erhoben sich vom Lagerfeuer, wuschen ihre Hände und Gesichter mit dem bißchen Wasser, das sie sich vom Vorabend aufgehoben hatten, schnallten ihre Gürtel um, nahmen das Gepäck auf die Schulter, und mit dem Gewehr in der Hand stellten sie sich in Reihen auf und warteten auf den Befehl zum Aufbruch. Wenn er entweder von Setobe oder Arnot selbst gegeben wurde, fing gewöhnlich jemand in hohen Tönen ein Solo an, und dann ging der Gesang los.

Bevor sie das Camp abbauten, trank Arnot gewöhnlich eine Tasse schwarzen Kaffee, die ihm Setobe brachte, während Arnot sich gleichzeitig mit seinen Stiefeln abmühte. Sein Bett wurde von einem Mann zusammengerollt, der es auch trug und der normalerweise ungeduldig darauf drängte, es unterzubringen. In der Rolle, die das Bett bildete, hatte Arnot gewöhnlich einen Mantel, Wechselkleidung, ein paar Kaliko-Stücke und andere Sachen, die er während der Tagesreise benötigen könnte.

Das Zelt wurde abgebaut und in der unfeierlichsten Art zusammengebündelt. Einige der Ältesten, die eine Ewigkeit lang noch über dem Lagerfeuer hingen, um einen letzten Zug aus der gemeinsamen Pfeife zu nehmen, die vom einen zum andern herumgereicht wurde, waren ständig die letzten im Gefolge der Safari. Bis die Alten ihr Gepäck aufgeladen hatten, überquerten die übrigen einen Bach in der Schlucht und waren auf der anderen Seite im Wald verschwunden. Doch schimpfte Arnot nicht mit ihnen, denn außer daß er sie sehr humorvoll fand, waren sie wie eine Nachhut, die jedem Träger half, der sich von der Hauptkarawane absetzen mußte. Sie waren auch ein Schutz gegen wilde Tiere und feindliche Stämme.

Eine oder zwei Pausen wurden unterwegs gemacht, und manchmal gab es große Schwierigkeiten, einige der Flüsse zu überqueren, denen sie begegneten; doch gab es keine Feiglinge unter den Trägern, und sie alle machten tapfer weiter.

Wenn der Lagerplatz des Tages erreicht war, wurden einige der intelligenteren Mitglieder der Safari losgeschickt, um Nahrung zu suchen, während die anderen damit beschäftigt waren, ihre Lagerstätte so behaglich und bequem wie möglich herzurichten. Gegen Abend kehrten jene zurück, die losgezogen waren, um Nahrung zu kaufen, vielleicht beladen mit Bündeln von nahrhaften Maiskolben, die sie auf Stöcken über ihren Schultern trugen. Die Träger lebten hauptsächlich von Bohnen und dickem Getreidebrei, der aus Maismehl hergestellt wurde. Sie pflegten sehr viel von beidem zu essen, doch nur selten aßen sie mehr als eine Mahlzeit in 24 Stunden. Maismehl war übrigens Arnots Hauptnahrungsmittel während der meisten Zeit seines siebenjährigen Aufenthalts in Zentralafrika.

Sie erreichten Peho am 20. November. Arnot bemerkte, daß auf einer alten Landkarte, die er sich beschaffen konnte, Peho mit einem Kreis um einen Punkt herum gekennzeichnet war. Das ließ ihn dort ein großes Siedlungsgebiet vermuten. Er fand jedoch nichts als ein paar Grashütten, die im Wald versteckt waren, und einen Häuptling namens Sama Kalenge, der wegen seiner Gier und Trunkenheit berüchtigt war. Er war eine junger, großer und häßlicher Mann. Sofort nach Ankunft der Safari kam er zu Arnot und forderte Abgaben und sagte, daß seine Männer seinen Trägern nicht gestatten würden weiterzuziehen, so lange er, der Häuptling, nicht angemessen bezahlt würde, Arnot gab ihm dreißig Meter Tuch, eine Jacke, Hosen, einen Hut, Schuhe und eine Anzahl kleinerer Dinge. Schließlich, nach vielem Hin und Her und dem Erfüllen weiterer Forderungen nach Abgaben, in die Arnot gezwungenermaßen einwilligen mußte, war Sama Kalenge einverstanden, daß die Safari weiterziehen konnte. Bevor er jedoch Arnot erlaubte zu gehen, bestand der Häuptling darauf, auf dem Stuhl des Missionars zu sitzen, während er ihm den Hut wegnahm und ihn sich aufsetzte. Er riß dem Träger Arnots Gewehr weg und feuerte ohne Erlaubnis los. Er machte einige Gepäckstücke der Träger auf, und als er darin Stoffe fand, die ihm gefielen, riß er sie vom Ballen und sagte zu Arnot, er würde sie für seine Mutter nehmen. Bei allem war Arnot machtlos, denn er wußte, wenn sie protestierten oder sich irgendwie feindlich zeigten, daß sie nie lebendig durchs Land kommen würden.

Die Regenfälle kamen zwei Tage, nachdem sie Peho verlassen hatten. Eine Zeitlang hingen schwere Wolken über ihnen, und die Luftfeuchtigkeit wurde mehr und mehr zur Belastung. Dann, am Morgen des 22. November, als sie sich dem Hauptfluß des Luena näherten, brachen die Wolken auf, und der anhaltende Platzregen dauerte drei Stunden.

Sie kamen in einem erbärmlichen Zustand an den Ufern des Luena an. Der Regen hatte die Ladung naß und sie fast doppelt so schwer gemacht; Arnot war bis auf die Haut durchnäßt. Im starken Regen ein Camp aufzuschlagen, brachte viele Probleme. Es war unmöglich, ein Feuer anzuzünden, und die Leinenzelte waren so schwer von Nässe, daß sie fast unbeweglich waren. Die Träger saßen nur unter den Zweigen der Bäume, zitternd und sich selbst bedauernd.

Sie verließen die Ufer des Luena und marschierten sieben Stunden durch einen zusammenhängenden Wald. Es war eine sehr beschwerliche Reise, da es unmöglich war, außerhalb des schmalen Pfads zu gehen. Der ganze Wald schien Schicht auf Schicht mit umgefallenen Bäumen und Zweigen bedeckt zu sein, die alle durch dichtes Farn und Moos zu einer großen hölzernen Masse verwoben waren. Sie befanden sich nun weit im Chibokwe-Land, und als sie ihre nächste Lagerstätte erreichten, erwarteten Hunderte von Menschen ihre Ankunft. Diesmal war es Arnot, der die Geschenke erhielt; zwei Schweine, eine Ziege und Fohlen wurden ihm von den Dorfbewohnern zugesteckt. Es genügte ihnen nicht, ihn und seine Träger zu bewirten, sie brachten auch ihre Trommeln zum Camp, und darauf folgte ein Tanz, der bis in die frühen Morgenstunden dauerte. Während Arnot im Bett lag, unfähig zu schlafen wegen der lärmenden Unterhaltung, die für seine Träger aufgeführt wurde, gewann er Zuversicht, als er den Regen hörte. Doch nicht einmal das schreckte die Tänzer ab, und die gastfreundlichen Dorfbewohner und die Freude der Träger wurden davon überhaupt nicht berührt.

Nachdem Arnot das Chibokwe-Land verlassen hatte, führte er seine Expedition nach Luvale. Bis zum 3. Dezember hatten sie die Stadt des Kangombe, eines mächtigen Luvale-Häuptlings, erreicht. Er war ein kleiner Mann, etwa 1,50 m groß, mit einem schlanken, drahtigen Körper. Als er kam, um den Missionar zu begrüßen, wirkte der Häuptling schüchtern und ruhig und zeigte große Schweigsamkeit, als er von Arnot in sein Zelt eingeladen wurde. Obwohl er sich als ein friedfertiger Mann gab, war Kangombe in der Tat einer der größten Kriegsherrn, die das Land Luvale je hervorgebracht hatte. Während der Zeit von Arnots Besuch 1885 hatte er mehr als jeder andere Herrscher in ganz Zentralafrika getan, um die Macht des einst so berühmten Lunda-Häuptlings Mwantiyamva zu verkleinern. Jedes Jahr sammelte Kangombe große Gruppen von Anhängern und drang nordwärts und westwärts vor, um das Lunda-Land zu verheeren. Diejenigen, die ihm folgten, taten das nur, um zu plündern, zu rauben und zu stehlen, und nicht alle waren brauchbare Untergebene. Er war gut ausgerüstet mit Gewehren und Schießpulver aus Bihe, und mit nur wenig Verlusten in den eigenen Reihen war er fast immer erfolgreich in seinen Angriffskriegen.

Als Kangombe in Arnots Zelt kam, setzte er sich auf den Boden und fing an, mittels eines Dolmetschers mit dem Missionar zu reden. Sofort bot Arnot dem Häuptling einen Stuhl an und war irgendwie amüsiert, als er sah, wie verwirrt der Mann schaute. Es war, wie er sagte, das erste Mal, daß er solch einen Gegenstand sah, und er bat Arnot, ihm zu zeigen, wie man so etwas benutzt. Schließlich wagte er es, sich seitlich hinzusetzen, und zwar auf die äußerste Ecke des Stuhls, während er mißtrauisch auf die Lehne schaute. Er bat niemals um ein Geschenk, doch während der Unterhaltung, die dann folgte, hörte der Häuptling nicht auf, Arnot in großer Angst anzuschauen. Der Missionar erfuhr später, daß er der erste Weiße Mann war, den Kangombe je gesehen hatte. Der Häuptling wollte nichts riskieren, und bevor sich sein Mißtrauen legte, und zwar durch Arnots Persönlichkeit, meinte er, allen Grund zur Vorsicht zu haben.

Bevor die Safari Kangombes Stadt verließ, hatte der Häuptling weitere Unterredungen mit Arnot. Er sagte ihm, daß er ihm sicheres Geleit durch das Luvale-Land garantieren würde, weil seine Träger aus Bihe waren. Die Leute aus Bihe waren seine Freunde, da sie ihn mit Waffen versorgten, die er brauchte, um die Lundas zu überfallen. Er berichtete Arnot auch stolz, daß eine seiner Armeen bald vom Sambesi-Fluß zurückkehren würde, wo sie Lundas als Sklaven gefangengenommen hätten, die den Arabern im Osten verkauft werden sollten. Es war möglich, so fügte Kangombe hinzu, daß Arnot und seine Männer seine siegreiche Armee ein paar Tage weg von der Stadt treffen würden. Von den Boten, die bereits angekommen waren, hatte Kangombe erfahren, daß seine Krieger mit den gefangenen Sklaven ganz in der Nähe waren. Es sei in der Tat ein wundervoller Anblick, so sagte der Häuptling zu Arnot, die Herrlichkeit seiner Stammesmänner zu sehen, wenn sie von einem Sklavenraubzug zurückkehrten. "Diese dummen Lunda-Hündinnen", sagte er heftig, "sie haben wieder die Fersen von Kangombe zu spüren gekriegt, als sie ihr Dorf zermalmten. Sklaverei ist noch viel zu gut für sie. Doch ich werde sie den Arabern verkaufen, weil ich ein gutes Herz habe."

Es war nahe der Kifumadshe-Ebene, als Fred Arnot sie sah. Es war ein Anblick, den er nie vergessen sollte; es war ein Schock, von dem er sich nie erholen würde. Er sah die scheinbar endlose Reihe von Männern, Frauen und Kindern, umgeben von Kriegern, als sie sich quer durch die Ebene erstreckte, den Wald am Rand teilend, wo er und seine Männer standen, sowie die Kifumadshe-Ebene selbst.

Arnot befahl seinen Trägern, sich an die Seite zu stellen, das Gepäck abzuladen und zu warten, bis die Armee Kangombes mit ihren Sklaven vorbeigegangen war. In etwa einer halben Stunde erreichte der erste Teil der Menschenreihe den Wald, wo die Safari haltmachte. Als sie vorbeikamen, kannte Arnots Empörung keine Grenzen. Sein Herz war bei den elenden Geschöpfen, die durch gegabelte Stöcke zusammengebunden waren und von den siegreichen BaLuvale mit Peitschenhieben angetrieben wurden. Er war vom Mitleid überwältigt und wütend, da er fühlte, daß er völlig machtlos war. Er hatte vom Sklavenhandel gehört und wußte, daß er vielleicht Augenzeuge von so manchen Barbareien werden würde, die mit den Sklavenraubzügen verbunden waren. Doch niemals in seinen wildesten Träumen hätte er gedacht, daß es so furchtbar wie hier sein würde. Sie waren nicht nur wie Vieh zusammengebunden, sondern waren mit Stricken gefesselt, die mit hölzernen Handschellen verbunden waren. Einige bluteten stark aus verschiedenen Wunden am Körper, die ihnen mit den Lederriemen der Luvale geschlagen wurden. Mütter, die Kinder auf ihren Rücken gebunden, starrten leer vor sich hin, als ob sie wie im

Traum liefen. Kinder, mit Seilen um den Hals und an die Handschellen der Eltern gebunden, wurden vorwärts gezerrt, schreiend, weinend, flehend.

Einige der jüngeren Männern, deren Geist noch nicht gebrochen war, riefen Arnot an, als sie ihn stehen sahen, wie er ihre Not mit den Augen verfolgte. Als die Wachen das hörten, stürzten sie herbei und schlugen sie mit dem Ende des Peitschenstocks ins Gesicht. Überall hörte Arnot das Wimmern, das Stöhnen, das Weinen der Kinder und das anhaltende Geräusch der Peitschenriemen, wie sie nacktes Fleisch aufrissen. Es war jenseits des Erträglichen, und doch wußte er, daß er machtlos war zu helfen. Als er einen der schlagenden und peitschenden Stammesmänner der BaLuvale hart ansprach, wurde er mit dem Speerschaft zur Seite gestoßen, und man sagte ihm, er solle sich hüten, sich einzumischen. Es war klar, daß sie von der Safari wußten, und zweifellos hatten die Boten Kangombes ihnen gesagt, daß der Häuptling ihnen sicheres Geleit durch das Luvale-Land versprochen hatte. Dieses sichere Geleit - nicht nur für sich, sondern auch für seine Männer, so wußte er - konnte nur dann gewährleistet sein, wenn er sich nicht in die Angelegenheiten des Königs mischte. Er konnte nichts tun als beten. Er konnte nichts, als zu geloben, daß er all seine Kräfte und Energie dafür einsetzen würde, um diese Geißel aus Zentralafrika zu vertreiben. Er merkte nun, warum es so dringend, so wichtig war, daß er sich im Inland niederließ und den Weg für zukünftige Missionare bahnte. Durch Missionsstationen, durch die freie Ausbreitung des Wortes Gottes unter allen Menschen könnte vielleicht diese Barbarei, diese Entartung und Unterdrückung überwunden werden. Er konnte nur dafür beten, daß er die Gelegenheit bekäme, dies einmal zu sehen.

Es waren 673 Menschen, und sie brauchten fast drei Stunden, bis sie vorbeigegangen waren. Als die letzten verschwanden, kniete Arnot mit zugeschnürter Kehle, mit Augen voller Tränen im Gebet, wie er es in Lealui getan hatte, als er Augenzeuge des Massakers an den Kindern durch die Mashakulumbwe wurde. Um ihn herum standen seine Träger, und sogar sie, Heiden wie sie waren, senkten schweigend ihre Köpfe.

Die Kifumadshe-Ebene war tatsächlich ein extrem sandiges Flachland, das bis zu einem halben oder einem Meter während der Regenzeit überflutet war; doch floß das Wasser schnell weg und hinterließ ein dürres Land im Winter. Als Arnot es durchquerte, mußten er und seine Männer mehr als fünf Tage durch flaches Wasser waten, während sie nachts auf Ameisenhaufen schliefen, die etwa sechs Meter hoch waren. Fred Arnot und sein Gefolge litten beträchtlich unter der Nässe, der sie ausgeliefert waren.

Wild war reichlich vorhanden, und es geschah, als die Expedition am südlichen Ende der Kifumadshe angelangt war, daß Arnots Männer die ersten Zeichen von Gereiztheit zeigten. Sie sahen große Herden von wilden Tieren und hatten bereits Mangel an eßbarem Fleisch. Sie bettelten Arnot, ein paar Zebras für sie zu erlegen; doch weil er vorwärtsgehen wollte, bis sie aus der Ebene heraus kämen, weigerte er sich. Danach kam es zum organisierten Ungehorsam. Eines Tages, als er es wieder einmal ablehnte, für sie zu jagen, und dabei erklärte, er würde es erst in ein paar Tagen tun, wenn sie aus dem feuchten Gebiet heraus wären, legten die Träger ihre Lasten nieder und sagten, sie würden ohne Fleisch nicht weitergehen. "Fleisch, Monare, gib uns Fleisch! Warum jagst du nicht? Du läßt jene verhungern, die dich lieben." Sie baten in einer Art, daß Arnot nicht widerstehen konnte, und so hob er sein Gewehr auf und ging. Während er an der Umhüllung zog, schalt er sie für ihre Undankbarkeit und ihren Ungehorsam. Die Hülle schien festzusitzen, und als er einmal gewaltsam zog, immer noch seine Männer scheltend, ging das Gewehr von selbst los und zerschmetterte die Spitze seines linken Zeigefingers.

Beim Anblick ihres verwundeten Meisters vergaßen die Träger bald ihre eigenen Sorgen. Doch trotz des besten Willens der Welt war niemand unter ihnen, nicht einmal Setobe, der die Wunde verbinden konnte. Arnot faßte einen schnellen Entschluß. Der sauberste und sicherste Weg, so erkannte er, wäre, das Gelenk der Fingerspitze abzuschneiden. Er nahm eine Lanzette aus seiner Tasche, und ein unwilliger Setobe schnitt das Gelenk nach seinen Anweisungen ab. Jenen Abend aß er ein gutes Abendbrot, nachdem er einen seiner Träger losgeschickt hatte, um ein paar Tiere zu schießen. Er schlief gut und stand am nächsten Morgen als erster auf. Kurz nach diesem Vorfall kamen sie am See Dilolo vorbei, der weit rechts von ihnen lag; deshalb sahen sie nur das Wasser zwischen den Hügeln glitzern.

Später fanden sie die Spur der Sklavenjäger. Obwohl Kangombes Männer und ihre Gefangenen vor etwa sechs Tagen diesen Weg entlanggegangen waren, fand Arnot, daß einige der Opfer, die man zum Sterben zurückgelassen hatte, noch am Leben waren. Einige waren mit Stricken aus Borkenkrepp an Bäume angebunden. Andere waren verstümmelt und zum Teil von wilden Tieren gerissen worden. Die Safari machte für mehrere Tage halt, um diesen unglücklichen Menschen beizustehen. Drei von ihnen starben, doch für die anderen ließ Arnot Tragen herstellen, und so wurden sie von Trägern willig getragen, die ihre Lasten auf die übrigen verteilten. Ende Dezember waren sie immer noch im Lunda-Land und kamen in das Dorf Katema. Bei ihrer Ankunft schickte der Häuptling Arnot eine Sklavin zum Geschenk, die ein Kind im Arm hatte. Die Boten, die die Frau und das Kind brachten, sagten, daß Lebensmittel noch folgen würden, doch daß Katema einem Weißen Mann nicht allein nur Lebensmittel schenken könnte. Der Missionar bat sie, die Frau zurückzuschicken und als besondere Gefälligkeit sie in ihr eigenes Dorf zu schicken und nie wieder daran zu denken, sie einem Fremden auszuliefern. Katema jedoch verstand die Botschaft des Missionars nicht und dachte, Arnot habe sie deshalb verschmäht, weil sie erwachsen war. So ließ er am folgenden Tag ausrichten, er würde ihm ein kleines Mädchen oder einen kleinen Jungen schicken. Obwohl Arnot noch immer beträchtlich unter der Schußwunde litt, war er entschlossen, am nächsten Tag ins Dorf zu gehen und die Sache zu klären.

Er fand, daß Katema ein gutaussehender Mann war mit grauem Haar und lächelnder Miene. Er hatte David Livingstone gekannt, doch wußte er nichts vom Ableben des großen Forschers. Sobald Arnot erklärt hatte, was er über das Sklavengeschenk dachte, versprach Katema, daß die Frau und ihr Kind freigelassen würden und daß man sie zurück in ihr Dorf begleiten würde.

Der Missionar redete gern mit dem älteren Katema, dessen Erinnerung an Livingstone sehr lebendig war. Arnot sagte ihm, wie er mit den Kindern des Doktors in Schottland einen Teil seiner Kindheit verbracht hatte. Er erzählte dem Häuptling Einzelheiten über Livingstones Tod in Ilala und die große Beerdigung in London. Katema wiederum berichtete Arnot von den Tagen Livingstones im Lunda-Land.

Als die Zeit herankam, die Reise der Safari fortzusetzen, fiel es Arnot schwer, sich von Katema und seinen Erinnerungen zu verabschieden. Doch nun war er schon mehr als zwei Monate unterwegs und drängte darauf, Bunkeya zu erreichen. Anfang Januar 1886 gelangte die Expedition binnen eines fünfzehntägigen Marschs an den Fluß Lualaba, der die Grenze zwischen den Ländern Lunda und Garenganze bildete. Diesen Teil der Reise hatte man als einen der schwierigsten vermutet, den die Safari je unternommen hatte. Die Gegend war dafür bekannt, völlig menschenleer zu sein, und deshalb würde es keine Lebensmittel geben, außer jenen, die Arnot mittels Gewehr vielleicht beschaffen konnte.

Im ganzen Land waren die einzigen Anzeichen früherer Besiedlung große Lichtungen, wo noch vor kurzem offensichtlich Dörfer gestanden hatten. Die Gegend war völlig verlassen, und sie konnten daraus nur schließen, daß Horden der Luvale für die Dezimierungen in diesem schönen und fruchtbaren Land verantwortlich waren.

Gegen Ende der Regenzeit, die Bäche waren voll, dachte Arnot, es sei das beste, sich in Richtung Norden zu orientieren, damit die Safari die Nebenflüsse des Sambesi in der Nähe ihrer Quellen überqueren konnte. Später, als er merkte, daß die Bäche kleiner wurden, änderte er den Kurs in Richtung Südost. Einmal, als sie irgendwann Ende Januar in diese Richtung zogen, zeigten die Träger hinter ein Gestrüpp, und da, beinahe in westliche Richtung fließend, war der Sambesi selbst. Ein Stück weiter durchquerten sie ein ebenes, erhöhtes Land, dessen Abflüsse für Arnot damals unbekannt waren. Kurz danach kamen sie jedoch an den Fluß Lokoshe, der in nördlicher Richtung floß. Im Süden konnten sie immer noch die den Sambesi umgebenden Hügel sehen. Südöstlich konnte der Missionar einen außergewöhnlich berühmten Hügel erblicken, den er "Border Craig" nannte, da er sich, wie er richtig annahm, in Nähe des Sambesi-Flusses befand. Die große afrikanische Wasserstraße schien sich südöstlich der Expeditionsroute zu befinden, und Arnot notierte, daß er das als ein Zeichen sah, "nicht mehr weit entfernt zu sein von den Quellen des Lualaba und des Lufira".

Nachdem er mehrere Tage damit verbracht hatte, die Quelle des Sambesi[1] zu finden, entdeckte er sie schließlich, jedoch

---

[1] Arnots Entdeckung der Quelle des Sambesi wurde von der Royal Geographical Society freudig begrüßt, und später wurde ihm dafür eine Goldmedaille verliehen. Durch das Auffinden der Sambesi-Quelle bewies Arnot, daß David Livingstone seine Position um mehrere Meilen falsch beurteilt hatte. In einem Schreiben bei seiner

einige Kilometer vom Border Craig entfernt. Von da an wurde seine Reise größtenteils durch starke Wasserströme behindert, die alle nordwärts flossen. Der Lokoleshe, der Lufupa, der Luburi und der Lulua waren allesamt starke Flüsse. Die Träger waren gezwungen, improvisierte Brücken darüber zu bauen. Schließlich erreichten sie das herrliche Tal des Lualaba-Flusses. Sie dachten erst, das Lunda-Land sei ein Hügelland, jedoch wurde die Gegend, die sie durchwanderten, beinahe bergig.

Die Safari durchquerte den schnell fließenden Lualaba in der Nähe der Stadt des Kazembe, eines Häuptlings, der denselben Namen trug wie der berühmte Potentat, den Livengstone erwähnte und dessen Stadt am Luapula lag, in der Nähe des Mweru-Sees, viele Kilometer westwärts. Am 29. Januar 1886 betraten sie den Boden von Garenganze, und sechs Tage später lagerten sie nach einem zweistündigen Marsch bei der großen Stadt des Molenga, des Oberbefehlshabers in Mushidis Armee und zweiten Mannes des Königreichs.

Am nächsten Tag gelangten sie in die Stadt selbst. Am Abend kamen persönliche Boten und Trommler des Häuptlings und präsentierten sich vor Arnots Lager. Ihnen folgte eine lange Schlange von Männern und Frauen, die Geschenke für Arnot brachten. Unter Molengas Gaben befanden sich vierzig Ladungen Lebensmittel, ein Elefantenstoßzahn, der etwa 12 kg wog, und eine große Ziege. Bei einem darauffolgenden Treffen informierte Molenga Arnot, daß Mushidi bereits Nachricht über das Vorankommen der Expedition durch sein Land erhalten habe und nach allem, was man höre, hätte er seine Freude zum Ausdruck gebracht, daß ein Weißer Mann von Westen sich seiner Hauptstadt nähere. Das war eine willkommene Botschaft für den Missionar, und da er glaubte, es verheiße Gutes für die Zukunft, drängte er darauf, die Reise so schnell wie möglich fortzusetzen.

---

Rückreise nach England 1888 stellte Arnot fest: "Livingstone machte die Quellen des Sambesi am See Dilolo und im sich nördlich und westlich davon erstreckenden Land ausfindig. Er markierte auch den Leeba als einen Nebenfluß, nach dem Bericht eines Einheimischen, südwestlich von einem Hügel namens Kaomba. Jedoch ist sein Leeba tatsächlich der Sambesi, und der Kaomba ist zweifellos der bemerkenswerte, berühmte Hügel, den ich "Border Craig" genannt habe, da er die zwei großen Becken der beiden bedeutenden afrikanischen Flüsse voneinander trennt. Diese scheinen in dieser Nachbarschaft anzuschwellen und sehr geschlängelt zu fließen, der Sambesi nach Osten und der Lualaba (oder Kongo) zur Westküste. Doch hat der Lualaba noch andere wichtige Nebenflüsse."

Nachdem sie Molengas Stadt hinter sich gelassen hatten, passierten sie das Sombwe-Gebirge, von dem man sagte, daß dort ein Teil des Samba-Stammes in einem der kuriosesten Höhlensysteme von ganz Afrika wohne. Arnot erinnerte sich, daß es jene Höhlen waren, die Livingstone bei seinem letzten Besuch in Zentralafrika zu finden hoffte. Nachdem sie den Lukuruwe-Fluß überquert hatten, kamen Arnot und seine Männer in ein weiteres hügeliges Land. Diese Strecke ermüdete die Träger sehr.

Inmitten eines heftigen Regengusses kamen sie an die Ufer des Uleya-Bachs, wo Boten des Königs auf sie trafen und Arnot den Wunsch des Königs mitteilten, daß die Expedition ihr Lager aufschlagen und auf weitere Anweisungen warten solle. Zwei Tage später kamen die Boten wieder mit Lebensmittelgeschenken und einem außerordentlich weißen Elefantenstoßzahn. Dieser, so sagte der König, solle betonen, wie weiß sein Herz gesinnt sei gegen die Fremden, die sein Land betreten hatten. Als die Boten befragt wurden, weigerten sie sich zu sagen, wie lange die Expedition am Uleya bleiben müßte. Sie gaben auch keine Erklärung dafür, warum der König den Missionar nicht sofort sehen wollte.

Erst ein paar Monate nach seinem Aufenthalt in Bunkeya erfuhr Arnot, daß zum Zeitpunkt seiner Ankunft am Uleya sich einige angesehene arabische Händler aus Sansibar in der Hauptstadt aufhielten. Diese Männer taten, was sie konnten, um Mushidi davon zu überzeugen, daß Arnot böse Absichten gegen ihn hätte. Sie meinten, da sie Bewohner Sansibars seien, würden sie die Engländer nur allzugut kennen. Arnots Besuch könne daher nichts Gutes bedeuten, und es sei klar, daß er ein Gesandter der Britischen Regierung sei, welche gegen das Land Garenganze etwas im Schilde führe. Drei Tage lang redeten sie mit Mushidi und rieten ihm, Soldaten an den Uleya zu schikken, um den Missionar samt seiner Gefolgschaft zu vernichten. Der König ließ die Araber reden, ohne sich groß mit ihnen zu streiten. Und dann am vierten Tag hörte man ihn sagen: "Ich kenne den Engländer überhaupt nicht, der darauf wartet, mich zu sehen. Ich habe noch nie zuvor einen Engländer gesehen, deshalb weiß ich nicht, ob eure Anklagen gegen ihn überhaupt gerechtfertigt sind. Aber eines weiß ich: Ich kenne euch Araber! Ich weiß, daß ihr oft lügt, daß ihr oft betrügt und intrigiert. Deswegen werde ich über den Engländer so lange kein Urteil fällen, bis ich ihn gesehen und mit ihm gesprochen habe."

Man sagte, die angesehenen Araber seien an jenem Nachmittag nach Sansibar zurückgekehrt. Am folgenden Tag sandte der König seine Boten wieder zu Arnot. Diesmal sagten sie, er solle binnen drei Tagen in Richtung Hauptstadt weitergehen.

Als die Safari Bunkeya erreichte, wurde der Missionar in ein Haus am Rand der Stadt geführt. Dort befahl man ihm, er solle sechs Tage lang warten, während der König und seine Ältesten die Geister befragen würden. Die Träger und Setobe wurden in eine ähnliche Quarantäne gebracht. Arnot war über diese Vorkehrungen überhaupt nicht beunruhigt. Er war überglücklich, an seinem eigentlichen Ziel angekommen zu sein. So verabschiedete er sich bei seinen Trägern nicht ohne Humor, als er in sein Haus abgeführt wurde.

In jener Nacht schlugen die Trommeln von Bunkeya in einem langsamen, pulsierenden Rhythmus. Während Arnot in seinem Haus lag und ihnen zuhörte, hätte er gern gewußt, was die Vorsehung für ihn bereithielt.

Während der nächsten sechs Tage kamen Ärzte und Wahrsager aus allen Ecken von Garenganze in der Hauptstadt an. Das Abkochen von Medizin wurde vorbereitet, in welche man jede Nacht Stücke von Rinde und Holz hineinlegte. Am nächsten Morgen, je nachdem, ob die Rinde und das Holz unverändert geblieben waren, beurteilte man das Herz des Besuchers als in Ordnung oder nicht. Dann, als Höhepunkt dieser und anderer Tests, brachte man lebendes Geflügel zu den Ärzten und Wahrsagern. Nach längeren Zauberformeln ließ man den Körper des Geflügels, nachdem man den Kopf abgetrennt hatte, losrennen und in die Mitte einer Arena springen. Wenn die Nerven des Körpers schließlich aufgehört hatten, sich zu bewegen, und der tote Vogel am Boden lag, wurde er von den Ärzten und Wahrsagern sorgfältig studiert. Wenn der blutende Hals in Richtung jenes Hauses zeigen würde, wo Arnot sich aufhielt, wäre das ein Zeichen dafür, daß die Araber die Wahrheit gesagt hätten und daß er tückische Pläne hätte. Dieser Test wurde dreimal wiederholt.

Am Morgen des sechsten Tages seiner Isolation wachte Arnot durch den Klang vieler Stimmen auf, und es schien, als wären sie direkt neben dem Haus. Dann begannen die unvermeidlichen Trommeln, die nachts für eine Weile aufgehört hatten, wieder zu schlagen. Das Gemurmel der Stimmen schien immer lauter zu werden, und ohne Vorwarnung wuchs es zu einem furchterregenden Crescendo. Das Haus hatte keine Fenster. Normalerweise war die Tür verriegelt, bis sie jeden Morgen von einem Wachposten geöffnet wurde. Obwohl er keine Hoffnung hatte, sie öffnen zu können, war Arnot überrascht, als die Tür seinem Gewicht nachgab.

Es war jedoch keine Überraschung, was ihm sofort die Kehle zuschnürte und den Mund austrocknete. Es war keine Überraschung, was sein Herz schneller schlagen ließ als je zuvor - es war der blanke Horror! Als sich die Tür öffnete, blendete ihn das Morgenlicht für eine oder zwei Sekunden. Dann sah er sie, und im selben Augenblick verschwand der Lärm der Menge, der das Haus umgab. Da war ein verdutztes Schweigen, und als Arnot blinzelte und auf die grotesken Kreaturen starrte, die vor ihm standen, fiel es ihm schwer, ein Stöhnen des Entsetzens zu unterdrücken.

Im Halbkreis um die Tür stehend, wegen seines offensichtlichen Erschreckens abscheulich grinsend, nackt bis auf das Tuch, das die Leistengegend bedeckte, die schweißigen Körper mit roten und weißen Streifen und Kreisen bemalt, waren dort fünf Krieger. In der Hand eines jeden Mannes befand sich eine Axt, die von Blut tropfte. Als Arnot durch die Tür wankte, hielt man die greulichen Waffen in seine Richtung. Am Boden lagen fünf Menschenköpfe. Offenbar waren sie erst kurz zuvor abgetrennt worden. Das Blut floß immer noch aus ihnen heraus und bildete eine Pfütze, in welcher die Füße der Krieger standen.

Einer der Männer des Stammes ging auf Arnot zu, als dieser zurück ins Haus lief.

# KAPITEL IX

## *Bunkeya*

Mushidi Saidi Maria-Segunda Victoria, der König von Bunkeya, der Löwe aller Löwen, der Beschützer von den BaGarenganze, träumte beunruhigend von Menschen und Ereignissen. Seit einiger Zeit gab es Störenfriede, wenn nicht sogar Rebellion in seinem Königreich. Leute, die er für Freunde hielt, suchten wieder Weideland. Es gab nur wenige, denen er noch trauen konnte. Es gab Revolten in seiner Armee, der Rugaruga; und obwohl er von seinen Leuten immer noch Ehrerbietung erhielt, wußte er, daß seine Popularität geringer wurde.

46 Jahre lang war er der alleinige Herrscher. Sein Wort wurde nie in Frage gestellt, auch nicht sein Recht, göttlicher Herrscher zu sein wie die frühen Könige von England. In dieser Zeit hatte er sein riesiges Land mit harter Gerechtigkeit und strenger Disziplin organisiert und regiert, wie es nur selten in Afrika zu finden ist. Man hatte ihn gefürchtet und fürchtete ihn zu einem gewissen Grad noch heute. Sein Jähzorn, die Barbareien, die er verübte, und seine Eigenheiten, wie zum Beispiel der Wunsch des Herrschers, eine weiße Frau in seinem Harem zu haben, waren legendär. Er badete sich in der Herrlichkeit seines königlichen Daseins, genoß den Ruf, ein Vertreter roher Grausamkeit zu sein, und hatte sich an seinem angeborenen Sinn für Macht und Herrschaft geweidet.

Mit den BaSanga fing der Ärger an. Sie hatten seine Karawanen überfallen, seine Armeen angegriffen, seine Ernte verbrannt, Attentate auf seine Ältesten verübt und sogar seinen eigenen Tod geplant. Danach verminderten sich die Lieferungen an Schießpulver aus dem Osten derart, daß er nicht mehr imstande war, einen vollen Vergeltungsschlag auszuüben. Das wurde schnell in anderen Stämmen bekannt, die unter seiner Herrschaft standen. Obwohl diese nicht den BaSanga in offener Revolte folgten, gab es doch ein Nachlassen der Abgaben und Gehorsamsverweigerung.

Von den Ältesten auf den Regierungssitzen gab es nur wenige, die er nicht verachtete. Voll von Aberglauben, eifrig bemüht, ihr eigenes Schäfchen ins trockene zu bringen, und alle nach dem Charakter des Judas, Verrat und Heuchelei - das waren die sie leitenden Prinzipien. Doch der König Mushidi war ihnen überlegen. Er kannte jeden Gedanken, der ihre verbogenen Hirne passierte, kannte jede ihrer Bewegungen. Er hörte sie jammern, beobachtete sie, wenn sie ihre Loyalität bekundeten. Er war ganz Ohr, wenn sie ihn berieten, tat so, als ob er es ernsthaft bedenken würde, und faßte schließlich seinen eigenen Entschluß. Er war immer noch der König. Seine Macht, jedenfalls innerhalb der Hauptstadt und der unmittelbar angrenzenden Gebiete, war bis jetzt unumstritten. Die Ältesten wußten das, und Mushidi war sich sehr wohl sicher, daß sie niemals wagen würden, seinem Willen zu widerstehen.

Der große afrikanische König plazierte seinen riesigen, schwerfälligen Körper in den neuen amerikanischen Schaukelstuhl. Dieser war eines der Geschenke, die ihm Fred Arnot bei der Ankunft im Land Garenganze gesandt hatte. Er wurde in den Vorhof des Palasts gesetzt. Vor ihm standen zwanzig seiner Ältesten und Ratgeber. Sofort fingen sie alle an zu reden und beschwerten sich über die Ankunft des Missionars. Die Vorzeichen seien falsch gewesen, schrien sie. Den Missionar solle man töten oder zurückjagen in Richtung Westen. Er sei unter dem Deckmantel eines heiligen Mannes gekommen, um dem Mushidi das Land zu stehlen. Er sei ein Hexer, dessen Worte nicht überzeugten und der böse Absichten habe. Sie setzten ihre Tiraden gegen Arnot fort und schätzten sogar die Wirksamkeit ihrer eigenen Zauberkraft gering, die man benutzte, um die Gesinnung des Missionars festzustellen.

Doch Mushidi hörte ihnen nicht zu. Er dachte an den Traum, den er letzte Nacht gehabt hatte. Im Schlaf sah er eine Kuh, die ein gräßliches Kalb zur Welt brachte. Als es sich der Mutter näherte, um zu saugen, zeigte es seine riesigen Zähne an Ober- und Unterkiefer und hatte mit einem kräftigen Schnappen ihr ganzes Euter abgebissen. Für Mushidi konnte das nur eines bedeuten: Er war das Muttertier, das seine Leute säugte. Irgend jemand, vielleicht sogar einer aus seinem eigenen Haus, war das Kalb, und der Biß sollte für ihn tödlich werden. Da waren noch andere Träume, viele von der Sorte, und alle hatten denselben furchterregenden Aspekt. Die drohende Rebellion, der Verrat am Hof, die Vorschläge der Araber aus Sansibar, ihm bei der Regierung seines Landes zu "helfen", - all diese Probleme gingen ihm durch den Kopf, als die Ältesten des Staates protestierten.

Er ließ seinen großen Kopf mit der vorstehenden Stirn auf der Lehne des Sessels ruhen. Seine kleinen, dunklen Augen starrten in den Himmel über ihm, und die Löcher seiner platten, untersetzten Nase atmeten tief. Als er seine dicken, schwarzen Lippen spitzte, erschienen Falten der Grausamkeit und der Altersschlaffheit, die sich in seinen kurzen, grauen Bart gruben, der sein Kinn verzierte. Man sagte, er würde zwei Köpfe in einem tragen. Mit Sicherheit war der Kopf der hervorstechendste Teil seines Körpers. Er war so groß, daß er seine Schultern zwergenhaft erscheinen ließ. Vom Gipfel, der sich zu einer deutlichen Beule erhob, hingen lange Zöpfe aus schmutzigem, verfilztem Haar. Jede Troddel war mit üblem Tierfett überzogen, was einen höchst unangenehmen Geruch verströmte. Plötzlich nahm er das Geschwatze in seinem Hof vor ihm wahr: kleine Männer, jeder von ihnen nörglerisch, schmal und egoistisch. Wenn er nicht wäre, dann wären diese immer noch Häuptlinge über kleine Dörfer. Es war sein Wohlwollen, seine Großmut, die diesen elenden Hyänensöhnen die Existenz gestattete; und schon versuchten sie, gute Ratschläge zu geben, sogenannte Worte der Weisheit anbietend, und waren dreist genug zu erwarten, daß er ihnen zuhörte. Natürlich setzten sie alles dran, ihn gegen den Missionar aufzuhetzen, der jetzt sein Wohlwollen erwartete. Hatten sie sich nicht gegen seine Aktion ausgesprochen, Gesandte gen Westen zu schicken, um nach weißen Händlern Ausschau zu halten? In dieser Angelegenheit gab es Gemurmel von Unverständnis; jedoch war die Opposition nur halbherzig. Sie kläfften wie Schakale gegen das Gebrüll eines Löwen. Wie erwartet, hatten sie sich seinem Willen ergeben, und sie würden dies auch wieder tun. Sie würden so weitermachen, vorausgesetzt, seine Träume blieben nichts als Träume ...

Das galt auch für seine sogenannte Freundschaft mit den Arabern. Dieses Bündnis, so geschmacklos es ihm auch erschien, war eine Vorsorge gegen den gegenwärtig so unsicheren Zustand des Landes. Mit den Arabern kam der Handel, seine Sklavenmärkte florierten sicher, und obwohl die Lieferung gegenwärtig vermindert war, bedeutete dies, daß wenigstens ein paar Krümel Schießpulver ihren Weg zu seinem Arsenal finden würden. Als er zuerst von Frederick Arnots Ankunft in Garenganze hörte, war er unsicher darüber, wie er reagieren sollte. Sollte er die Rugaruga gegen die Expedition des Weißen Mannes schicken? Sollte er sie schleunigst zurück gen Westen schicken oder sie sogar gefangen nehmen und nach Bunkeya bringen, um beispielhaft mit solcher Dreistigkeit abzurechnen? Für einen Augenblick lächelte er und stellte sich den Kopf eines weißen Missionars vor, der einen Spieß im königlichen Hof verzierte. Das würde sich gut als Warnung für die portugiesischen Händler eignen, die er, so hoffte er, zwingen wollte, sich in der Hauptstadt niederzulassen. Wenn sie den Kopf des Missionars sahen, dachte er, würde ihnen klar sein, daß sie sich jeder Laune und jedem Willen seinerseits zu beugen hätten. Aber was würde er tun, wenn seine Versuche, Portugiesen ins Land zu bekommen, scheiterten? Wenn er den Missionar töten würde, hätte er überhaupt niemanden. Es ist besser, so sagte er sich, die Gelegenheit zu nutzen und den Weißen Mann auszuprobieren, als vorschnell zu handeln und überhaupt keinen Weißen in Bunkeya zu haben. Auf jeden Fall war es denkbar, daß der Missionar, der nicht mit dem Ziel des persönlichen Gewinns nach Garenganze gekommen war, ein besserer Verbündeter sein würde, als jeder andere Händler, der offensichtlich beabsichtigte, schnell reich zu werden. Der Missionar war ein Engländer, und obwohl er noch niemanden von dieser Nationalität getroffen hatte, war er ziemlich sicher, daß man ihm trauen konnte. Lange bevor seine Ältesten und Berater zu überlegen und zu streiten begannen und auf Zauberkraft zurückgriffen, hatte sich Mushidi schon fest entschlossen, daß Arnot am Leben bleiben und spüren sollte, daß er in Bunkeya willkommen ist. In diesem Beschluß lag kein Funken Wohlwollen. Es war bloßer Eigennutz. Früher sagte man, daß Mushidi sich nahm, was er wollte. Er wünschte sich dringend einen Weißen Mann als Verbündeten. Trotz schlechter Träume, Intrigen und Verrat war Mushidi immer noch der König!

Ohne Vorwarnung hievte sich Mushidi aus dem Sessel heraus und stand vor dem Kreis der Ältesten, deren Chor kläglicher Stimmen schließlich zum Schweigen abflaute. Der König war in ein langes, hängendes Gewand aus rotem Stoff gekleidet, über dem er eine Brokatweste trug. Von einem dicken Ledergürtel mit einer riesigen Metallschnalle hing ein großer Dolch herunter, umschlossen von einer mit Juwelen besetzten Lasche. Obwohl der doppelt gekrönte Kopf und das scharfsinnige, fast listige Gesicht ihm ein beinahe groteskes Aussehen verlieh, war Würde und Weisheit in seinem Auftreten.

Seine Augen wurden schmal, als er sprach. "Ihr quakenden Kröten, deren Zungen länger sind als die Gedanken, die aus euren dummen Köpfen kommen, hört zu, und redet nicht mehr! Seit Sonnenaufgang sitzt ihr hier und macht erbärmlichen Lärm, und von euren Lippen kommt nur nichtssagendes Zeug. Geht in eure Häuser, und redet mit euren Frauen, denn sie sind die einzigen, die euch zuhören sollten. In der Sache des weißen Missionars, der heute nach Bunkeya kommt, habe ich bereits entschieden. Er ist willkommen zu heißen; er soll euer Lächeln und eure Lobesworte erhalten. Laßt niemanden Hand an ihn legen. Falls er wünscht, hier zu bleiben, soll ihm Land gegeben werden, und die Leute sollen ihm helfen, sein Haus zu bauen."

Die Ältesten zuckten zusammen bei den Worten ihres Königs. Als er so gesprochen hatte, wandten sie ihre Blicke von ihm ab und schauten schnell einander an. Einer fragte den andern durch einen raschen Blick, ob er wohl derjenige sein würde, den Worten des Herrschers zu widerstehen, doch niemand wagte, die Gedanken des andern zu bestätigen.

Dann kroch Muhembe, der oberste Ratgeber, auf Händen und Knien zu seinem Herrn. Mushidis Lippen rollten sich wütend, als der alte Mann seine Füße zu küssen versuchte. Nach dieser traditionellen Begrüßung fing Muhembe zu reden an. "Licht des Himmels, o Löwe aller Löwen, wir hören deine Worte und gehorchen, doch flehen wir dich an, dich vor diesem Weißen Mann zu hüten, der gekommen ist, uns die Worte seines Gottes zu bringen. Warum sollte er uns nur Worte bringen wollen? Wir trauen diesen Weißen nicht, besonders jenen nicht, die uns glauben machen wollen, daß sie keine Gegenleistung für ihren Besuch wollen. Und dieser hier ist klug. Er trotzte dem Geist des Geflügels. Selbst bei den frisch abgetrennten Köpfen ..."

Mushidi schnitt Muhembe das Wort ab. Er schaute herab zu dem Ältesten, der nun zu seinen Füßen katzbuckelte. Das Gesicht des Königs zeigte eine Maske des Zorns.

"Frisch abgetrennte Köpfe? Was höre ich da?", schrie Mushidi, "Was für frisch abgetrennte Köpfe? Wer gab die Genehmigung zur Zeremonie der frisch abgetrennten Köpfe? Redet, ihr Schakale, oder die Zunge wird euch aus dem elenden Maul gerissen. Sprecht, sage ich! Sprecht und sagt mir, wer die Handlung mit den Köpfen erlaubte. War ich es? Nein! Deshalb, Kot eines Dorfhundes, sprecht!"

"Das ... das ... das war ich, der gesagt hatte, daß die Zeremonie stattfinden sollte", anwortete Muhembe kaum hörbar. "D... da waren solche nutzlosen BaSanga-Sklaven, die du zum Tode verurteilt hattest, und ich dachte, es sei richtig, ihre dreckigen, dummen Köpfe zum Zweck der Reinigung des weißen Missionars zu benutzen. ... Ich ... ich ... dachte, du wärst damit einverstanden, daß das gemacht wird, aber ..."

"Aber was? Nein, du darfst nicht weiter sprechen. Geh mir aus den Augen, geh, ihr alle, geht weg, geht weg!" Mushidi zitterte vor Zorn, ballte die Fäuste, und Schweiß lief von seinem häßlichen Gesicht herunter.

Der Kreis der Ältesten zerstreute sich nach seinem Befehl, und sie flohen vom Hof in alle Richtungen. Nur Muhembe blieb übrig, am Boden kauernd. Der König atmete tief, und binnen weniger Sekunden schlug er den alten Mann mitten ins Gesicht. Der Schlag traf den knienden Ältesten so, daß er ausgestreckt zu den Füßen Mushidis lag. "Du Dreck menschlicher Ausscheidungen", knurrte der König, "hör zu, und gehorche zwei Befehlen. Geh dorthin, wo man den Missionar einquartiert hat, und laß ihn hierher zu mir bringen, und zwar zu der Zeit, wenn die Sonne sich den Hügelspitzen nähert. Geh, du Hund!"

"Du ... du sagtest, es seien zwei Befehle, o großer und weiser König. Was soll ich außerdem für dich tun, um dich in deiner unendlichen Güte zu erfreuen?"

Als Muhembe sprach, verschwand der Zorn aus Mushidis Gesicht. An seine Stelle trat ein teuflisches Lächeln. "Ja, Muhembe", zischte der König, "ich hätte ihn beinahe vergessen, meinen zweiten Befehl. Wenn du den Weißen Mann herzitiert hast, wirst du dich zum Henker begeben, damit dein Kopf für das nächste Mal aufgehoben wird, wenn eine Reinigungszeremonie notwendig wird."

Damit wandte sich Mushidi vom bedauernswerten Muhembe ab und schritt zu den Gebäuden, die seinen Palast darstellten.

Der erste Stammesälteste stand an der Türschwelle und gab Arnot ein Zeichen, ihn zu begleiten. Zuerst dachte der Missionar daran, sich zu weigern, das Haus zu verlassen, doch dann beschloß er, sich auf das Schlimmste gefaßt zu machen, und folgte dem Einheimischen.

Als er herauskam, sah er, daß die anderen Krieger sich in die vordersten Reihen der Menschenmenge stellten, die ein

Viereck gebildet hatten. Die Köpfe waren von der Tür weggebracht worden und steckten nun auf Spießen, die der Reihe nach in der Mitte des Quadrats in den Boden gesteckt waren. Arnot schauderte, als er sah, daß der Krieger ihn dorthin führte.

Er bemerkte auch mit beträchtlicher Angst, daß seine Träger und die anderen Mitglieder der Expedition einschließlich Setobe bereits auf dem Boden saßen und von anderen Stammesmännern umgeben waren, die ihre Speere bereithielten.

Nachdem man Arnot nahe an die abgetrennten Köpfe herangebracht hatte, wurde ihm befohlen, er solle sich auf den Boden setzen. Es war kein Gemurmel in der Menge, plötzlich jedoch erklang von hinten ein einsames Trommelschlagen. Dann machte ein Teil der Menge Platz, um eine hutzelige, zahnlose, alte Frau vorbeizulassen, so daß sie in das Quadrat eintreten konnte. Ihr folgte ein älterer Mann.

Die Neuankömmlinge näherten sich gemeinsam den Köpfen. Der Trommelschlag wurde schneller, die Menge fing an zu singen. Dann sah Arnot zu seinem Entsetzen, wie die alte Frau eine kleine Flaschenkürbisschale von ihrem Lendentuch zog und diese unter die noch immer tropfenden Halsstümpfe der Köpfe auf den Spießen hielt. Als sie die Schüssel hielt, streichelte der alte Mann die Hälse und preßte sie vorsichtig, so daß das Blut besser herauslief und sich in dem Behälter sammeln konnte. Als der Kürbis beinahe randvoll war, drehte sich das Paar zum Missionar um und näherte sich ihm mit langsamen Schritten, während sie zum Klang des Gesangs und der Trommel wippten. Bevor Arnot sich bewegen konnte, fühlte er die Last von zwei schweren Händen auf seinen Schultern, die ihn zu Boden drückten.

Der alte Mann nahm die Schüssel mit dem Blut von der Frau, als sie über Arnot standen. Sofort hörte der Gesang auf, jedoch kamen noch ein paar Trommeln zu der einen hinzu, die bereits erklang. Der Schlag war jetzt schnell und drängend. Die alte Frau schien ihr Alter zu verlieren, als sie anfing, ihren Körper im Takt der Trommeln zu krümmen. Aus ihrer Schürze formte sie einen kleinen Lappen. Damit berührte sie Arnots Körper - zuerst seine Füße, dann die Beine und die Oberschenkel und schließlich sein Gesicht. Nachdem sie siebenmal um ihn herumgelaufen war und jedesmal mit dem Tuch seinen Körper berührt hatte, wandte sie sich an ihren Kameraden. Während die Trommeln immer noch einen wilden, aufdringlichen Klang abgaben, hielt der alte Mann, dessen Name Muhembe war, die Schüssel mit dem Blut hin.

Dann tauchte die alte Hexe ihre Hand in den Kürbis und fing an, mit einer geschickten Bewegung Arnots gekrümmten Körper zu besprengen. Nun lief ihr Schweiß herunter. Das Getrommel ging weiter im selben unerträglichen Takt und hämmerte in Arnots Kopf. Er spürte das nasse Blut, wie es auf seine Arme und Hände spritzte, und erschrak entsetzlich, als er sah, wie die alte Frau ihre beiden Daumen in die Schüssel hielt und sich über sein Gesicht beugte. Die dicke rot-schwarze Flüssigkeit tropfte auf seine Brust. Als die Daumen seine Wangen und den Mund berührten, schloß er die Augen und betete.

Der Ochse, den Arnot ritt, plagte sich ab am Rand der grossen Ebene entlang. Auf beiden Seiten standen große felsige Hügel. Im Norden dehnte sich das dicht besiedelte Tal so weit aus, wie das Auge sehen konnte, nämlich bis dahin, wo sich die Flüsse Lukuruwe und Lufira vereinigten. Im Süden, die Richtung, wo man Arnot und seine Leute hinbrachte, hob sich der Hügel mit den zwei Spitzen, um den herum Mushidis Hauptstadt lag, gegen den stark bewölkten Himmel ab.

Gelegentlich pflegte der Missionar sich umzudrehen und auf die lange Schlange seiner Träger und auf sein Gefolge zu schauen. Die Art und Weise, wie sich diese Männer seit der langen, zermürbenden Reise von Bihe um ihn kümmerten, konnte er nur bewundern. Jetzt sahen sie ängstlich aus. Zum ersten Mal, seit sie den Westen verließen, sangen sie nicht, als sie auf das Ende eines langen Tagesmarsches zugingen. Sie lachten weder, noch unterhielten sie sich. Oft richteten sie die Blicke auf die Krieger, die mit ihren langen Kampfspeeren an der Flanke marschierten. Arnot wußte, daß seine Männer das Entsetzen packte bei dem Gedanken, daß sie sich Bunkeya und dem furchteinflößenden Mushidi näherten. Er beschloß, die Leute so bald wie möglich in ihre Heimat nach Bihe zurückzuschicken. Es war klar, daß sie niemals bei ihm in Garenganze bleiben würden.

Dann war da noch Setobe; ein lieber, treuer Diener war er. Er schaute zu ihm hinüber. Der Mulozi lief an der Seite des Ochsen, während seine Hand auf dem Hals des Tieres ruhte. Es war kaum zu glauben, dachte Arnot, daß Setobe noch vor ein paar Jahren ein hartherziger Mulozi-Krieger war, mürrisch und nur seinem Kriegsgott treu ergeben. Mit den Jahren ist er mit sich selbst ins reine gekommen. Er lernte, seine Mitmenschen zu lieben, und er fand einen neuen Lebenssinn. Nie wieder wollte er töten und den Krieg verherrlichen. In Setobe war eine Gelassenheit, eine tiefe Ruhe, und dies erfüllte Frederick Arnot mit großer Bewunderung. Jedoch, typisch für einen Missionar, sah er, während er Setobe analysierte, nur den Afrikaner, der durch den Willen Gottes ein neues Leben gefunden hatte. Er hatte ein zu demütiges Herz, er verleugnete sich selbst viel zu sehr, als das er im entferntesten eine Ahnung davon hatte, was mit Setobe tatsächlich geschehen war. In Wirklichkeit war es seine eigene großzügige und gutherzige Persönlichkeit, die auf Setobe eine tiefe Wirkung hatte. Der Charakter des Missionars und sein Einfluß zog weite Kreise. In Arnots Sicht konnte man die Umwandlung als eine Folge des Gebets und des Willens Gottes zusammenfassen. Aber zwischen beidem, obwohl er sich das selber nicht eingestehen wollte, gab es etwas, was ein wenig irdischer, ein klein wenig natürlicher war.

Während Arnot auf Setobe blickte, schoß ihm der Gedanke durch den Kopf, daß der Mulozi vielleicht zusammen mit den Trägern aus Bihe zurückkehren und wieder in sein Barotse-Tal gehen möchte. Er ahnte wohl kaum, daß Setobe, der neben dem Ochsen herlief, die gleichen Gedanken hatte. Doch fragte sich der Mulozi, wie er den "Monare" davon überzeugen konnte, daß er, Setobe, unersetzlich war, und daß er, auch wenn man ihn nicht bezahlen würde, sich so lange in Bunkeya aufhalten wollte, wie auch der Monare selbst zu bleiben beabsichtigte!

Und so ging die Expedition, begleitet von Mushidis Rugaruga-Wachposten, ihren Weg entlang der Großen Ebene, die als *Mukurru oa Unkeya* bekannt war. Dieser Pfad brachte sie näher zu dem Dorf hin, das sie schon vorher aus der Ferne gesehen hatten. Als sie sich näherten, strömten Männer, Frauen und Kinder aus den Toren des Lattenzauns, um sie vorbeimarschieren zu sehen. Beim Anblick des Missionars sang eine Frau einen Willkommensgruß. Hohe, schrille Töne echoten die Ebene hinunter, als die Dorfbewohner einer Siedlung den Gruß einer anderen übernommen hatten. Die Menschenreihe setzte ihren Weg zur Hauptstadt fort, während ihnen Hunderte von Frauen und Kindern folgten, die alle in die Hände klatschten und jauchzten. Der König hatte verlangt, daß der Weiße Mann eine Begrüßung bekommen sollte, und die

Dorfbewohner wollten sichergehen, daß sie auch nicht anschließend wegen Ungehorsams Besuch von den Rugaruga bekommen würden.

Je weiter Arnot und seine Kolonne vorankamen, desto lauter wurde das Singen und Jauchzen, und noch ehe sie die umliegenden Dörfer der Zitadelle erreichten, war der Missionar taub vom Lärm um ihn herum. An dieser Stelle fiel ihm auf, daß die Zäune eines jeden Dorfs, das sie passierten, mit menschlichen Schädeln dekoriert waren. Diese sonnengebleichten Köpfe, grell und weiß leuchtend, schimmerten in der frühen Nachmittagshitze. Arnot war entsetzt über diesen makaberen Anblick und wandte seinen Blick schnell ab. Doch als er das tat, sah er zu seinem Schrecken noch etwas viel Furchtbareres. Weiter weg von den Zäunen, aus denen die Schädel ihre dauernde Warnung herausgrinsten, waren frisch zerhackte Gliedmaßen und menschliche Eingeweide zur Schau gestellt.

Der Missionar wandte sich wieder seinen Trägern und anderen Dienern zu, die hinter ihm liefen. Er wollte ihnen versichern, daß trotz all dem, was sie sahen, sie nicht um ihre Sicherheit fürchten müßten. Er konnte es ihnen ansehen, daß sie sehr erschrocken waren. Sie hatten ihre Reihen geschlossen. Die Augen weit vor Angst, trauten sie sich kaum, irgendwo anders hinzuschauen, als nur geradeaus in Richtung Bunkeya. Nicht einmal das Jauchzen und Singen der BaGarenganze, das die Expedition begleitete, konnte die Furcht der Träger mildern. Arnots Stimme konnte man in der Menge nicht hören, so blieb ihm nichts anderes übrig, als seinen Männern lediglich zuzulächeln. Dabei wünschte er sich leise, er würde etwas von dem Vertrauen vermitteln, das er versuchte auszustrahlen.

Sie ließen die ersten Häuserreihen der Dörfer hinter sich, und es war beinahe eine Erleichterung, die schmalen Streifen von Grasland und Büschen zu durchqueren, die ungefähr 800 m breit waren und die Dörfer von der eigentlichen Hauptstadt abtrennten. Sie waren erst ein kleines Stück in dieses Gebiet gezogen, da bemerkte Arnot, daß die Luft nicht nur feucht und naß war wie anderswo im Tal, sondern auch schwer vom üblen süßlichen Geruch nach Leichen und verwesendem Fleisch. Der Gestank war überall und derart penetrant, daß Arnot ein Taschentuch vor Nase und Mund halten mußte. Einer der Rugaruga-Wachen lief neben dem Ochsen her und erklärte, daß die Gegend, die sie gerade durchzogen, für die Körper der Sklaven und Kriminellen, die in Bunkeya hingerichtet wurden, reserviert wurde. Sie würden nicht begraben, sagte er, denn sie hätten dieses Vorrecht nicht verdient und außerdem, wenn ihre Körper schon zu Lebzeiten nutzlos waren, dann würden sie wenigstens im Tod den Hyänen und Geiern als Nahrung dienen. Der Wachposten lächelte nur und zuckte mit den Schultern bei Arnots sichtbarem Ausdruck von Ekel.

Ihr Einzug in das eigentliche Gelände von Bunkeya hätte eine Szene aus einem alten arabischen Geschichtsbuch sein können. Als sie die Stadt erreichten, blieben die Dorfbewohner, die ihnen auf den letzten vier oder fünf Kilometern gefolgt waren, zurück. Es war klar, daß sie, nachdem sie ihre Pflicht getan hatten, nicht etwa den Zorn der Rugaruga heraufbeschwören wollten, indem sie die königliche Hauptstraße blockierten. Sie riefen ihre letzten Begrüßungen aus, beendeten ihren Gesang und ihr schrilles Pfeifen und winkten Arnot und seiner Gefolgschaft nur noch schweigend zum Abschied.

Bald erreichten der Missionar und seine Trägerkolonne die Hauptstraße, und sofort bot sich ihnen ein Anblick von Aktivität, farbenfrohem, weltoffenem Leben, wovon der Missionar nicht in seinen kühnsten Träumen geglaubt hätte, daß es so etwas in Zentralafrika gibt. Es war, als ob die Zeit ihn eingeholt hätte und er selbst eine Gestalt aus Tausendundeiner Nacht sei. Die Straße war voller Menschen aus allen Nationen Afrikas. Da gab es gutaussehende Araber, in flatternde, weiße Gewänder gekleidet, pechschwarze Nubier aus dem Norden, lachende Swahili-Händler aus dem Osten, streng aussehende Fischer von den Seen. Unter die sichtbaren Ausländer mischten sich Leute aus den benachbarten Gegenden, nämlich die BaLunda, BaTonga, BaLamba, Wanyamwezi und viele andere. Hier und da ein Mulatte mit gönnerhaftem Verhalten der Überlegenheit, der sich herabließ, mit einem Händler oder einem Wasserträger zu sprechen ...

Die melodiösen Rufe verschiedener Stadthändler, das Geschrei in höchsten Tönen von den konkurrierenden Ladenbesitzern, die weinerlichen Stimmen der Straßenbettler und der allgemein verworrene Klang verschiedener Sprachen aus vielen Ländern verlieh dieser östlich anmutenden Szene mehr als einen Hauch von Realität. So vertieft waren sie in ihre

Geschäftswelt, daß außer einem interessierten Blick, einem kurzen Wort zum Nebenmann, einem Lächeln, einem Winken die Beachtung des Weißen Mannes auf dem Weg zum König keineswegs groß war. Die Hauptstraße war nicht nur wegen den verschiedensten Kleidungsstücken der Bevölkerung so farbenprächtig, sondern auch durch die Geschäfte, Märkte und Basare. Die an der Frontseite offenen Läden glitzerten im Nachmittagslicht. Die Waren der Silberschmiede glänzten wie tausend Spiegel. Weber aus Sansibar zeigten einen Wandbehang von leuchtender Pracht mit ihren Tüchern und Teppichen in vielen Schattierungen. Die Kupferschmiede, Schuhmacher, Gewürz- und Kräuterhändler, Fisch- und Obstverkäufer - sie alle waren Teil dieses lebendigen, zentralafrikanischen Treibens. Nicht weit entfernt aus den Nebenstraßen, Wegen und aus den verwahrlosten, strohbedeckten Häusern ertönte das leise Geräusch indischer Pfeifen, Tamburine und Trommeln. Gelegentlich hörte man Frauenstimmen, Gelächter, Schimpfen, Gekicher. Junge Mädchen, nackt bis auf die Hüften, ihre straffen schwarzen Körper wie von Ebenholz, ihre Hälse und Arme verziert mit Gold- und Kupferketten, rühmten sich lärmend und stolz ihrer Waren. Schwer verschleierte Moslemfrauen eilten von einem Laden zum andern und blinzelten jedem Mann zu, der einen Blick von ihnen erhaschte.

Nach einer Weile wurden die Pracht des Basars, die bunten Farben und der fröhliche Lärm zu einem bloßen Hintergrund für eine eher düstere Szene. Arnot schritt jetzt durch die Sklavenmärkte, und es war nicht das erste Mal, seit er das Barotseland verließ, daß er wegen dieser Geißel Zentralafrikas entsetzt war. An einer der größeren Verkaufsflächen ließ er die Kolonne anhalten, und trotz Protests der begleitenden Wachen brachte er eine Weile damit zu, die Vorgänge zu beobachten. Er sah Araber, die Männer kauften für zehn Meter Kaliko; und zwölf bis sechzehn Meter bezahlten sie für Frauen und kleine Jungen. Er erfuhr von der Menge, daß erwachsene Männer deshalb nicht so viel wert seien, da sie unbezähmbar waren und leicht entkommen konnten. Die mitleiderregenden Elendsgestalten, die hier verkauft wurden, waren Gefangenenbeute aus den Überfällen der Rugaruga. Es waren Dorfbewohner, die ihren Tribut an den König zu zahlen vernachlässigten, kleine Sünder, deren geringe Vergehen die Todesstrafe oder Verstümmelung nicht rechtfertigten.

Nachdem der Kauf besiegelt war, kamen gewöhnlich zwei oder drei Sansibaris, ergriffen den gekauften Mann, warfen ihn hin mit dem Gesicht auf den Boden, zerrten seine Hände auf den Rücken in höchst grausamer Weise und banden sie fest zusammen. Danach schlugen sie ihn seitlich am Kopf und befahlen dem Sklaven, der viel zu viel Angst hatte, um auch nur ein einziges Wort zu äußern, aufzustehen und ihnen voranzugehen. Man teilte Arnot mit, daß das Opfer später so lange mit dem Seil festgebunden liegen mußte, bis der "Zähmungsstock", den man an seinem Hals befestigte, angefertigt war. Der Stock hatte ein sehr hohes Gewicht; nachts, um Fluchtversuchen vorzubeugen, schloß man den Stock, der ein gabeliges Ende hatte, um den Hals des Sklaven, während man das andere Ende an den Ast eines Baumes oder am niedrigen Dach eines Hauses befestigte. Der Stock war mit dem Baum oder Dach in einer Höhe verbunden, die es dem Sklaven erlaubte, sich auf den Boden zu legen. Doch sobald er sich legte, wurde sein Hals in einer Art festen Umklammerung am Boden fixiert; seine Hände und Füße band man ebenfalls an einen Pfosten. Mit Frauen und Kindern machte man es ebenso.

Arnot konnte die Grausamkeiten kaum fassen, deren Augenzeuge er wurde. Obwohl er vor Wut zitterte, war er beunruhigt, als er merkte, daß er von Faszination ergriffen war. Er wandte sich schließlich ab und brach zum letzten Teil der Reise zum Palast auf, den er jetzt sehen konnte, wie er sich auf dem Gipfel des nahegelegenen Hügels erstreckte. Doch sollte er noch mehr von den Sklavenmärkten zu sehen bekommen. Auf beiden Seiten des Weges säumten Gruppen von Menschen die einzelnen Verkaufsstände. Araber und Swahili schrien ihre Preise, Sklavenhändler stritten sich, spöttische und unzüchtige Bemerkungen wurden den zusammengebundenen Mädchen zugerufen, die bis auf ihre zerlumpten Schürzen nackt waren. In einem Stand sah der Missionar, wie ein Händler einer Mutter ihr Kind entriß und es auf den Boden warf. Ein andermal pries ein fettleibiger Araber in feinen, mit Juwelen geschmückten Kleidern ein Sklavenmädchen und brüllte vulgär in die sich vergnügende Menge. Überall auf dem Markt war es so, und das Stöhnen der Sklaven, ihre mitleiderregenden, traurigen Augen prägten sich unauslöschlich in Arnots Gedächtnis. Wie auch bei anderen Gelegenheiten auf seinen Reisen in Zentralafrika, fühlte sich Arnot der großen Aufgabe, die vor ihm lag, nicht gewachsen. Es gab ja so viel zu tun. Es wurde ihm deutlicher denn je, daß er nach Garenganze geführt worden und daß hier der Ort war, wo er seine Mission errichten sollte. Vielleicht würde das länger dauern, als ihm Lebensjahre zur Verfügung standen, um dieses Ziel zu erreichen. Aber vielleicht konnte er wenigstens anfangen und für andere den Weg ebnen; dann wäre seine Reise nicht umsonst gewesen. Doch eines war sicher: Er brauchte nicht länger nach einem Betätigungsfeld zu suchen. Hier in all diesem barbarischen Glanz und der Entartung lag der Sinn für seinen Aufenthalt in Afrika. Hier würde er an der Stelle anfangen können, wo Livingstone aufgehört hatte.

Am Eingang der Umzäunung des Palasthofs stieg Arnot vom Ochsen herunter. Seine Träger legten die Lasten auf den Boden und, ohne zu murren, kauerten sie sich dahinter. Die Eskorte stellte sich rechts und links neben den Missionar, und binnen weniger Sekunden wurde bekanntgegeben, daß der König bereit sei, seine Gäste zu empfangen. Mit einer gewissen Aufregung schritt Arnot vorwärts zum Eingang. Verglichen mit der Federpracht, mit den Farben und Leopardenhäuten der Rugaruga-Hauptmänner stellte er eine hilflose und einsame Figur dar mit seinen zerknitterten Khaki-Hosen, dem Hemd mit dem offenen Kragen und dem Sonnentropenhelm.

Sobald er seinen Fuß in das Innere der Umzäunung setzte, begrüßte ihn eine Welle von Trommelschlägen. Dann sah er, daß der Hofstaat von Garenganze ihn erwartete. Der König war sogar auf eine Entfernung von mehreren hundert Metern unschwer zu erkennen. Mit einem langen, weißen Gewand mit glänzender, roter Schärpe in römischem Stil gekleidet und mit Dolch und Hirschfänger um die Hüften, erhob sich Muschidi von seinem Thron, als er Arnot sah. Hinter ihm standen mehrere hundert Frauen aller Altersgruppen, von jungen Mädchen bis zu älteren Frauen. Diese stellten eine repräsentative Sammlung seiner fünfhundert Ehefrauen dar. Auf beiden Seiten der Frauen standen in einem riesigen Halbkreis quer über den Hof die Ältesten, die Staatsbeamten und andere Funktionäre des Reiches. In Abständen von drei Metern am äußeren Rand des Hofes standen die königlichen Wachen, geschmückt mit all ihren Königsinsignien von Straußenfedern und Tierhäuten. Die meisten Frauen waren nackt bis auf die Hüften, doch ihre Arme und Hälse waren mit Ringen und Ketten bedeckt. Die Höflinge, die auf dem Boden saßen, trugen Kleidung in den verschiedensten Farben, und je nach Rang trugen sie Kennzeichen ihrer Würde aus dicken Elfenbeinamuletten. Unter dem Thron ausgestreckt, mit seinem Schwanz nach außen zeigend, lag das Fell eines riesigen Löwen mit schwarzer Mähne. Nur der König durfte solch eine Matte besitzen, und es bedeutete für jeden überall in Garenganze den Tod, wenn er das Fell eines Löwen aufbewahrte.

Arnots Eskorte hielt plötzlich an und winkte ihm, sich dem König zu nähern, der jetzt auf ihn zuging. Mushidi warf seine Arme um den Missionar und grüßte ihn überschwenglich in der Umbundu-Sprache, von der man ihm gesagt hatte, Arnot verstünde sie gut. Als der Weiße Mann und der König sich mit den Händen umfaßten, sang der ganze Hof einen Willkommensgruß und gab gleichzeitig Arnot eine königliche Begrüßung durch langsames Händeklatschen.

Einige Minuten später wurde Arnot vor den König gesetzt, der zu seinem Thron zurückgegangen war. Die königlichen Ehefrauen hatte man abtreten lassen, und nur die Ältesten und ein paar Wachen waren geblieben. Der Missionar war von der Haltung Mushidis sehr beeindruckt, doch konnte er nicht umhin, sich über die vielen unpassenden kleinen Spiegel und Scheren, die seine Brust schmückten, zu amüsieren. Sie standen in starkem Kontrast zu *Kilunga*, der großen Ormandemuschel, der Insignie seiner Hoheit, die er ebenfalls um den Hals trug.

Während er die ganze Zeit lächelte, erzählte Mushidi Arnot, wie sehr er sich gewünscht hatte, daß ein Weißer Mann, besonders ein Engländer, nach Bunkeya käme. Mit der Ankunft des Missionars habe sich sein größter Wunsch erfüllt.

"Sie werden natürlich wissen", sagte der König, "daß ich von eurer großen Königin von England einen Namen trage. Ich, Mushidi, habe nämlich auch den Namen Victoria. Außerdem habe ich noch den Namen Saidi, zu Ehren meines Freundes und Verbündeten gleichen Namens, des Sultans von Sansibar. Und ein weiterer Name gibt auch Maria, der Königin von Portugal die Ehre. Die Namen dieser großartigen Menschen passen zu mir."

Danach beteuerte Mushidi erneut Arnot, daß es sein größter Wunsch sei, wenn Arnot in Garenganze bliebe. Er betonte das so stark, daß der Missionar zunächst an der Aufrichtigkeit seiner Worte zweifelte. Es gab keine Anzeichen dafür, daß den König der Grund für Arnots Ankunft in Garenganze interessierte. Jedesmal, wenn Arnot versuchte, diesen Punkt anzusprechen, redete Mushidi dazwischen und wechselte das Thema. Bei einer Gelegenheit brachte Arnot die Arbeit von Livingstone ins Gespräch. Er wollte dem König gerade erzählen, daß er ebenfalls Gottes Wort predigen wollte, um den Menschen von Garenganze zu helfen.

"Ah, Livingstone", sagte Mushidi, "ich erinnere mich, gehört zu haben, daß er vom Osten sich näherte, und ich war sehr enttäuscht, daß er Bunkeya nicht erreicht hatte. Mir wurde gesagt, daß er in Chitambo starb. Das tut mir sehr leid."

"Ja, aber nun bin ich hier", antwortete Arnot, "auch wenn ich niemals so tüchtig sein kann wie Livingstone, möchte ..."

"Sie möchten für Mushidi und seinen Hof ein guter Freund sein. Ja, das merke ich, und sie werden es nicht bereuen. Allen meinen Leuten wurde gesagt, sie sollen Sie willkommen heißen in Garenganze."

"Aber Sie verstehen nicht, großer König, ich ..."

"Mushidi versteht alles. Nun, Sie müssen müde sein nach so einer langen Reise und danach hatten einige meiner dummen Berater Sie außerhalb der Stadt einquartiert. Deshalb werden wir jetzt nicht weiterreden. Man hat ein Haus für Sie hergerichtet, und andere stehen für Sie als Diener bereit. Wir treffen uns morgen wieder."

Nach diesem flüchtigen Abschied ging der König, immer noch lächelnd, gefolgt von seinen Beratern, hinüber zu den niedrigen Häusern, die ihm als Palast dienten. Einer der Rugaruga-Offiziere begleitete Arnot zum Hof hinaus und brachte ihn zu einer nahegelegenen Häusergruppe.

Der Missionar war verdutzt. Der großartige Empfang vom König, seine fast salbungsvolle, schmeichelhafte Art paßte nicht zu dem Pomp und den Zeremonien und der Macht um ihn herum. Warum wollte Mushidi so offensichtlich nicht über den Grund von Arnots Ankunft sprechen? Arnot sollte es morgen erfahren.

Der Bote kam früh am Morgen ins Haus. Er sagte, der König wünsche sofort mit Arnot zu sprechen.

Als er im Palast ankam, fand er den König auf der Veranda sitzend. Mushidi schickte den Diener sofort hinaus, der ihm Speise gebracht hatte, und winkte Arnot, sich vor ihn zu setzen.

"Laßt uns nun ganz ehrlich miteinander reden. Ich konnte das gestern nicht tun wegen der Dummköpfe an meinem Hof. Was wollen Sie hier?"

Arnot war überhaupt nicht vorbereitet auf diese direkte Frage Mushidis. Für einen Moment schwieg er, und als er seine Gedanken gesammelt hatte, antwortete er: "Bevor ich Ihre Frage beantworte, großer König, darf ich wissen, warum Sie es nicht wünschten, daß ich vor ihrem Hofstaat über diese Angelegenheit spreche?"

"Sie dürfen eines wissen, Weißer Mann. Ich bin derjenige, der die Fragen stellt, und sie sind derjenige, der antwortet. Nun, werden Sie mir jetzt sagen, warum Sie nach Bunkeya gekommen sind?"

Arnot seufzte. "Um Ihre Leuten das Wort meines Gottes zu lehren, ihnen in Krankheit zu helfen und deren Kinder zu unterrichten."

"Und welche Gegenleistung fordern Sie für diese Arbeit?"

"Nichts, überhaupt nichts".

"Sie reden wie ein Narr. Niemand hilft andern ohne Bezahlung "

"Falls meine Arbeit Erfolg hat, ist das Bezahlung genug."

"Gesetzt den Fall, Sie sprechen die Wahrheit, Weißer Mann, und angenommen, ich erlaube Ihnen zu bleiben und im Lauf der Zeit unter den Dorfbewohnern zu arbeiten und mit ihnen zu sprechen, wäre Ihre Dankbarkeit dann sehr groß?"

"Ja, auf jeden Fall, großer König."

"Wäre Ihre Dankbarkeit groß genug, um ... äh ... um ... um mich in den Angelegenheiten zu beraten, die mein Land betreffen?"

"Das hängt von der Art der Ratschläge ab, die Sie suchen, großer Mushidi. Falls Sie Hilfe brauchen, Ihr Land wohlhabend zu machen und Ihren Leuten zu helfen, ja, dann wäre ich bereit, Sie zu beraten."

"Mein Land ist bereits wohlhabend. Vielleicht ist es gerade das. Vielleicht ist es viel zu wohlhabend, weswegen ich einen Freund brauche, dem ich vertrauen kann. Weißer Mann, laßt uns nicht länger Worte darüber verlieren. Es sind schwere Zeiten für Garenganze und besonders für mich. Ich weiß jetzt, weshalb Sie gekommen sind. Ich bin bereit, Ihnen zu helfen, aber Sie müssen auch mir helfen."

Viele Gedanken schossen Arnot durch den Kopf. Das war ein entscheidendes Gespräch. Zweifellos, falls er die Hilfe verweigerte oder nur mehr Informationen verlangte, als für die Hilfe, die Mushidi wollte, notwendig waren, würde man ihm nicht erlauben zu bleiben. Er kam zu einem schnellen Entschluß. "Ich werde Ihnen helfen, wo immer es möglich ist, großer König."

Mushidi lächelte den Missionar verschmitzt an. "Ich dachte mir schon, daß Sie es vielleicht tun würden, Monare", sagte er, während er diesen Ausdruck des Respekts zum ersten Mal benutzte. "Da ist noch eine Sache", fügte der König hinzu. "Keiner von meinen sogenannten Hofberatern soll etwas über unsere Vereinbarung erfahren. Um zu gewährleisten, daß sie von nichts wissen, wird es Ihnen manchmal erscheinen, als wenn ich unzufrieden sei mit dem, was Sie tun. Doch seien Sie unbesorgt! Wenn Sie sich an die Vereinbarungen halten, werde auch ich das tun."

Arnot stand auf, um zu gehen. "Sie haben mein Wort, großer König, daß ich helfen werde, wenn ich kann", sagte er.

Mushidi kicherte leise. "Ihr Wort, Monare? Das ist gut. In der Vergangenheit habe ich niemandes Wort akzeptiert."

Als Arnot die Treppen vom Gerichtshof hinunterstieg, hörte er Mushidi noch einmal nach ihm rufen. "Sie müssen mir irgendwann von Ihrem Gott erzählen, Monare. Es würde mich interessieren, wie sich Ihre Worte anhören."

Der Missionar konnte das Gelächter des Königs hören, als er langsam und nachdenklich den Hof durchquerte.

Nachdem sich Arnot binnen weniger Tage in Bunkeya eingelebt hatte, bezahlte er seine Träger aus Bihe, und als ihm Mushidi für die Träger eine sichere Rückkehr garantierte, ließ er sie gehen. Mit Setobe, der sich unnachgiebig weigerte, zurückzugehen, und ein paar Leuten aus Garenganze startete er die erste von seinen vielen nachfolgenden Exkursionen in die unmittelbare Nachbarschaft von Bunkeya. Er wollte sich nicht nur bei den Einheimischen vorstellen, sondern auch das Angebot des Königs nutzen, das ihm Land zum Hausbau in Aussicht stellte. Seine erste Reise in die Umgebung von Bunkeya hatte hauptsächlich zum Ziel, einen geeigneten Wohnort zu finden.

Eines frühen Morgens brach er zu einer Reise entlang den Ufern des Flusses Unkeya auf. Bis zum Nachmittag hatte er den Lusala-Bezirk erreicht, wo Maria, eine von Mushidis Frauen, eine Mulattin aus Bihe, ihr Dorf hatte mit vielen

Dienern. Von hier aus setzte er seinen Weg zum Fluß Lufira fort, wo er durch eine weite Grasebene floß. Im Osten befand sich eine majestätische Bergkette, die sich abrupt aus der Ebene erhob, und zwar zu einer Höhe von fast tausend Metern. Im Grasland fand er große Herden von Zebras, Büffel und Rotschimmelantilopen. Entlang der Ufer des Lufira standen mehrere Dörfer, die hauptsächlich von Lamba-Fischern bewohnt waren. Weil sie ihn so freundlich empfangen hatten, schoß Arnot zwei oder drei Büffel für sie und für seine kleine Gefolgschaft. Es war ein unglaublicher Anblick, solch riesige Herden wilder Tiere zu sehen, und dies keine fünfzig Kilometer entfernt von einem der dichtbesiedelten Gebiete Zentralafrikas.

Binnen zwei Wochen war er nach Bunkeya zurückgekehrt und hatte am Abhang eines Hügels gegenüber der Hauptstadt einen passenden Platz zum Bauen gefunden. Es dauerte nicht lange, bis er seine Arbeit am Haus beginnen konnte, und Mushidi hielt sein Versprechen, indem er Arbeiter und, wenn es möglich war, Baumaterial zur Verfügung stellte. Stangen, für die der Missionar pro Stück zwanzig Perlen bezahlte, wurden in gleiche Längen zerschnitten und dicht nebeneinander auf den Boden in einen Graben aufgestellt. Zwei Öffnungen wurden als Fenster gelassen sowie eine große für die Tür in der Mitte. Quer zu den Stangen befestigten die Dorfbewohner kleine Stäbe, die mit Stricken aus Baumrinde befestigt wurden. Diese dienten als Leisten, um den Schlamm zu halten, mit dem die Wände anschließend dick gepflastert wurden. Die Dachsparren wurden aus gespaltenem Teakholz gefertigt, über das man quer kleine Teile Stöcke band, und das Ganze wurde dann sorgfältig mit Gras überdeckt. Das Landhaus war von einer geräumigen Veranda umgeben.

Kurz nach den schweren Regenfällen lag Arnot mit akutem Fieber darnieder, mit dem er sich vor Jahren im Tal der Barotse infiziert hatte. Diesmal war er fast einen Monat lang krank, und dem eigentlichen Fieber folgten Tage mit quälendem Rheumatismus. Es war klar, daß diese ständigen Fieberschübe seine seelische Verfassung angriffen. Während der letzten Schübe war er geistesabwesend und verbrachte schließlich einige Tage im Zustand des Deliriums. Er träumte, er sei in einem schneeweißen Bett neben einem Kamin mit lodernden Flammen und mit seiner Mutter, die sich um ihn kümmerte. Dann war er nicht mehr krank. Er freute sich über die wunderbare Rückkehr in einen gesunden und kräftigen Zustand. Doch wenn er die Augen öffnete, sah er nichts als eine dunkle, erbärmlich einfache Hütte um sich herum, während der Wind durch das Gras der Wände blies und draußen nichts zu hören war als das Stöhnen der Äste von den Bäumen, wenn sie sich in der Nacht bogen und wiegten. Es war während dieser Zeit, als er in sein Tagebuch schrieb: "Meine Hoffnung ist, daß der Herr mir gnädig sein und mir Geduld und Gesundheit schenken wird, damit ich so lange nicht aufgebe, bis andere hierher kommen und bei dieser Arbeit helfen."

Als seine Gesundheit zeitweilig wiederhergestellt war, machte der Missionar sich erneut an seine Feldarbeit und überwachte die Erstellung seines Hauses. Er machte mehrere Safaris, manchmal entlang des Flusses Lufira, und ein andermal wieder ging er auf Entdeckungsreise unter die BaSanga-Dorfbewohner. Wohin er auch kam, überall fand er eine große Furcht vor Mushidi. Es wurde deutlich, daß der König so grausam und streng in seinem Regiment war, wie es das Gerücht verlauten ließ. Selten besuchte Arnot ein Dorf, wo es keine Hinweise auf Folter und Grausamkeit gab, die auf Mushidis Befehl von den Rugaruga ausgeführt worden waren. Exekutionen gab es häufig, und Verstümmelungen schienen all jenen, die Machtpositionen innehatten, ein vergnüglicher Zeitvertreib zu sein. Manchmal wurden auch im zufälligen Gespräch mit Dorfbewohnern und Obersten ein oder zwei Worte erwähnt, wodurch Arnot erkannte, wie nahe man in Teilen des Landes war, offen gegen den König zu revoltieren. Was auch immer Mushidi einst an Herrlichkeit und Macht hatte, sie war nun im Schwinden begriffen. Freilich gab es keine offensichtlichen Bewegungen, seine Regierung zu stürzen, auch keine lärmenden Aktionen. Jedoch gab es Gemurmel von Unzufriedenheit. Aber andererseits kam der Missionar mit vielen in Kontakt, die für den König und seine Herrschaft die Hand ins Feuer legten. Da waren Dorfbewohner, die zugaben, daß Mushidi ihnen Wohlstand und Größe für das Land gebracht hatte. Insgesamt betrachtet, so stritten einige der älteren Männer, die sich noch an die Tage vor Mushidi entsinnen konnten, wo kleine Häuptlinge aufeinander eifersüchtig waren, um Land kämpften und sich zankten wie die Kinder, mußte man Tribut auch damals zahlen, und die Leute litten genauso, wie sie heute behaupteten zu leiden. Mit

Mushidi wurde aus dunklem Chaos Ordnung geschaffen, eine Rechtsprechung, die, egal wie streng, überall in den Stämmen des Landes Disziplin bewahrte. Ein alter Anführer lächelte gütig bei Arnot, als der Missionar von den Grausamkeiten der Rugaruga sprach, von den Exekutionen und Verstümmelungen für geringe Vergehen. "Monare, diese Dinge sind schon immer geschehen in diesem Land, lange Zeit, bevor Mushidi aus dem Norden gekommen war. Vielleicht war es sogar noch schlimmer damals, weil es viele Häuptlinge gab, die allesamt, wie Sie sagen, grausam waren. Mushidi kennt es nicht anders. In Afrika ist das Gesetz einfach. Derjenige, der sich irgendwie vergangen hat, muß bestraft werden. Ist es ein kleines Vergehen, ist die Strafe gering. Ist es ein großen Vergehen, ist auch die Strafe groß. Wer wollte behaupten, daß Sklaverei, das Abschneiden von Gliedmaßen oder sogar die Enthauptung zuviel ist für das Böse, was einer getan hat. Es könnte durchaus sein, daß in Ihrem Land jenseits des großen Meeres diese Vergehen leichtgenommen werden, doch in Afrika sieht das wahrscheinlich anders aus. Ändern Sie nicht hastig die Gesetze Afrikas, Monare. Seien Sie nicht ungeduldig wegen unserer Lebensweise. Wenn Sie meinen, Mushidi sei im Unrecht, dann zeigen Sie ihm, was recht ist, aber seien Sie nicht ungeduldig mit ihm. Sie sind erst kurze Zeit hier, und schon werden Sie von den Leuten respektiert. Es wird auch nicht lange dauern, daß Sie in der Lage sind, viel für unser Land und unseren König zu tun. Aber, Monare, urteilen Sie nicht hart über uns und über ihn. Bedenken Sie, wir sind immer so gewesen, wie Sie uns jetzt sehen, und Veränderungen dürften nicht leicht sein."

Arnot sollte sich ein paar Tage später an die Worte des alten Mannes erinnern, als er wieder mit Mushidi allein war. Sie hatten über Arnots Arbeit in den abgelegeneren Dörfern geredet, als Mushidi plötzlich sagte: "Monare, schenkt Ihr Gott auch den Problemen der Könige besondere Beachtung?"

Als er diese Frage hörte, gingen seine Gedanken nicht nur zurück zu seiner Unterhaltung mit dem alten Anführer aus Garenganze, sondern auch zu einer ähnlichen Frage, die ihm von einem anderen afrikanischen Monarch gestellt wurde, Lewanika aus dem Barotseland. "Großer und mächtiger Häuptling", antwortete Arnot, "wer Sie auch in den Augen der Menschen sind, in den Augen Gottes gibt es keinen

Unterschied zwischen Ihnen und den Ärmsten. Der elendste Sklave in Ihrem Land und Sie brauchen Gottes Barmherzigkeit gleichermaßen. Doch diese Barmherzigkeit wird dem Sklaven in der gleichen Weise gegeben, wie sie Ihnen gegeben würde."

Es war nicht zu übersehen, daß diese Worte den König beeindruckten. Doch für einige Sekunden war sich Arnot unsicher, wie Mushidi wohl darauf reagieren würde. Dann, zu seiner Erleichterung, sagte der Afrikaner: "Es muß wohl so sein, falls Ihr Gott so groß ist, wie Sie sagen. Und wenn er so hoch über uns allen ist, dann wird mir klar, daß wir in seinen Augen alle gleich sind."

Seit dieser Zeit kamen sich der Missionar und der König näher. Ihre Gespräche wurden häufiger und, jedenfalls für Arnot, interessanter. Nach diesem Treffen waren beide Männer fähig, freier zu sprechen. Mushidi vertraute auf Arnot und sagte ihm von seinen Ängsten innerhalb und außerhalb seines Königreichs. Nie wieder verwies er auf die Abmachung, die sie bei Arnots Ankunft getroffen hatten, sondern er nahm einfach an, daß Arnot von seinen Problemen wissen möchte. Langsam und mit viel Feingefühl konnte Arnot gelegentlich in dieser oder jener Regierungsangelegenheit Verbesserungen vorschlagen. Wenn er es tat, versicherte er sich, daß es am Ende so aussah, als wäre es Mushidi gewesen, der den Vorschlag gemacht hatte. Der König seinerseits war immer bereit, Arnot zu helfen. Er sorgte dafür, daß der Missionar nie ohne ausreichende Arbeiter und Träger war. Er sandte ihm oft Delikatessen, wie grüne Tauben, und immer, wenn die königlichen Jäger von der Ebene zurückkehrten, wurden große Fleischstücke auf königlichen Befehl zu Arnot gebracht.

Obwohl sich die beiden Männer jetzt besser verstanden, gab es eine Sache, in der sie sich nicht einig wurden, wann immer sie angeschnitten wurde. Es ging um die Frage, ob Massenhinrichtungen für vergleichsweise kleine Vergehen gerechtfertigt waren oder nicht. Oftmals, wenn Arnot den König in außerordentlich guter Laune glaubte, erlaubte er sich, das Thema bei zufälliger Unterhaltung anzusprechen. Er gab gewöhnlich seinen Kommentar zu einer bestimmten Hinrichtung und sagte, daß er glaube, sie sei völlig ungerechtfertigt gewesen. Sobald er das äußerte, änderte sich die Haltung des Königs. Er machte gewöhnlich ein böses Gesicht, zeigte mit dem Finger anklagend auf Arnot und sagte, er solle nicht über Sachen reden, die ihn nichts angingen. Kurz darauf entschuldigte er sich, um das Gespräch zu beenden.

Jedesmal, wenn in der Hauptstadt eine Hinrichtung stattfand, pflegte Mushidi Arnot zu sagen, daß er anwesend sein solle. Arnot wußte, daß es der König deshalb tat, um der Kritik an solchen Spektakeln zu trotzen. Immer, wenn eine solche königliche Forderung gestellt wurde, ignorierte sie der Missionar. Manchmal, nachdem eine Hinrichtung stattgefunden hatte und die Abwesenheit Arnots bemerkt worden war, drohte der König, Arnot das nächste Mal dorthin zu eskortieren. Arnot nahm diese Drohungen nie ernst, und bald legte sich die schlechte Laune des Königs.

So war Arnot doch irgendwie geschockt, als er am Vorabend einer geplanten Hinrichtung eines jungen Mannes namens Kalanda, ein Lunda-Prinz, von Mushidi Nachricht erhielt, daß, wenn er an dem Ereignis am folgenden Tag nicht teilnehmen würde, er nicht länger in Garenganze bleiben dürfe. Wenn ihm die Nachricht nicht ausgerechnet durch einen Hauptmann der Rugarunga überbracht worden wäre, hatte Arnot angenommen, der König mache nur Spaß. Doch wußte er jetzt, daß es nicht an dem war. Er erkannte, daß seine ständigen Hinweise auf die ungerechten Hinrichtungen den König mehr verärgert hatten, als er dachte. Mushidi behandelte ihn nun wie ein Kind und bestrafte ihn mit dem Wirksamsten, was er kannte. Arnot war sich nun nicht mehr sicher, ob er den König wirklich so gut verstand, wie er glaubte, ihn zu verstehen.

Den Fall Kalanda kannte Arnot gut. Er basierte auf Lügen. Der junge Prinz von Lunda war ein Gefangener in Bunkeya. Er hatte den Antrag einer der Töchter Mushidis namens Ngulewe verachtet. Dazu wurde eine ausreichende Menge Lügen erzählt, um die Hinrichtung zu rechtfertigen. Die Sache sprach sich überall in den Dörfern und Siedlungen Bunkeyas herum. Jeder wußte, daß Kalanda unschuldig war hinsichtlich der Anschuldigungen, die gegen ihn vorgebracht wurden, und es war bekannt, daß auch dem König die Lage klar war. All das widerte Arnot nur noch mehr an. Jedenfalls hatte der König diesmal einen Sieg errungen; es gab keine Alternative, als sich dort sehen zu lassen.

Früh am Morgen des folgenden Tages hörte er die königlichen Trommeln, die die Menschen zusammenriefen, um an dem Debakel teilzunehmen. Es würde nicht lange dauern, bis das Volk aus den Hütten kroch und sich auf den Weg zum Hinrichtungshügel machte. Er konnte sich das Lachen und Schwatzen vorstellen, welche das Warten auf die unheimliche Szene begleitete. Er konnte sich den großen Auftritt Mushidis vorstellen, den Pomp und die Zeremonie, die man seiner Anwesenheit widmen würde.

Mushidi war bereits am Hinrichtungsort angekommen, als sich Arnot durch die drängelnde Menge schob. Der Missionar wollte, daß der König ihn dort sah und daß ihm klar wurde, daß Arnot nur wegen der Drohung im Fall seiner Abwesenheit gekommen war. Als er mitten im Kreis der Menschen stand, schaute Arnot zu Mushidi hinüber, der lächelte und ihm winkte, neben dem königlichen Thron Platz zu nehmen. Arnot erwiderte das Lächeln nicht. Er ging auch nicht in die Arena, um den angebotenen Platz einzunehmen. Stattdessen starrte er ernst zu Mushidi in der Hoffnung, der König würde etwas von der Wut merken, die er tief im Innern empfand. Doch war es nicht nur Zorn, es war auch Enttäuschung. Während der letzten neun Monate war er Mushidi allmählich nähergekommen. Er glaubte, er würde diesen schwarzen Herrscher nun langsam in vielerlei Hinsicht verstehen. Jetzt zweifelte er daran, ob er ihn wohl überhaupt jemals verstehen würde. Aber vielleicht war er in seinem Bemühen, den König zu verstehen, sich selbst ein Rätsel. Vielleicht war er bei seinen Versuchen, die Denkweise des Mushidi herauszufinden, so eifrig, daß er um sein eigenes Denken Barrieren aufbaute. Wenn zum Beispiel Mushidi wirklich verstand, wie ihm bei den Hinrichtungen zumute war, wenn er die Frustration fühlen könnte, die Furcht, ja das Erschrecken, das Arnot damit verband, hätte Mushidi ihn dann hierher gebracht unter der Drohung der Ausweisung? Wie konnte er bloß jemals erfahren, was für eine Sorte Mensch Mushidi wirklich war, dachte Arnot. Wie kam er dazu, König von Garenganze zu werden ... wie ...?

# Teil II

## *DER GRÜNE LORBEERBAUM*
## 1850 - 1891

### KAPITEL X

### *Ngelengwa - der Diener*

Die Schlacht war kurz, aber blutig. In den Lichtungen der Lattenzaundörfer und in den dunklen Wäldern, die sie umgaben, waren die Übriggebliebenen der Männer des Häuptlings. Sie und die Verteidiger innerhalb des Dorfs wurden durch das unbarmherzige Feuer aus den Gewehren der Eindringlinge dezimiert. Nun streunten nur noch hungrige Dorfhunde über das zentralafrikanische Schlachtfeld.

Auf dem Dorfplatz sah man die Spuren eines bedauerlichen, letzten Widerstandes. Die Körper der Dorfbewohner, die noch immer ihre unblutigen Speere in der Hand hielten, lagen in grotesken Winkeln im roten, feuchten Sand und Staub. 56 friedlich aussehende Männer, Männer, die mit der Welt im reinen waren, einfache Männer mit ihren wenigen Idealen und Zielen starben bei der Verteidigung ihrer Familien, ihrer Häuser und ihres Häuptlings. Zu Lebzeiten war ihr einziges Vergehen lediglich ihr Gehorsam zum Chef des Stammes, der im unpassenden Moment glaubte, er könne den Angriffen der Sklavenjäger widerstehen. Das ständige Summen von Myriaden von Fliegen, die über die Köpfe flogen, das Gekreisch der Geier, wie sie spiralförmig vom Himmel herunterfielen, und das Knurren der Hunde bildeten ein Requiem für diese bedauernswerten, doch tapferen Helden.

Quer über den Treppen aus Ton, die zur Veranda eines großen, strohbedeckten Hauses führten, das dem Platz gegenüber stand, lag der Körper des Häuptlings Kiboel. Gekleidet in ein langes, weißes, herunterhängendes Gewand, das mit Blut vollgesaugt war, sah dieser weise und tapfere alte Mann als Toter genauso würdig und gelassen aus, wie er es zu Lebzeiten war. Seine rechte Hand umfaßte immer noch den Dolch, mit dem er entschlossen war, wenigstens einen seiner Angreifer zu erledigen. Doch aus dieser Hoffnung wurde nichts, denn man schoß ihm fünfmal in die Brust, bevor er die Gewehrkolben auch nur sehen konnte, die sich auf ihn richteten. Er war tot, ehe er zu Boden fiel. Er war der letzte, der gefallen war, und als das geschehen war, schwärmten die arabischen Söldner aus auf die Straßen des Dorfes, während sie laut ihren Sieg ausriefen. Aber dreißig Minuten später wurden die Frauen und Kinder des Dorfes zusammengepfercht. Fünfzehn alte Frauen, einige davon hilflos und vom Alter gebeugt, wurden augenblicklich erschossen, wo man sie fand. Die anderen wurden zusammen mit ihren erschrockenen Kindern auf einen zentralen Platz gebracht, wo sie das Einspannen in den furchtbaren Zähmungsstock erwartete.

Unter dem großen Muyombo-Baum nahe des Dorfplatzes saß der arabische Häuptling mit seinen Anhängern, Scheich Ali-bin-Hamoud. Er dankte Allah für den glorreichen Sieg, verfluchte die Ungläubigen, die ihnen den Zutritt zum Dorf verweigert hatten, besonders Kibole, den Häuptling. Er lachte über die sich duckenden Frauen und Kinder, die ein paar hundert Meter weiter weg zusammengewürfelt standen. Ali-bin-Hamoud gehörte zu einem Unternehmen von Sklavenhändlern, dessen Name überall in Ost- und Zentralafrika gefürchtet wurde. Sie kannten keine Gnade, sie plünderten, mordeten und wurden fett von ihrer menschlichen Beute. Seit Jahren schon hatten sie diesen Teil Afrikas mit ihren Raubzügen, Brandschatzungen, Morden und Verwüstungen ausgedörrt. Von den unschuldigen Dorfbewohnern wurden sie gehaßt und verachtet, von den Leuten in Machtpositionen, wie den Sultan von Sansibar, wurden sie unterstützt, und von den Swahili und Zanzibaris, die es zu Kaufleuten gebracht hatten, wurden sie beneidet. Doch Ali-bin-Hamoud war nicht immer so kriegerisch, wie er sich an jenem Tag erwies. Er bekämpfte nur die Schwachen, überfiel nur solche Dörfer, von denen er wußte, daß man auf seine Gewehre nicht mit Speeren antworten würde. Er war darauf bedacht, zu den mächtigeren Häuptlingen gute Beziehungen zu unterhalten, besonders zu solchen, die selbst Gewehre besaßen. Solche Herrscher bekriegte er nicht, sondern brachte ihnen stattdessen wertvolle Geschenke und günstige Handelsabschlüsse. Dafür erlangte er deren Wohlwollen und erhielt ständig ihre Dorfbewohner als Sklaven.

Auf der einen Seite der Araber saßen in respektvoller Entfernung von ihren Meistern die zweihundert Wanyamwezi-Träger und die bewaffneten Söldner. Letztere erholten sich jetzt, nachdem sie am jüngsten Kampf teilgenommen hatten, während die Träger das Mittagessen vorbereiteten und für jeden die Ration Bier eingossen. Die Araber wurden bereits bedient, und nun diskutierten sie ihre Rückreise zur Küste. Die Soldaten lachten und scherzten über ihre Heldentaten im Krieg. Es machte ihnen überhaupt nichts aus, daß die Männer, die sie kaltblütig umgebracht hatten, die ihren Gewehren mit Speeren gegenüberstanden, von gleicher Rasse und lediglich aus einem benachbarten Stamm waren. Ihre arabischen Meister bezahlten gut, und außerdem war es besser, auf der Seite der Mächtigen zu stehen. Und wenn sie dafür gut entlohnt wurden, was kümmerte sie es noch, daß diese dummen Dorfbewohner wegen ihrer Unachtsamkeit sterben sollten? In dieser Zeit war die brutale Gewalt das einzige, was zählte, und das Gewehr machte einen Mann allmächtig. Die Wanyamwezi, obwohl sie keine erstklassigen Kämpfer waren, waren übertrieben eingebildet, und sie waren stolz auf ihre stammestypischen, tätowierten Linien, welche die Stirnmitte und die Schläfen verzierten. Sie waren auch geborene Lügner und Meister der Intrige, und, auch wenn sie von Natur aus höflich waren, man konnte ihnen nicht trauen. Die Wanyamwezi waren daher ideale Diener für ihre arabischen Herren. Außer den jungen Männern, die für die Sklavenkarawanen ausgesondert wurden, gab es viele Stammesmänner mittleren Alters, die auf eigene Faust Handel trieben. Seit das Unyanyembe-Land, das zwischen der Küste und dem See Tanganyika liegt, praktisch von den Arabern und Sansibari übernommen wurde, reisten die Ältesten mehr als früher. Sie kopierten ihre Meister und fingen an, mit Elfenbein, Kupfer, Salz und Honig zu handeln, und oft durchquerten ihre Karawanen die Länge und die Breite Zentralafrikas.

Die Träger brachten große Tröge Maismehlbrei und Ziegenfleisch herbei. Sofort fingen die Wanyamwezi-Krieger an, die Nahrung mit den Händen zu grabschen. Ihr Gelächter wurde immer tierischer und lauter. Doch einer von ihnen, nur ein Jugendlicher von neunzehn, saß mit seinem Rücken gegen einen Baumstamm gelehnt und gab sich keine Mühe, am Gerangel um die Rationen teilzunehmen. Seine Augen waren klein, doch blickten sie mit Ekel und Verachtung auf seine Stammesgenossen. So sehr er ihren Lärm verachtete, und ihr Geprahle und Gekrieche vor ihren Herren, so neidisch und eifersüchtig war er auch auf die Araber. Was für dumme und unwissende Narren waren doch diese Männer, dachte der Jugendliche. Da waren sie, kriechend vor ihren Herren und Meistern, weil man ihnen eine bißchen übelriechende Speise hinwarf. Sie riskierten ihr Leben, plünderten, töteten und nahmen gefangen - nur um die Herren reich zu machen. Und sie waren auch noch zufrieden mit ein paar Metern Kaliko, ein paar Perlen, einer Handvoll Salz und einer täglichen Ration Schweinefutter. Sie verdienten auch, was sie bekamen.

Von den feiernden Wanyamwezi wandten sich die Blicke des jungen Mannes zu den Arabern die jetzt gerade rauchten und zufrieden mit gutem Essen vollgestopft waren. Diese Männer aus dem Osten waren clever. Sie wußten, wie man mit Menschen umgeht. Sie planten im voraus und wußten, was sie wollten, nahmen alles und stellten keine Fragen. Sie hatten Gewehre, und das bedeutete Macht: Macht, die Schwachen zu beherrschen, Macht, zu unterwerfen und ihr Ziel zu erreichen. Ja, die Männer aus dem Osten waren nicht dumm. Sie hatten das Land von der Küste bis zu den großen Seen und nach Süden bis zum Fluß Lualaba eingenommen. Das Land gehörte praktisch ihnen, und so fest, wie sie es in der Hand hatten, würden sie es auch für lange Zeit nicht verlieren.

Der junge Mann lächelte über seine eigenen Gedanken. Es würde ihm nicht gefallen, wenn seine Wanyanwezi-Kameraden oder seine Herren wüßten, was er jetzt dachte. Durch seinen Kopf schoß die ewige Frage: "Wenn die das können, warum kann ich es nicht?" Niemand würde natürlich verstehen, wie er fühlte, nicht einmal Kalasa, der Anführer, sein Vater. Man würde über ihn lachen und ihm sagen, er würde zu groß für sein Lendentuch sein und er solle sich erst einmal als Mann erweisen, ehe er wie ein Mann rede und denke. Nun, er würde, es ihnen zeigen. Er, Ngelengwa, dessen Mutter Manina Lyabanze von königlicher Abstammung der Mwimba war, würde ihnen bald beweisen, daß er nicht nur ein Mann war, sondern auch mit Macht umgehen konnte, jener Macht, die von den Gewehren kam und durch die Dummheit und Schwachheit der Menschen genährt wurde.

Er war seinem Vater dankbar, so sagte er zu sich selbst, daß er es ihm erlaubte, seinen Fußstapfen zu folgen, indem er ein Diener der Araber wurde. Dankbar? Ja, doch nur deshalb, weil er dadurch all die Tricks, die Schläue und die Klugheit dieser Männer aus dem Osten kennengelernt hatte. Doch dies hier sollte seine letzte Reise werden. Er hatte alles gelernt, was man wissen mußte, und nun war er sich sicher, daß er die Araber mit ihren eigenen Waffen schlagen konnte. Aber zuerst brauchte er Gewehre, und dafür mußte er ein weiteres langes Geduldspiel spielen. Aber er war ja noch jung und hatte viel Zeit. Sein Vater war nicht mehr jung, doch war er jetzt reich. Nachdem er viele Jahre mit den arabischen Karawanen gereist war, war Kalasa für einige Zeit imstande, seine eigenen Handelsreisen quer durchs Land durchzuführen. "Es wird Zeit, daß mein sehr geachteter Vater mich in seinen eigenen Dienst nimmt", dachte Ngelengwa sehnsüchtig. "Er würde merken, daß ich viel gelernt habe; ja, er wäre überrascht."

Ngelenga schaute noch einmal zu den Wanyamwezi und spuckte vor ihnen auf den Boden.

Das Dorf des Händlers Kalasa war klein im Vergleich zu den meisten anderen im Unyamwezi-Land. Es lag im Norden Taboras, nahe der Quelle des Wembare-Flusses. Wie die meisten anderen Siedlungen dieser Zeit war es umgeben von einem Zaun mit hohen Latten. Doch gemäß seiner kleinen Bevölkerungszahl machte es einen sauberen, ordentlichen Eindruck, der es ziemlich einzigartig sein ließ. Die Häuser waren alle aus Flechtwerk und Schlamm, jedes war vorbildlich mit Stroh bedeckt. Die kleinen Straßen waren gut gekehrt, und die langen, blättrigen Palmen und Bananengehölze spendeten ausreichend Schatten. Anders als in den meisten Nachbardörfern hatte das von Kalasa seine Häuser in geraden Reihen, anstatt in gewöhnlichen Kreisen errichtet. Und dies trug wieder zu der Sauberkeit der Siedlung bei. Die Einwohnerzahl, einschließlich Frauen und Kinder, betrug weniger als hundert, und alle waren mit der Familie Kalasa-Katinika verbunden. Als er den Dienst bei den arabischen

Händlern vor etwa zwanzig Jahren verließ, wurde er ein selbständiger Händler. Mehrere seiner Zeitgenossen folgten ihm, doch keiner von ihnen wurde so erfolgreich wie er. Nachdem er klein angefangen hatte, handelte er in nahegelegenen Dörfern und Nachbarstämmen. Dann, als er genug gespart hatte, ging er weiter und führte seine eigenen Karawanen gen Süden. Zuerst handelte er mit Kupfer, Elfenbein und Honig. Doch es dauerte nicht lange, bis er erkannte, daß, wenn er nicht mit Sklaven handelte, die Araber es tun würden. Und so schloß er sich dem Markt der verlorenen Seelen an. Die Jahre vergingen, und Kalasa wurde reich. Wegen seiner Großzügigkeit lebten seine Leute recht gut. Im Alter war er gebildet, wurde gewürdigt und respektiert.

Seine drei Söhne Mufwila, Ngelengwa und Kabebe machten ihm Ehre. Mufwila, der älteste, stand im Dienst des Sultans von Sansibar, und Kabebe, der jüngste, ließ sich an der Küste nieder und erlangte den Ruf als einer der besten Schiffbauer seiner Zeit. Ngelengwa, vielleicht wegen seiner großen Ähnlichkeit zu seiner verstorbenen Mutter, war Kalasas Liebling. Er war es und nicht Mufwila, auf den der alte Mann alle seine Hoffnungen und Ziele für die Zukunft bezog. Ngelengwa mit seinem großen, doppelt gescheitelten Kopf und seinen kleinen Perlenaugen war keine Schönheit. Doch dem alten Kaufmann schien es, als stecke etwas in seinem Sohn, womit er andere übertreffen könnte. Er war kein gewöhnlicher Junge. Als Kind hatte er keine Zeit zum Spielen und für den üblichen albernen Unsinn der Kinder. Bevor er vierzehn war, konnte er schon an ernsthaften Gesprächen mit den Älteren teilnehmen. Er diskutierte mit Kalasa über die Kompliziertheiten des Handels und der Tauschgeschäfte, beriet seinen Vater in Sachen Geschäfte mit den Arabern, und sein Rat erwies sich immer als erfolgreich. Als er sechszehn Jahre alt war, war er geistig gesehen erwachsen; auch wenn er mürrisch schien, unfreundlich zu seinen Untergebenen war und manchmal ungeduldig und sogar unhöflich zu den Älteren, konnte er doch in den Augen Kalasas nichts falsch machen.

Es war kurz nach seinem sechzehnten Geburtstag, als Kalasa Ngelengwa informierte, er würde es in die Wege leiten, daß Ngelengwa bei einer arabischen Karawane in die Lehre gehe. Zuerst sträubte sich Ngelengwa gegen diese Idee und sagte, er wolle im Dorf bleiben und Kalasa bei seinen

Geschäften helfen. Der alte Mann freute sich zu hören, daß Ngelengwa lieber bei ihm bleiben würde, doch war er weise genug, um zu erkennen, daß sein Sohn die Disziplin der Karawanenrouten brauchen würde, jene Disziplin, die er nicht durchziehen konnte. Ngelengwa stritt, schmollte und fluchte sogar. Doch das änderte nichts daran. Kalasa war unnachgiebig. Bis zum Tag seiner Abreise hüllte sich Ngelengwa in ein stures Schweigen und behielt eine griesgrämige Haltung gegenüber seinem Vater. Es war das erste Mal, seit er sich erinnern konnte, daß er nicht seinen Willen bekam. Kalasas treues Herz war beunruhigt, und im letzten Moment zog er Ngelengwa an sich und sagte, daß er ihn zum Partner machen würde, wenn drei Jahre vergangen seien. Er fügte hinzu, daß er wünschte, daß Ngelengwa alles lernte, was man über den Handel und über die Organisation der Karawanen wissen muß. "Denn wenn du zurückkommst, mein Sohn", sagte er, "wirst du meine Karawane führen, und ich werde alt werden und deinen Wohlstand sehen." Doch Ngelengwa hatte den letzten Worten seines Vaters nicht zugehört. Seine Gedanken berechneten schon das Ausmaß seines zukünftigen Reichtums. 'Es war die Sache wert, zu den Männern in den Osten zu gehen, wenn es der dumme, alte Narr wirklich ernst meint, mit mir in drei Jahren das Geschäft zu teilen.' Als er seinen Vater am Tag der Abreise umarmte, verzog sich Ngelengwas Mund zu einem Lächeln, doch seine Augen blieben kalt und distanziert.

Der dreijährige Dienst bei Ali-bin-Hamoud und anderen Arabern ging schnell vorbei. Er erlangte die Bewunderung seiner Meister wegen seiner Intelligenz und seines Scharfsinns, seines sicheren Umgangs mit Menschen und seiner allgemeinen Führungsrolle. Während er fort war, hörte Kalasa Berichte von seinen großen Leistungen bei den Arabern und war nun noch mehr stolz auf ihn als vorher.

Nach dem Fest, das Kalasa zu Ehren von Ngelengwas Rückkehr gegeben hatte, gingen Vater und Sohn weg von dem Tanzen, das nun im Gange war, und bald waren sie in einer tiefgründigen Unterhaltung. "Ich habe alles gelernt, Vater", sagte Ngelengwa, "und jetzt bin ich bereit, Verantwortung zu tragen und dir die Arbeit zu erleichtern. Da ich nun zurückgekehrt bin, werde ich deine Geschäfte führen, während du dich im Dorf hinsetzt und deine Pfeife rauchst."

"Mein Sohn, mein Herz freut sich, daß du wieder bei mir bist. Doch mußt du Geduld haben. Ich bin noch nicht so alt, daß ich nicht länger selbst arbeiten müßte. Eines Tages wirst du tatsächlich all meine Arbeit übernehmen. Doch für den Anfang, wenn du dich erstmal ausgeruht hast, wirst du für mich arbeiten als mein Assistent. Dann, nach einer gewissen Zeit, wenn du mehr über die Waren weißt, mit denen wir handeln, wirst du vielleicht für eine der Karawanen die Verantwortung übernehmen."

Ngelengwa dachte sich schon, daß sein Vater so etwas sagen würde, und anstatt seine Stimme wütend klingen zu lassen, wie er auch tatsächlich empfand, nahm er eine klägliche, verletzte Miene an. "Ich weiß, Vater. Du denkst eben, ich wäre immer noch ein Kind, ein nutzloses, wertloses, unwissendes Kind, dem man nicht die Angelegenheiten der Erwachsenen anvertrauen könnte, und dies trotz meiner Reisen, trotz der Berichte derer, die bis vor kurzem meine Meister waren. Bevor ich abreiste, hattest du versprochen ..."

"Mein Sohn, ich halte dich natürlich nicht für ein Kind. Ich vertraue dir, ich vertraue dir mehr als allen anderen um mich herum. Es ist nur, weil ich dir meine Methoden beibringen möchte, und dann werde ich dir mein Versprechen erfüllen. Du hast gehört, als ich von Katangas Land im Süden des großen Sees sprach. Ich bin kürzlich dort gewesen und fand es voller Reichtum. Dieser könnte unser sein, wir brauchten es nur zu wagen. Dort gibt es viel Kupfer, viel Elfenbein, und wenn man den Häuptlingen glauben kann, könnte es dort eine gute Versorgung mit Sklaven geben. Ich habe Blutsbrüderschaft geschlossen mit Katanga von den BaLama und mit Panda von den BaSanga. Sie würden mich zurückkehren lassen, um mit ihnen zu handeln. Nun gut, angenommen wir fangen unsere Arbeit zusammen an, indem wir eine Karawane in den Süden führen, würde dir das nicht gefallen? Heute in drei Monaten, mein Sohn, könnten wir bereit sein, du und ich, um in Katangas Land zu ziehen."

Ngelengwa hatte von dem Land südlich des Tanganyika, des großen Wassers, gehört, von dessen Reichtümern und den Häuptlingen, die sich ständig miteinander zankten. Die Worte seines Vaters waren ihm sehr angenehm, mehr als der alte Mann jemals merkte.

Der Sohn griff aufgeregt Kalasas Arm; er lächelte glücklich. "Das gefällt mir gut, Vater. Es gefällt mir außerordentlich gut. Ich könnte mir nichts Besseres vorstellen, als mit dir auf eine solche Safari zu gehen. Du bist zu gut für mich, und ich ... ich bin ein undankbarer Sohn."

Tränen, eine Mischung aus echter Dankbarkeit und Erleichterung, flossen aus den Augen des alten Kaufmanns. Er konnte das ungute Gefühl zwischen ihm und Ngelengwa nicht ertragen und dankte dem großen Geist Muhala, daß er ihn seinem geliebten Sohn so nahe gebracht hatte.

Arm in Arm liefen Kalasa und Ngelengwa vom Dorfplatz in das Haus des Häuptlings. Als sie die große Veranda erreichten, umarmte der alte Mann seinen Sohn fest; und nachdem er eine Segnung gemurmelt hatte, zog Kalasa sich für die Nacht zurück.

Als sein Vater gegangen war, stand Ngelengwa draußen und starrte in das große Feuer, um welches immer noch die Tänzer herumsprangen nach den Schlägen der Dorftrommler. "Die Reichtümer Katangas könnten also unser sein, wir brauchten es nur zu wagen? Dieser alte Narr! Die Reichtümer Katangas werden mir gehören, ich brauche sie nur zu nehmen!" Ngelengwa merkte kaum, daß er diese Worte vernehmbar sich selbst zuflüsterte. Doch als er es merkte, fing er an zu lachen. Es war kein freundliches Lachen.

Ihre Route nach Katanga führte sie nach Karema an der Ostküste Tanganyikas und von dort quer über den See nach Mrumbi, der Heimat von Ngelengwas verstorbener Mutter. Von der Westküste folgten sie dem Lukifwe-Fluß bis zu seinem Zusammenfluß mit dem mächtigen Luapula, einer Wasserstraße, die sich, wie man ihnen sagte, entleert in einen anderen See, genannt Mweru, der nicht so groß ist wie der Tanganyika. Von dort reisten sie durch große Wälder, ausgedehnte Wiesenebenen, wo Tausende wilder Antilopen und Büffel grasten, und entlang der Verläufe vieler Flüsse.

Je südlicher sie vordrangen, desto dichter wurde der Wald. Das Unterholz war dick und fast undurchdringlich. Die Bäume waren größer, und ihre blättrigen Zweige verhedderten sich über ihnen, so daß sie manchmal vollständig das Tageslicht ausschlossen.

Die Karawane bestand aus sechzig Trägern und etwa dreißig Askaris. Der Hauptteil wurde von Kalasa geführt, der auf einem weißen Esel ritt. Die Askaris wurden auf die ganze Kolonne der Träger verteilt, und etwa drei Kilometer hinter dem letzten Träger lief die Nachhut von einem Dutzend Askaris, die von Ngelengwa kommandiert wurden. Jede Karawane hatte es bei Tag nötig, eine Nachhut zu haben, um den Angriffen feindlicher Stämme zu begegnen und um sicherzugehen, daß Nachzügler unter den Trägern nicht zurückgelassen wurden. Normalerweise erreichte die Nachhut nie das Camp, bevor zwei oder drei Stunden nach Ankunft der Hauptgruppe vergangen waren.

Eine Tagesreise dauerte gewöhnlich bis zum frühen Nachmittag, wenn man eine Entfernung von fünfzehn bis zwanzig Kilometern zurückgelegt hatte. Die Lagertrommel pflegte bei Dämmerung zu schlagen, die Lasten wurden aufgeteilt, und binnen einer halben Stunde waren die Träger bereit zum Aufbruch. Die Askaris würden die Reihe der Träger auf und ab laufen, um zu kontrollieren, ob die Lasten auch ordentlich festgebunden waren, und dann, auf Befehl Kalasas, begann die Reise.

Wenn sie sich einem Dorf näherten, stimmten die Träger und die Askaris ein Lied an, und die Trommeln schlugen das Signal, daß man sich nähere. Manchmal hielt die Kolonne an, und Kalasa unterhielt sich mit dem Oberhaupt der Siedlung, ein andermal grüßten die Dorfbewohner sie nur auf dem Weg. Obwohl sie auf ihrer Reise niemals aktiven Widerstand erfahren hatten, passierten sie mehrere Dörfer, deren einzige Zeichen von Besiedelung Pfeile und Speere waren, mit Gift präpariert und zum Angriff bereit. Bei solchen Gelegenheiten hielten sie nicht an, um etwas zu erklären oder zu streiten, sondern der Schritt der gesamten Kolonne beschleunigte sich.

Sie trugen keine Zelte, sondern jede Nacht bauten die Träger kleine Hütten aus Ästen, die sie zusammensteckten und mit Blättern überdeckten. Diese wurden stehengelassen, wenn sie am anderen Morgen aufbrachen. So hielten sie mehrere Monate und konnten von Nachfolgenden genutzt werden oder sogar von ihnen selbst auf der Rückreise.

Die Karawane brauchte fast drei Monate bis zu Katangas Stadt. Bei ihrer Ankunft vor den Toren dieser riesigen Siedlung hieß man Kalasa und Ngelengwa herzlich willkommen. Zum Häuptling hatten sie vorher Boten geschickt, um ihn über ihr Kommen zu informieren. Traditionsgemäß hatte der Chef des Lamba-Stammes befohlen, daß der Empfang der Kaufleute mit der Würde vonstatten gehen soll, wie es sich für Blutsbrüder geziemt.

Katanga, ein großer, stattlicher, einheimischer Monarch, gekleidet in einen Rock aus Leopardenhaut, beide Arme mit Elfenbeinketten behangen, traf den Chef der Wanyamwezi-Karawane am Eingang seines königlichen Hofs. Ihre Begegnung war herzlich, und nachdem sie genug Komplimente ausgetauscht hatten, ließ Kalasa Ngelengwa vortreten. Der Lamba-Häuptling legte seine rechte Hand auf die Schulter des jungen Unyamwezi. "Sohn meines Bruders Kalasa", sagte Katanga aufrichtig, "du bist jetzt wie mein eigener Sohn. Von diesem Tag an bist du wie ein Mulamba. Mein Land und meine Leute sind für dich Haus und Obdach, sind Diener für deine Bedürfnisse."

Während der Reise vom Nordwesten hatte Ngelengwa viel über dieses Treffen nachgedacht. Bei unzähligen Gelegenheiten überlegte er, wie er sich am besten bei Katanga einschmeicheln könnte, um auf diese Weise die Freiheit des Landes zu genießen. Er wollte dringend dieses Privileg haben, damit er unter dem einen oder anderen Vorwand bitten konnte, in die auswärtigen Dörfer der BaLamba zu reisen, während sein Vater und Katanga ihre Handelsgeschäfte abwickelten. Zu wissen, wo jedes einzelne Dorf liegt, Details über die äußere Verteidigung des Landes zu kennen und sich der Stärke von Katangas Armee bewußt zu sein - das waren wichtige Gesichtspunkte eines Plans, den er während der letzten sechs Monate geschmiedet hatte. Er wußte, daß sein Vater vom Lamba-Häuptling freundlich empfangen werden würde. Doch war sein eigener Empfang besser, als er für möglich gehalten hätte. Er reagierte darauf gut und überraschte sogar Kalasa mit seiner Bereitwilligkeit, Katanga Respekt zu erweisen. Nachdem er auf die Knie gefallen war, schöpfte Ngelengwa eine Handvoll Erde vom Boden und rieb sich damit den Bauch. Das tat er dreimal, und jedesmal beugte er seinen Kopf vor Katanga und sprach einen Treueschwur.

Sie blieben zwei Monate lang im Lamba-Land. Während dieser Spanne hatte Ngelengwa genug Zeit, sich das Wissen anzueignen, das er benötigte. Zuerst hatte Kalasa dem Vorschlag Ngelengwas, übers Land zu reisen, halbherzig widerstanden. Er protestierte, indem er sagte, sein Sohn würde viel über seine zukünftige Arbeit lernen, wenn er in Katangas Stadt bliebe. Wenn er seine Zeit damit verschwendete, in den Dörfern herumzuwandern, hätte es wenig Zweck gehabt, daß er seine Karawane begleitete. Aber Ngelengwa hatte den alten Mann schnell besänftigt, als er in Gegenwart Katangas sagte, daß er nur deshalb die Dörfer besuchen wolle, um deren potentiellen Reichtum für geschäftliche Zwecke zu beurteilen. Als der Häuptling und der Kaufmann das hörten, waren sie froh, als der junge Unyamwezi zu dieser Begutachtung aufbrach.

Auf ihrer Rückreise nordwärts wichen sie von ihrer Route etwas ab, um Mpande zu besuchen, den Häuptling der Sanga-Leute. Wieder einmal wurden Kalasa und sein Sohn freundlich empfangen, und Ngelengwa, der zum Blutsbruder des Häuptlings gemacht wurde, durfte durchs Land wandern und sammelte Informationen, die für seine Zukunftspläne sehr nützlich sein würden. Mpande war ein sehr alter Mann und extrem eifersüchtig auf Katanga und viele andere Häuptlinge in benachbarten Territorien. Von ihm lernte Ngelengwa, daß das ganze Land südlich des Flusses Luapula Eigentum einer Handvoll Häuptlinge und Stammeschefs war, die ihre Zeit damit zubrachten, zu streiten und sich gegenseitig vor Eifersucht zu verzehren. Wenn sie nicht offen im Krieg verwickelt waren, waren die BaSanga, die BaLamba, die BaUshi und die Wena Lunde und andere kleinere Stämme mit ständigen Intrigen beschäftigt. Obwohl er Sympathie für Mpande und seine Probleme vortäuschte, wurde sich Ngelengwa immer sicherer, daß seine Pläne aufgehen würden. Geduld, so sagte er sich, Geduld war alles, was er brauchte.

Beladen mit Elfenbein und begleitet von mehreren hundert Sklaven, die von den streitsüchtigen Stämmen im Süden gekauft wurden, führte Kalasa seine Karawane zurück zum See Tanganyika und in das jenseitige Land. Für ihn war es ein außerordentlich erfolgreiches Jahr. Er hatte gut gehandelt, und sein Reichtum wuchs schnell. Er hatte die Freundschaft mit Katanga gefestigt, ebenso mit Mpande und den anderen Häuptlingen, und er hatte die Freude erfahren, seinen liebsten Sohn an seiner Seite zu haben. Von dem, was er gesehen hatte, war er recht zufrieden, daß Ngelengwa einmal ein ausgezeichneter Händler werden würde und in Zukunft eigene Karawanen führen konnte. Ja, es war ein erfolgreiches Jahr, und jetzt war es Zeit, sich auszuruhen. Jetzt, wo Ngelengwa eine Ahnung bekommen hatte, wie man für Karawanen Verantwortung trägt, konnte die Ruhepause länger dauern, dachte Kalasa glücklich.

Doch Kalasa war nicht der einzige, der mit den Tätigkeiten des Jahres sehr zufrieden war. Ngelengwa war auch erfolgreich, und als er sich am Ende der Reise vor Kalasa hinkniete, um den Segen zu erhalten und sich am Dank an die Geister für eine sichere Bewahrung zu beteiligen, brachte er es fertig, sein Lächeln zu verbergen.

Kalasa hatte den Traum etwa vier Monate nach seiner Rückkehr aus Katangas Land. Es war ein ungeheuerlicher Alptraum; er schrie im Schlaf laut auf. Es geschah in einer Nacht, als der Wind, der den ersten Regen ankündigte, durch die Dorfstraßen heulte. Kalasas Schreie machten seine Diener munter, und diese riefen wiederum Ngelengwa, der für einen Moment hoffte, sein Vater würde sterben. Sobald man ihm sagte, dies sei nicht der Fall und daß sein Vater nur schlecht geträumt hätte, tat Ngelengwa so, als sei er sehr betroffen, und ging in das Zimmer seines Vaters, hinterlistig, wenn nicht sogar enttäuscht. Doch jede Enttäuschung, die er gehabt haben mag, verschwand sogleich, als er sich an Kalasas Seite hinkniete. Der alte Mann, der jetzt munter war, zitterte noch von seinem Erlebnis. Während er große Betroffenheit vortäuschte, legte Ngelengwa seinen Arm um Kalasa und wischte mit einem Tuch, das ein Diener gebracht hatte, den Schweiß ab, der noch immer auf der Stirn des alten Kaufmanns klebte. Im schummerigen Licht einer Öllampe, die in der Ecke des Zimmers flackerte, konnte Ngelengwa sehen, daß seine Augen weit geöffnet und seine Pupillen vergrößert waren. Während er die Hand seines Sohnes ergriff, fing Kalasa an, mit stammelnder Stimme seinen Traum zu erzählen. "Ich ... ich ... ich war im Boot auf dem großen Wasser des Tanganyika. Ich war allein. Ich verstehe das nicht, aber ich war allein. Das große Segel der Dau wurde von unsichtbarer Hand gehalten, und bald konnte ich die Küste in der Nähe von Mrumbi sehen. Dort konnte ich dich erblicken, mein Sohn. Du standst am sandigen Strand und schautest zu mir. Ich winkte, doch du nahmst keine Notiz von mir. Dann erhob sich ein mächtiger Wind über dem Wasser, ergriff das Segel und drehte die Dau rundherum in weiten Kreisen. Dann donnerte und blitzte es, und der Mast ... der Mast spaltete sich entzwei und krachte auf die Dau. Der Wind schien die Kraft von tausend Kriegern zu haben. Er nahm das Wasser des Tanganyika in seine großen

Hände und schleuderte es ins Boot, das sich immer noch drehte und schaukelte. Als das Wasser hereinbrach, spürte ich, wie das Boot sank. Ich schrie und schrie nach dir, mein Sohn, doch du konntest mich nicht gehört haben, du konntest mich nicht ... du konntest nichts gesehen haben, ... weil du mir nicht zu Hilfe gekommen bist, Ngelengwa, du bist nicht gekommen ... Dann, als ich zum letzten Mal rief, sank die Dau in die Tiefe des tosenden Wassers. Ich schlug mit den Armen und Beinen, versuchte noch einmal zu rufen, doch es war sinnlos, es hatte keinen Zweck. Dann bedeckte das Wasser meinen Mund, meine Augen. Ich merkte, wie ich sank ... sank ..."

Den Traum zu erzählen, war zuviel für Kalasa. Er schloß die Augen und atmete tief, seine Hände umklammerten noch Ngelengwas Arm. Es war völlig still im Zimmer. Die Diener standen bewegungslos und mit großen Augen als Folge dessen, was sie gehört hatten, in der Tür. Ngelengwa wischte noch einmal die Stirn seines Vaters. Der heulende, kreischende Wind peitschte gegen die Schlammwände des Hauses und lieferte eine stürmische Begleitung zu dem nächtlichen Ereignis. Nach ein paar Minuten drehte sich Kalasa um und schaute in Ngelengwas Augen. Seine Lippen bewegten sich, doch es kostete ihn große Anstrengung, als er erneut redete. Diesmal war seine Stimme schwach. "Ngelengwa, ... diese Nacht habe ich eine Botschaft vom Großen Geist bekommen. Ich ... ich wurde vor einer erneuten Reise gewarnt. Wenn ich noch einmal versuchen würde, eine Karawane gen Süden zu führen, würde mich das Unglück treffen und vielleicht ... vielleicht der Tod. Deshalb, Ngelengwa, bist du derjenige. Du warst an der Westküste des großen Sees in Sicherheit, als ich am Ertrinken war. Du bist es, der die Karawane jetzt nach Süden führen wird. Ngelengwa, sag, daß du das für mich tun wirst ... Es gibt viel Reichtum im Süden ... viel ... Reichtum ... Ngelengwa. Sag, daß du ..."

Kalasas Stimme wurde schwächer, als er in Erschöpfung versank. Ngelengwa zog seinen Arm zurück und bedeutete den Dienern, den Raum zu verlassen. Dann ging er in die Ecke des Zimmers und hob die Öllampe auf. Wieder am Bett, hielt er die Lampe so, daß ihr düsteres Licht jetzt auf den schlafenden Kalasa schien. Mit ziemlich ausdruckslosem Gesicht sagte Ngelengwa mit leiser Stimme: "Ja, Vater, mein sehr verehrter Vater, ich werde für dich nach Süden gehen. Aber eines sollst du wissen: Mich wird kein Unglück treffen."

Nach seiner zweiten Reise ins Katanga-Land, überredete Ngelengwe seinen Vater, daß es besser sei, wenn er gleich im Süden bleiben würde. Wenn er das täte, könnte er einen dauerhaften Handelsstandort errichten. Er könnte Elfenbein, Kupfer und Sklaven in größeren Mengen als je zuvor nach Norden schicken und die Beziehungen zu den Häuptlingen verschiedener Stämme aufrechterhalten oder sogar verbessern.

Die Trennung von seinem Sohn brach Kalasa das Herz, und obwohl er den Versuch machte, diesen Plan zu durchkreuzen, war er doch zu schwach, um den Worten Ngelengwas zu widerstehen. Seit seinem Traum hatte der Kaufmann die meisten seiner Angelegenheiten seinem Sohn überlassen. Nach zwei Safaris in den Süden und mehreren in die Küstenregionen erlangte Ngelengwa bald den Ruf, einer der gerissensten Kaufleute seiner Zeit zu sein. Er vermehrte den Reichtum seines Vaters beträchtlich und vergewisserte sich natürlich, daß seine eigenen Geldkisten ordentlich gefüllt wurden.

Seine Reisen in den Süden waren auch in anderer Hinsicht erfolgreich. Bei beiden Gelegenheiten betonte er seine treue Ergebenheit zu Katanga und Mpande gleichermaßen. Jedem Häuptling erzählte er, er würde ihn gegen den andern unterstützen. Und als sie die Gewehre seiner Männer sahen, hatte jeder einzelne dem Händler aus Unyamwezi in derselben bekannten Weise zugelächelt. Er hatte mit Katanga ausgemacht, daß, wenn er schließlich zurückkehrte und sich im Süden niederließ, er dies im Gebiet des Häuptlings tun würde. Mpande erzählte er, er würde das deshalb machen, um Katanga besser im Auge zu behalten, und dies wiederum wäre von größerem Nutzen, wenn die "große Schlacht" beginnen würde. Kurz gesagt, er fuhr fort, mit dem gegenseitigen Mißtrauen der Häuptlinge des Landes zu pokern. Er förderte ihre Eifersüchteleien und vergrößerte ihren Haß. Sie hatten keine Ahnung, daß sie durch ihre Beteiligung an den Intrigen nicht nur in ihren eigenen Tod einwilligten, sondern am Schicksal eines Mannes teilnahmen, der einer der aufsehenerregendsten zentralafrikanischen Herrscher werden sollte.

# KAPITEL XI

## *Mushidi - der Monarch*

Ein Schwarm schwarzer Kormorane flog tief über den ruhig fließenden Fluß Luapula. Kaum eine kleine Welle kräuselte sich auf dem Wasser, und die hohen Palmen und Akazienbäume warfen schon ihre Schatten in der Nachmittagsonne. Beide Ufer waren von hohem Gras und dichtem Unterholz bedeckt. Auf der kleinen, sandigen Insel, wo der Fluß eine ausgedehnte Kurve nach Osten zieht, grinste ein böse aussehendes, männliches Krokodil, etwa fünf Meter lang, in seinem späten Nachmittagsschlaf. Mehrere Meter weg wälzte sich eine Flußpferdkuh mit ihrem Kalb im tiefen Wasser und stieß ihr warnendes Grunzen aus, als sie in gleichmäßigen Abständen die Wasseroberfläche durchbrach und ihre plumpe Last leicht anstieß. In der Nähe des Westufers, wo die zwar unmerklichen, doch ewigen Gezeitenwaschungen eine kleine Lagune geformt hatten, schenkte ein Bett von Wasserlilien dem fast stillen Gewässer eine grüne Patchworkdecke. Ein großes Kanu lag bewegungslos und behaglich am Schilfufer. Die einzige Bewegung in der Nähe war die eines steifbeinigen, braunen und blauen Lilytrotters und einem Paar glänzend gefärbter Pygmäengänse, die von Schilfrohr zu Schilfrohr schwammen in einer übertriebenen Wichtigtuerei. Auf der Spitze eines grotesken Affenbrotbaums am anderen Ende des breiten Flusses breitete ein großer Fischadler seine schwarzweißen Flügel aus, plusterte seine Federn auf und blickte verächtlich auf die Szene.

Der Anführer des Kormoranschwarms tauchte plötzlich seine Flügel ein, als sich eine Unmenge silberner Strahlen auf das Ufer zubewegten. Die anderen Vögel manövrierten in der gleichen Weise. Auf halbem Weg ihres Sturzfluges näherten sich Männerstimmen dem steilen Ufer und veranlaßten sie, von ihrer Beute abzulassen. Einen Chorus der Verärgerung kreischend, taten sie dies. Mit dem Kommen der Männer und dem Geschrei der gestörten Kormorane war der Frieden des Nachmittags brutal und unwiederbringlich verloren.

Nachdem das hohe Gras und das Unterholz durch den Führer geteilt wurde, führte Ngelengwa die zwölf Wanyamwezi-Stammesmänner zum Kanu ans Ufer. In den letzten zwei Monaten waren er und seine Männer damit beschäftigt, sich und ihre Familien auf dem Land niederzulassen, das Katanga ihnen an den Ufern des Lutipuka-Bachs zugewiesen hatte. Außer den Wanyamwezi, die - nebenbei bemerkt - alle mit Gewehrladern auf seine Kosten bewaffnet waren, hatte Ngelengwa auch eine Ehefrau mitgebracht. Die Frau, deren Name Kapapa war, wurde ihm von einem Freund Kalasas gegeben. Sie und die Frauen anderer Stammesmänner wurden in den Siedlungen nahe des Lutipuka zurückgelassen.

Während seine Männer eifrig damit beschäftigt waren, Häuser zu bauen und allgemein ein Dorf zu errichten, hatte Ngelengwa es sich zur Aufgabe gemacht, schon wieder Mpande und Katanga zu besuchen. Diesmal wurde es in den Gesprächen sehr deutlich, die er mit den Häuptlingen und anderen Obersten hatte, daß er es für nötig halten mußte, dem allmächtigen Kazembe, dem Häuptling der Wena Lunda, der am Ostufer des Luapula wohnte, Respekt zu zollen. Obwohl weder Mpande noch Katanga ihre Unterwürfigkeit unter Kazembe offen zugaben, war es dem schlauen Ngelengwa klar, daß sich der Lunda-Häuptling selber als Alleinherrscher des Landes westlich des Flusses sah. Der erste Teil seines Plans bestand darin, sich bei allen örtlichen Herrschern einzuschmeicheln. Zu diesem Zweck war es nötig, Kazembe zu besuchen. Deswegen waren Ngelengwa und seine Männer jetzt gerade dabei, den Luapula zu überqueren.

Als sie das Ostufer erreichten, war Ngelengwa nicht überrascht, als er und seine Leute von Stammesmännern der Wena Lunda umstellt wurden, die Speere trugen und deren Körper mit Kriegsbemalung bedeckt waren. Als Ngelengwa die Wena Lunda darüber informiert hatte, daß er gekommen sei, um ihrem Häuptling Ehre zu erweisen, machten sie weder den Versuch, ihm sein Gewehr wegzunehmen, noch ihn und seine Leute in irgendeiner Weise zu belästigen. Stattdessen gaben sie den Wanyamwezi Essen und geleiteten sie schließlich zu Kazembes gut befestigter Stadt.

Sie wurden zwei Tage lang eingesperrt, während die üblichen Geisterzeremonien stattfanden. Als die Medizinmänner zufrieden waren, wurden sie aus der Quarantäne entlassen und zum Häuptling gebracht.

Nachdem sie Kazembe willkommen geheißen hatte und ihm und seinen Männern die Freiheit der Stadt gewährleistet worden war, führte Ngelengwa mit dem Häuptling das erste Privatgespräch. Zuerst erklärte er, der einzige Grund für seine Niederlassung in Katangas Land sei, handeln zu können und mit der Karawane schnell nach Norden voranzukommen. Der Grund, warum er sich westlich des Flusses niederließ, sei, daß sich Mpande und Katanga ständig gegen den mächtigen Kazembe verschwörten, wie er gehört habe. Da er wisse, wie gut der Lunda-Häuptling sei, hätte er sich entschlossen, falls er im Westen bliebe, ein guter Verbündeter zu sein gegen die "Schlangen, die nur nach Bösem trachten". Er könnte, so erläuterte er, Kazembe auf dem laufenden halten über jede Bewegung, die Mpande und Katanga machten, und über jedes Wort, das sie gegen ihn äußerten.

Der große Kazembe, berühmt für seine Weisheit, glaubte dem Ngelengwa jedes Wort! Er machte sofort den Vorschlag, Blutsbrüderschaft zu schließen, und die Zeremonie, die dies in die Tat umsetzte, fand drei Tage später statt.

Als Ngelengwa endlich von Kazembe wegging, kniete er vor dem Häuptling. Hinter ihm, ebenfalls kniend, waren seine Männer, deren Gewehrkolben vom Lunda-Monarch wegzeigten und neben ihnen lagen. Um sie herum standen Hunderte von Menschen aus der Stadt, die hörten, wie Kazembes Stimme losdröhnte: "Ngelengwa, Sohn von Kalasa, du bist wirklich mein Freund, dem ich vertraue. Von diesem Tag an wirst du die Stärke Kazembes im Westen sein, und ich werde nicht länger allein dastehen, um meinen Feinden von jenseits des Flusses zu begegnen. Du wirst mir Auge und Ohr sein, und für den Dienst, den du für mich tust, wirst du gut belohnt werden. Laß alle Männer, die heute hier sind, erfahren, daß du mein Bruder bist. Laß sie auch wissen, daß du bald zu uns zurückkommen wirst."

Ngelengwa stand auf und grüßte den Lunda-Häuptling mit großer Feierlichkeit. Dann sagte er für alle hörbar mit lauter Stimme: "Hab' keine Angst, großer Kazembe. Deine Feinde sind meine Feinde, und es wird nicht viele Monde dauern, bis ich zurückkomme."

Der Start auf dem Weg zu Ngelengwas Macht kam ziemlich unerwartet, und es war auf keinen Fall ein Teil seines Plans, die

Territorien westlich des Luapula zu erobern. Als er in Katangas Land von seinem Besuch bei Kazembe zurückgekehrt war, hatte sich Ngelengwa auf seine geschäftlichen Aktivitäten konzentriert. Mehrere Karawanen aus Tanganyika kamen an, und mit jeder kamen neue Wanyamwezi, um sich niederzulassen. Nach einer gewissen Anzahl von Reisen in und um die Länder von Katanga und Mpande beförderte Ngelengwa eine riesige Zahl von Sklaven sowie viele Ladungen Elfenbein und Kupfer zu Kalasa.

Alles fing damit an, als eine Frau namens Kamwifili von Katanga zu Ngelengwa mit der Bitte geschickt wurde, er sollte ihr helfen. Die Frau erklärte, daß ihr Sohn von einem unteren Häuptling namens Kapema ermordet worden sei, und sie wolle Vergeltung. Ngelengwa hätte sie normalerweise weggeschickt, doch bei ihrem Wutausbruch gegen Kapema erwähnte sie, daß er sehr reich wäre. Das rückte die Sache in ein anderes Licht, und Ngelengwa war einverstanden, gegen den Mörder zum Schlag auszuholen. Mit nur einer Handvoll Männer, die Gewehre trugen, griff er das Dorf des Häuptlings an, machte es dem Erdboden gleich und hatte nicht nur Kapema getötet, sondern auch alle seine Männer. Er schlug allen Toten die Köpfe ab und ließ sie auf die Spieße seines Dorfzauns stecken. Damit begann er eine Handlungsweise, für die er später berüchtigt sein sollte. Nebenbei bemerkt hatte die Frau die Wahrheit gesagt, was den Reichtum Kapemas betraf, und daher war die ganze Sache sehr gewinnbringend für Ngelengwa.

Die Nachricht von dem Massaker an Kapema verbreitete sich sehr schnell. Da Ngelengwa, der listig genug war, erkannte, wie wichtig es war, etwas von der Beute zu Katanga und Mpande zu schicken, wurde er im ganzen Land gepriesen. Doch lauter als der Lobpreis waren die Warnungen der kritischeren Obersten, die auf die Verwüstungen hinwiesen, die Ngelengwas Gewehre verursacht hatten. Einige dieser Ältesten versuchten, die Häuptlinge zu warnen, daß die Gewehre, die auf Kapema gerichtet worden waren, sich auch leicht in ihre eigene Richtung wenden könnten. Ein uralter Häuptling, mit Namen Kyamu, war vielleicht ein bißchen lauter als seine Kollegen, und seine Worte hallten durch Dörfer und Wälder, bis sie auch Ngelengwa selbst zu Ohren kamen. Kyamu und seinen Dorfbewohnern ließ man keine Chance. Ngelengwa und seine Musketiere schlugen mitten in der Nacht zu, und bei

Dämmerung waren die verkohlten Mauern das einzige, was von dem Dorf mit mehreren hundert Häusern übriggeblieben war. Und wieder wurden alle Toten enthauptet, und dem Kopf Kyamus wurde ein Ehrenplatz außen an Ngelengwas Haus gegeben. Von nun an gaben die Ältesten keine Warnungen mehr, und die Furcht und Tyrannerei, die man mit dem Namen Munyamwezi verband, wurde immer größer, sogar in den Herzen von Katanga und Mpande selbst. Wieder einmal wurde den beiden Häuptlingen ein Teil der Beute von diesem Angriff geschickt, und sie waren entweder zu habgierig oder zu eingeschüchtert, die Annahme zu verweigern.

Als nächstes schlug Ngelengwa den Häuptling Sangatila von den BaSanga. Er tat es auf Wunsch von Mpande, der behauptete, Sangatila habe sich zu einer Rebellion gegen ihn verschworen. Wie auch bei den übrigen Malen, war es eine kurze Schlacht ohne Verluste auf der Seite der Wanyamwezi und mit der gewöhnlichen Enthauptung der Toten. Doch der Löwenanteil an Elfenbein und Kupfer wurde diesmal dem Mpande gegeben. Ngelengwa fiel der Titel "Häuptling" zu, ebenso Land und Abgaben. Die Tatsache, daß Katanga von diesem Überfall nichts bekommen hatte und daher zum ersten Mal von Ngelengwa sichtlich beleidigt wurde, war wahrscheinlich das kriegsauslösende Ereignis, das die Rechnung des Munyamwezi viel eher aufgehen ließ, als dieser erwartet hatte.

Angeblich fing der Streit zwischen Katanga und Ngelengwa mit dem Fell eines Löwen an, den letzterer bei der Jagd erlegt hatte. Nach dem Brauch mußte der Jäger das Fell zum Häuptling bringen, denn dieser war der einzige, der so etwas besitzen durfte. Als Katanga hörte, daß Ngelengwa das Löwenfell bereits unter seinen Sessel gelegt hatte, sandte er einen Ältesten, von einer Kompanie Kriegern begleitet, um sich wegen dieser Sache zu beschweren. Als Katangas Männer sich Ngelengwas Siedlung näherten, die sich inzwischen schnell zu einer Stadt mit eigenen Gesetzen entwickelt hatte, wurden sie erschossen.

Ngelengwa wartete gar nicht erst, Katanga den Krieg zu erklären. Er griff die Stadt des Häuptlings an durch mehr als fünfzig Wanyamwezi, die Gewehre trugen. Obwohl Katanga selbst in der Hitze der Schlacht entkam, wurden alle Verteidiger getötet. Häuser und die Ernten wurden zerstört,

Frauen und Kinder wurden gefangen genommen und als Sklaven mit der nächsten Karawane nach Tanganyika geschickt. Am Tag nach der Schlacht schickte Ngelengwa seine Wanyamwezi in alle Nachbardörfer, um sich selbst als den neuen Katanga ausrufen zu lassen. Als der Häuptling das hörte, kam er aus seinem Versteck und war um Verhandlung bemüht. Er wurde von Ngelengwa höflich angehört, und es wurde ihm gesagt, er solle im Dorf bleiben, bis man sein Schicksal beschlossen hätte. Das war eine andere Art, ihm zu sagen, daß er als Gefangener gehalten wurde. Doch das Schicksal des Ex-Häuptlings war offensichtlich bereits beschlossen, denn drei Tage nach seiner Ankunft wurde er tot aufgefunden. Er war vergiftet worden.

Wie zu erwarten war, beobachtete der uralte, schüchterne und unaufrichtige Häuptling Mpande die Aktivitäten Ngelengwas und seiner Wanyamwezi-Krieger mit beträchtlicher Bestürzung. Als die Nachricht vom Tod Katangas ihn erreichte, hatten sich seine schlimmsten Befürchtungen bestätigt. Er war keineswegs unglücklich über den Tod seines Rivalen, jedoch machten die Umstände dazu sein eigenes Schicksal recht unsicher. Seit diesem Zeitpunkt wartete er umsonst auf Anzeichen dafür, daß er und seine Leute in Ngelengwas Angriffe nicht eingeschlossen würden. Es kamen auch keine Boten mehr mit Abgaben aus der Beute, die Ngelengwa bei den Überfällen genommen hatte. Es gab keine Freundschaftsbotschaften, keine Gesandten wegen des Handels oder irgendwelche Anzeichen, daß der Munyamwezi freundlich gegen ihn gesinnt war. Mpande griff nach der *Kilunga*, einer Flußmuschel, dem Zeichen der Königswürde, die um seinen Hals hing, und stellte sich darauf ein, angegriffen zu werden.

Er brauchte darauf nicht lange zu warten. Ngelengwa schlug mit großer Gewalt zu. Zum ersten Mal wurden die Krieger aus Tanganyika durch ortsansässige Stammesmänner verstärkt, nämlich den BaLambas des verstorbenen Katanga, die nur zu erfreut waren, ihre wiedergefundene Loyalität dem Ngelengwa zu bekunden. Die meisten der Verteidiger von Mpandes Stadt wurden getötet, die Frauen wurden unter den Wanyamwezi verteilt. Doch der alte Häuptling wurde gefangengenommen und für den Rest seines Lebens zu ehrenvoller Gefangenschaft verurteilt. Mehrere Wochen nach der Schlacht ging Mpande den Weg Katangas und wurde vergiftet aufgefunden.

Obwohl auf Veranlassung Ngelengwas hin vermutet wurde, Mpande hätte sich das Leben genommen, um nicht Gefangener zu bleiben, gab es in den Augen der meisten Leute keinen Zweifel, daß sein Tod herbeigeführt worden war.

Zwei Jahre nach seiner Ankunft in Katangas Land hatte Ngelengwa bereits ein Territorium von der Größe Englands, Schottlands und Wales zusammen erobert. Seine Erfolge berauschten ihn, und er wurde von zerstörerischer Wut ergriffen. Praktisch waren alle Stämme westlich des Flusses Luapula seiner Macht unterworfen. Er plünderte, mordete, vergewaltigte und verwüstete. Seinen Namen flüsterte man ängstlich überall im Land, und er wurde zum Synonym für Tod und Zerstörung.

Während all dieser Umwälzungen, die Ngelengwa westlich des Luapula verursachte, gab es einen Mann, der die Sache mit großem Interesse beobachte und wartete. Er war weder ängstlich noch wütend. Dieser Mann war Kazembe von den Wena Lunda, der in seiner eingezäunten Festung am Ostufer saß. Tief in Gedanken versunken, gingen ihm seine künftigen Aktionen durch seinen kühlen und berechnenden Kopf.

Wenn ihn seine Ältesten und Berater auf die Berichte von den Erfolgen Ngelengwas aufmerksam machten, sagte Kazembe nur wenig dazu. Er schaute zu und wartete ab.

Doch als man Kazembe berichtet hatte, daß der Munyamwezi sich das ganze übrige Land des Mpande unterworfen hatte, faßte der Häuptling einen Beschluß. Nachdem er die Ältesten zusammengerufen hatte, verkündete er seine Absicht, in den Westen einzufallen. "Wenn ich meine Krieger früher über den Luapula geschickt hätte, hätte ich mit vielen Häuptlingen kämpfen müssen. Aber jetzt, seit dieser doppelzüngige Munyamwezi-Hund letztes Jahr hierher gekommen ist, brauche ich nur noch mit einem Häuptling zu kämpfen. Geht in eure Dörfer, schickt Boten übers Land, und ruft unsere Männer an die Waffen. Wir werden diesen Emporkömmling heute in zwei Monden angreifen."

Dann berief Kazembe seinen Neffen Lubabila, den Angriff jenseits des Luapula gegen Ngelengwa und seine Horden zu leiten. Bald versammelten sich viele hundert bewaffnete Männer mit Speeren, Bogen und Pfeilen in der Stadt des Kazembe. Lubabila übernahm mit großem Stolz das Kommando und bereitete die Invasion in den Westen vor.

Aber die Macht und der Triumph des Ngelengwa hatten weit und breit Auswirkungen, sogar in Kazembes eigenem Land. Einer der Chefberater des Wena-Lunda-Häuptlings, ein Oberster mit Namen Kaziba, der am Ufer des großen Flusses wohnte, beschloß, daß es besser wäre, mit Ngelengwa Freundschaft zu schließen, als unter den Auswirkungen seiner Feindschaft zu leiden. Daher sandte er Boten über den Luapula, die den neuen Monarch im Westen über die bevorstehende Attacke informierten.

Die Nachrichten erreichten Ngelengwa gerade noch rechtzeitig, um eine Kriegsabteilung von zweihundert Wanyamwezi-Soldaten über den Fluß zu schicken. In Kazembes Land angekommen, lagen Ngelengwas Männer auf der Lauer und warteten auf das Kommen der entschlossenen Angreifer. Gegen die Gewehre der Wanyamwezi hatte Kazembes Armee keine Chance. Sie wurden niedergestreckt und dezimiert ohne Gnade, und einer der ersten, die gefallen waren, war der stolze Lubabila. Die Wanyamwezi, die mit ihrem Sieg auf dem Schlachtfeld noch nicht zufrieden waren, verfolgten die fliehenden Übriggebliebenen der Wena Lunda, bis alle bis auf einige wenige abgeschlachtet waren. Sie stürmten die Hauptstadt, verbrannten und plünderten die Häuser, und obwohl man Kazembe auf Befehl Ngelengwas unverletzt gelassen hatte, erreichte dieser nie wieder die Macht und Bedeutung, die er vorher gehabt hatte.

Als er vom Erfolg seiner Männer gegen Kazembes Armee hörte, überkam Ngelengwa ein Gefühl der Wichtigkeit wie nie zuvor. Um sicherzugehen, daß man in seinen neugewonnenen Eroberungsgebieten, in den Ländern der toten Häuptlinge Mpande und Katanga, auch über seine neuesten Siege Bescheid wußte, schickte er Boten und Geschichtenerzähler überall ins Land, um die Story zu berichten. Als die Dorfbewohner des Westens hörten, daß ihr traditioneller Feind Kazembe sich hatte von Ngelengwa besiegen lassen, waren sie überglücklich. Sie riefen den Munyamwezi-Eroberer als ihren wahren Herrscher aus. Dadurch, daß er Kazembe in der Schlacht schlug, hatte er, ohne daß er es merkte, die Stämme des Westens vereinigt. Er appellierte an ihre beschränkte Vorstellungskraft und erwies sich als ein echter und leuchtender Herrscher. Die Grausamkeiten und Verwüstungen, die sie selbst unter Ngelengwa erlitten hatten, waren bald vergessen. Vergessen waren auch die Treuebekundungen gegenüber ihren ehemaligen Häuptlingen. Im ganzen Land ertönte nur ein gemeinsamer Ruf: "Ngelengwa darf nie wieder weggehen. Er ist der Häuptling aller Häuptlinge, der Herrscher über alle!"

Obwohl Ngelengwa in den ersten paar Jahren seiner Besetzung Katangas fast ständig damit beschäftigt war, Krieg zu führen und die eroberten Gebiete zu halten, vernachlässigte er seine geschäftlichen Aktivitäten nicht. Nach jedem Überfall wurden Hunderte von Dorfbewohnern als Sklaven genommen und nach Tanganyika geschickt; und wenn die Karawanen zurückkehrten, waren sie begleitet von immer mehr Wanyamwezi. Bei manchen Gelegenheiten pflegten die Karawanen junge Männer aus anderen Stämmen des Ostens zu bringen; und als die Nachricht vom Sieg, den er über Kazembes Armee erlangt hatte, die Küste erreichte, machten sich mehrere Swahili und arabische Händler daran, diesem Zeitgenossen, der ein neues Reich gegründet hatte, Respekt zu zollen.

Die Siedlung am Ufer des Lutipuka-Bachs, die einst ein kleines Dorf mit niedrigen Hütten war, wurde nach vier Jahren zu einer bedeutenden Stadt mit stolzen, feinen Häusern und starken Festungen. Dreimal hatten Älteste der BaSanga und der BaLamba ihren Sieger gebeten, er möge die traditionellen Insignien der Königswürde, die weiße Flußmuschel, bekannt als *Kilunga*, annehmen. Jedesmal empfing er die Obersten mit großem Pomp und Zeremoniell, jedoch nicht ohne ein gewisses Maß an Verachtung. Er ließ sie tagelang warten, bevor er ihnen den Eintritt in seine Stadt erlaubte. Er ließ sie vor sich niederknien und auf dem Staub kriechen vor seinem Haus. Dem Namen nach war er immer noch Ngelengwa, aber dem Benehmen nach war er schon König, ganz gleich, ob die Ältesten ihn als solchen ausriefen oder nicht.

Ngelengwa verweigerte bei jeder Gelegenheit die angebotene *Kilunga*; sehr zum Ärger der Ältesten, die gehofft hatten, durch ihren offenen Akt der Lehnstreue Vorteile zu erhalten, sagte ihnen der Munyamwezi, sie sollten in ihre Dörfer zurückkehren. "Ich brauche weder eure dämlichen Abzeichen noch euer lügenhaftes Gerede, um mich zum König zu machen", sagte er. "Dieses Land gehört mir, und alle, die hier wohnen, sind meine Untertanen. Ich bin euer König, mit oder ohne die *Kilunga*."

Doch der Monarch sollte seine Meinung ändern. Zu Beginn des fünften Jahres seiner Herrschaft überbrachten Boten aus Tanganyika die Nachricht vom Tod seines Vaters. In den letzten Jahren hatte Kalasa mit Hilfe Ngelengwas ein großes Vermögen angehäuft. Nun, da er tot war, hatten seine anderen Söhne, Mufwila und Kabebe, eine heftigen Rechtsstreit miteinander. Kabebe als der Ältere beanspruchte das gesamte Vermögen, und Mufwila in seiner Verzweiflung hatte sich an Ngelengwa gewandt mit der Bitte, ihm zu helfen. Ngelengwa war nicht begeistert, von seinem Bruder so dramatisch angerufen zu werden. Er wußte sehr wohl, daß Kabebe damit einverstanden wäre, mit seinem Bruder Mufwila das Vermögen des Vaters zu teilen. Von dessen Ausschluß konnte nicht die Rede sein. In dieser Hinsicht war Ngelengwa auch völlig desinteressiert am Streit der Brüder. Doch eine Sache, die die Boten nebenbei erwähnten, beschäftigte ihn stark. Das war die Tatsache, daß Kalasa viel von seinem Vermögen in ihn, Ngelengwa, und in seine Aktivitäten in Katanga investiert hatte. Als er zum ersten Mal in den Süden kam, hatte er eine Menge Waren und Ausstattung mitgebracht, die seinem Vater gehörten. Im Lauf der Zeit hatte er große Werte von den anfänglichen Karawanenlieferungen Kalasas angesammelt. In den Augen seiner Brüder waren daher auch die Reichtümer, die er seit seiner Ankunft in Katanga angehäuft hatte, Teil dieses Vermögens. Es wäre möglich, daß der eine oder andere Bruder versuchen würde, ihm etwas wegzunehmen, vielleicht sogar unter Androhung von Gewalt. Ngelengwa brütete über diesen Gedanken. Er fürchtete keineswegs den Kampf mit einem seiner Brüder. Dennoch, wenn es soweit käme, hätte er es mit einem gleichstarken Gegner zu tun. Seine Brüder würden keine primitiven Stammesmänner mit Speeren mit sich bringen - ihnen würden bewaffnete Wanyamwezi dienen. Je länger er darüber nachdachte, desto überzeugter wurde er, daß seine Brüder ihre Aufmerksamkeit auf ihn richten würden.

Daher war er nicht überrascht, als seine Spione im Osten des großen Sees ausrichten ließen, daß Kabebe gerade dabei war, eine Karawane mit dreihundert bewaffneten Männern zu organisieren, um ins BaSanga-Land zu ziehen. Offenbar hatte sein Bruder vor zu kämpfen, doch er, Ngelengwa, konnte es sich nicht leisten, in eine Schlacht verwickelt zu werden, wenn das Zahlenverhältnis nicht völlig zu seinen Gunsten war.

Obwohl es so aussah, als hätten sich die BaSanga und die BaLamba unter seiner Herrschaft eingelebt, wußte er, daß, wenn sie sehen würden, wie er von einer gleichstarken Armee angegriffen würde, sie in Versuchung geraten würden überzulaufen, um ihn schließlich loszuwerden. Zum ersten Mal seit fünf Jahren fühlte Ngelengwa sich unsicher, und das gefiel ihm überhaupt nicht. Er mußte einem offenen Konflikt mit Kabebe zuvorkommen und zur gleichen Zeit sein Elfenbein, sein Kupfer und seine anderen Werte schützen. Es blieb nicht mehr viel Zeit zum Handeln. Mehrere Tage und Nächte brachte er ohne Nahrung und ohne Schlaf zu. Er mußte eine Lösung finden. Er konnte nicht glauben, daß er all das, was er in den letzten fünf Jahren erlangt hatte, verlieren könnte.

Die Antwort für sein Problem kam eines Nachts, als er, obgleich er dagegen kämpfte, eingeschlafen war. Im Traum sah er die Ältesten, die sich ihm dreimal näherten, um ihn zum König auszurufen über die BaSanga, BaLamba und die Nachbarstämme im Westen und Süden. Er sah, wie sie ihm die riesige weiße Flußmuschel, die *Kilunga*, hinhielten. Im Traum nahm er die Insignien der Königswürde und legte sie sich um den Hals. Dann hörte er, wie die alten Stammesmänner einen Namen ausriefen, doch es war nicht seiner. Es gab keine Zeugen bei dieser Zeremonie, außer ihn und die Ältesten. Im Schlaf strengte er sich an zu sehen, ob die Person, die die *Kilunga* annahm, jemand anders war. Dann wurde der Traum deutlicher. Er sah sich selbst auf einem Thron sitzen, der unter dem Schatten eines grünen Lorbeerbaumes stand. Um seinen Hals hing würdevoll die *Kilunga*. Zu seinen Füßen saßen die Obersten. Diesmal erhoben sie ihren rechten Arm zum Gruß und riefen den seltsamen Namen, der nicht der seine war: Ein seltsamer Name, nicht seiner, doch offenbar war er damit gemeint.

Am nächsten Morgen schickte Ngelengwa Boten, um die Ältesten zusammenzurufen, und während er auf ihre Ankunft wartete, befaßte er sich damit, den wichtigsten taktischen Zug seiner Karriere vorzubereiten.

Als sich die alten Männer der Stämme vor Ngelengwa hingesetzt hatten, waren sie angenehm überrascht, ihn gut gelaunt anzutreffen. Er beantwortete ihren Gruß mit einem Lächeln und rief sie tatsächlich beim Namen, anstatt sie Schakale, Hexensöhne und dergleichen zu nennen. Vor dem

Treffen ließ er ihnen Bier bringen zur Erfrischung nach der Reise. Zuerst sprach er über seine Pläne, die Ernteerträge zu verbessern, ihnen beim Wiederaufbau der Dörfer zu helfen, die durch seine Armeen zerstört worden waren, und versprach ihnen, den Stammesältesten, einen Ausgleich für ihre Reise zum Lutipuka.

Dann erzählte er ihnen mit ernster und fordernder Stimme von dem Traum, den er gehabt hatte. Er beschrieb ihn sehr detailliert, und während er sprach, sahen sich die Ältesten an und sagten kein Wort. Als er die Stelle erzählte, wo er mit einem Namen gerufen wurde, den er noch nie gehört hatte, schüttelten die Dorfältesten verdutzt ihre Köpfe. "Ich sage es noch einmal: Ihr nanntet mich Mushidi", sagte Ngelengwa. "Jawohl, Mushidi. Ihr habt mich dreimal bei diesem Namen genannt und mich dabei als euren König gegrüßt. Dadurch wurde mir ohne jeden Zweifel gezeigt, daß ich sehr im Unrecht war, die Ehrung abzulehnen, die ihr mir versucht hattet zu geben. Deshalb, ihr weisen Männer, hört gut zu! Ngelengwa ist tot. Er ist genauso tot wie Katanga und Mpande. Nur Mushidi lebt. Mushidi, der König von ... nein, nicht König der BaLamba auch nicht der BaSanga, ... Mushidi, König von ... ja ... König von Garenganze ..."

Ein Murmeln des Erstaunens ging durch die Reihen der Ältesten. Sie hatten ihrem Lehnsherrn sehr interessiert zugehört, als er von seinem Traum erzählte, und waren von seiner offensichtlichen Sinnesänderung überwältigt. Aber er gab sich nicht zufrieden, seinen Namen zu ändern, er wollte auch dem Land einen neuen Namen geben: Garenganze ... sie wiederholten dieses Wort für sich ... Garenganze, ja, warum nicht? Das war ein guter Name.

"Ihr wollt wissen, warum ich den Namen Garenganze ausgesucht habe?" fuhr der Mann fort, der sich jetzt Mushidi nannte. "Garenganze ist ein Name, den ich aus dem Osten mitgebracht habe., Es ist der Name einer der ältesten und nobelsten aller Unyamwezi-Familien. In alter Zeit, lange bevor die Araber an die Küste kamen, waren die Ältesten von Garenganze Herrscher über das ganze Land um die Seen und Berge. Der Name Garenganze wurde gefürchtet und respektiert, und niemand redete schlecht von ihm. Deshalb sage ich noch einmal: Laßt von diesem Tag an das Land unter jenem Namen bekannt sein, der euren Vorfahren gehörte; und ich, Mushidi,

König von Garenganze, werde euch aus der Finsternis führen. Heute in zwölf Tagen hat jeder Mann, jede Frau und jedes Kind von Garenganze hier zu erscheinen und zuzusehen, wenn ich von euren Händen die *Kilunga* empfange. An dem Tag des Geschehens werde ich mich vor allen Leuten als euren König proklamieren. Dazu soll es eine große Feier geben, und anschließend gibt es große Freude, viel Bier und Tanz. Geht nun, weise Männer, und trefft die Vorbereitungen. Vergeßt nicht, daß Ngelengwa tot ist und Mushidi lebt!"

In dieser Nacht saßen die Ältesten am Lagerfeuer, ein paar Kilometer von der Stadt und dem Lutipuka-Bach entfernt. Am nächsten Morgen würden sie sich trennen und auf verschiedenen Wegen in ihre jeweiligen Dörfer gehen. Sie saßen da, starrten in die Feuerflammen und nippten gelegentlich an ihrem Bier. Vier Stunden lang hatten sie über das Gespräch mit dem Munyamwezi-Eroberer diskutiert, der sich nun selbst als König proklamierte. Sie waren noch immer ganz durcheinander, doch war die Tatsache, daß er den im Traum gehörten Namen Mushidi erwähnte, ein Zeichen für sie, daß der rechtmäßige Herrscher in Wahrheit gekommen war. Sie wußten, was er nicht wußte, nämlich daß das Wort "Mushidi" in der uralten Sprache der Bena Mitumba, ihren Vorfahren, die Erde, die Welt und die völlige Ganzheitlichkeit der Existenz bedeutete. Er dachte, er habe gehört, wie man ihn "Mushidi" rief. In Wirklichkeit war es aber "Mushili", eine sehr ehrwürdige Bezeichnung, die den Königen in der Vergangenheit gegeben wurde. Am Feuer waren sie sicher, daß ihr König tatsächlich ein Auserwählter war. Sie schliefen gut.

Zur gleichen Zeit als er die Ältesten in ihre Dörfer zurückschickte, sandte der König des neuen Landes Garenganze Boten auf den Weg nach Osten an den großen See. Ihnen wurde aufgetragen, jedes Dorf in Unyanyembe zu informieren, daß Ngelengwa, der Sohn Kalasas, kein gewöhnlicher Mann war; er war König, Kommandeur einer großen Armee und Herrscher eines großen Landes.

Mushidi, jetzt mußte er so genannt werden, schlief auch gut. Kabebe könnte vielleicht den Versuch machen, seinen Bruder Ngelengwa anzugreifen, doch würde er nie einen König attackieren oder versuchen, ihn zu berauben.

Der Wald, der die Stadt am Lutipuka-Bach umgab, leuchtete durch die Flammen der Lagerfeuer und widerhallte das unaufhörliche Getrommel und das Singen aus hundert verschiedenen Richtungen. Aus den vier Himmelsrichtungen des neuen Staates Garenganze waren die Bewohner dem Ruf des Herrschers gefolgt. Tausende von ihnen waren in den letzten paar Tagen angekommen, Frauen und Männer aller Altersgruppen mit Kindern auf dem Arm, Alte und Gebrechliche, - alle waren sie gekommen, um bei der Amtseinsetzung Mushidis, ihres Königs, dabei zu sein. Einige waren mit ihren Ziegen, Geflügel und Körben voll Maniok mehrere hundert Kilometer gelaufen. So groß war ihre Zahl, daß es unmöglich war, sie in der Stadt zu beherbergen. So bildeten sie aus Blätterhütten, Lagerfeuern und Kochgeschirr einen riesigen Lagerplatz außerhalb der Stadtbefestigung. Auf königlichen Befehl wurde ihnen jeden Tag Bier und Speise gebracht. Und nun, am Vorabend der grossen Zeremonie, tranken und sangen sie zu Ehren ihres Herrschers. Es waren einfache Leute, leicht zu erfreuen, mit freundlichen Worten schnell zu gewinnen, begierig darauf, geführt zu werden. Wenn ihr Führer auch noch prunkvoll sein sollte, um so besser. Als ihre Feuer in der kalten Nachtluft züngelten und ihre Bierkürbisse geleert und gefüllt wurden, näherte sich das Fest dem Höhepunkt, der am nächsten Tag stattfinden sollte. Nicht länger waren sie eine eroberte Rasse, unterworfen und mißhandelt. All die Demütigungen waren vorbei. Sie waren jetzt die Untertanen ihres Königs - eines neuen Königs, Mushidi, Mushidi von Garenganze.

Im ersten Licht der Dämmerung fingen die königlichen Trommeln an, im Stadtzentrum zu schlagen, und kurz darauf antworteten jene in dem riesigen Camp. Mit dumpfen Köpfen, schmerzenden Gliedern, mit heiseren Stimmen und blutunterlaufenen Augen wankten die Feiernden der letzten Nacht aus ihren Hütten, verließen die Wärme der glühenden Asche und bereiteten sich auf den großen Tag vor, der vor ihnen lag.

Zwei Stunden nach Tagesanbruch kamen sie in die Stadt und machten sich auf den Weg zur Zitadelle, wo die große Amtseinführungszeremonie am Mittag stattfinden sollte. Als sie an den Stadttoren zusammengelaufen waren, bereiteten sich die langen, sich schlängelnden Reihen von Dorfbewohnern, die geringeren Obersten und Ältesten, die jeder eine kleine Abgabe trugen, darauf vor, dem König zu huldigen. Einige führten Ziegen und Schafe, andere trugen kleine Elefantenstoßzähne, Rhinozeroshörner und Schnüre mit Flußpferdzähnen. Die weniger wohlhabenden und einfachsten Dorfbewohner trugen kreischende Hühner, Körbe mit Eiern und süßen Kartoffeln. Als die Sonne hoch über den Bäumen stand und der Tag bereits warm war, waren die bösen Nachwirkungen der nächtlichen Feier vergessen. Weh und Schmerzen machten dem Gelächter, vielen Gesprächen und Beifallsrufen Platz. Im Verlauf des Vormittags spuckte der Wald seine zeitweiligen Bewohner in die Stadt aus. Die Aufregung steigerte sich zum Fieber. Gewehrkolben, die den jubilierenden Wanyamwezi gehörten, feuerten Salve um Salve; die Schüsse verursachten nur ein vorübergehendes Schweigen in der unzählbaren Menschenmenge. Aus jeder Ecke der Siedlung ließen Trommeln verschiedener Tonhöhen ihren Gruß erklingen. Die Luft war voller Stimmen, Gelächter, Gekreisch und Jauchzen. Um die riesige Arena, in deren Mitte der königliche Thron bereits hingestellt war, versammelten sich die Massen und warteten ungeduldig. Sie lachten und scherzten mit den Wanyamwezi-Kriegern, die noch vor kurzem ihre Dörfer gestürmt und viel Verwüstung angerichtet hatten. Sie sangen ihren Lobpreis für einen Mann, der bald ihr König sein würde, den sie aber noch vor ein paar Monaten als ihren Unterdrücker verflucht hatten.

In der Zwischenzeit umgab sich der designierte König in einem großen Haus am Rand der Stadt mit seinen obersten Wanyamwezi-Beamten. Zum ersten Mal, seit er sich selbst als Herrscher von Garenganze proklamiert hatte, war er nervös und unsicher. Er war einen langen Weg gegangen seit den Tagen, als er ein Träger und Askari auf den Karawanenrouten von Tanganyika war. Auch als er schon Krieg führte gegen die zerstrittenen Häuptlinge im Süden, kam es ihm nicht in den Sinn, sich selbst zum König zu machen. Natürlich wollte er das Land erobern, was genauso sein Plan war, wie die Plünderungen in den Dörfern und schließlich das Füllen seines Geldbeutels. Aber die Verantwortung als König, die damit verbundene Vormundschaft für ein fremdes Volk - all das waren Dinge, die er sich nie überlegt hatte. Er wollte Reichtum und Macht und hatte keine Grenzen eingehalten, um dies zu bekommen. Und nun, um nicht zu verlieren, was er am meisten festhielt, war er gezwungen, sich als Monarch auszugeben mit allen damit verbundenen Lasten und Verantwortungen.

Er stand da, als seine Satrapen ihn in eine zwanzig Meter lange Hülle kleideten. Der Leinenstoff mit den Farben weiß, grün und violett wurde langsam und sorgfältig um seinen Körper gewickelt, und die Falten wurden mit Hilfe eines weißen Gürtels, den man von einem Swahili-Besucher kürzlich genommen hatte, fachmännisch geordnet. Zuvor hatte man Mushidis Körper mit dem Fett eines Löwen gesalbt, der speziell für diesen Anlaß gejagt und geschlachtet worden war. An seine Arme wurden Elfenbeinketten und Ringe aus Elefantenhaar gehängt. Um seinen massigen, doppelt gescheitelten Kopf niedriger zu machen, erlaubte er einem der Garderobieren, eine Schnur um seinen Hals zu legen, an deren Ende ein kleiner Spiegel befestigt war. Das Glas würde das Sonnenlicht in die Gesichter seiner Untertanen reflektieren, wenn er auf dem Thron saß. Er hatte selbst über diese besondere Verzierung nachgedacht, und er amüsierte sich bei dem Gedanken, daß es verdeutlichen würde, wie von ihm Licht ausging und in ihren trostlosen Tag hineinschien. Zum Schluß wurde ein mit Juwelen besetzter Dolch, den ihm sein Vater vor Jahren gegeben hatte, an seiner Taille befestigt. Schließlich war er bereit, seinen Untertanen zu begegnen, sie mit Pomp und Zeremonien zu überwältigen, ebenso mit königlichen Worten und Taten. Mushidi seufzte und schob seine Diener beiseite. Für einen kurzen Moment dachte er an Ngelengwa und die Zeit der arabischen Karawanen, dachte an seinen Vater und seine Dörfer im Unyamwezi-Land. Er hob seine Schultern und schritt würdig zur Tür, die auf die Veranda führte und zum Baldachin aus Zebra-Fell, der bereitstand, ihn zum Thron ins Zentrum der Stadt zu tragen. Es war, als ob es Ngelengwa nie gegeben hätte und nur Mushidi existiere, der König von Garenganze.

Ein großer, muskulöser Sklave wurde in die Arena gezerrt. Er wehrte sich heftig, doch die Wanyamwezi-Krieger, die seine Arme und seinen Körper umklammerten, konnten ihn festhalten. Die Menge hatte sich bereits die Hälse heiser geschrien, als Mushidi erschien, und für ein paar Minuten, nachdem er sich auf den Thron gesetzt hatte, hielt das Schreien und Jauchzen zu seiner Ehre noch an. Als dann die Stammesältesten und Obersten mit ihrer Ehrenprozession begonnen hatten, flauten die Stimmen der Menschen ab, dankbar für eine Pause. Als der Vorbeimarsch beendet und die Abgaben in Empfang genommen waren, läuteten vier große Trommeln den Beginn der Amtseinsetzungszeremonie ein. In dieser Phase wurde der Sklave in die Arena geschleift und ein paar Meter vor dem Thron auf den Boden gedrückt

Als Mushidi vor ein paar Tagen die Ältesten gebeten hatte, die traditionelle Einsetzungsfeierlichkeit der BaSanga und der BaLamba zu beschreiben, sagten sie ihm, sie bestünde lediglich aus der Überreichung der *Kilunga* an den Häuptling. Bevor die riesige Flußmuschel um den Hals gelegt wurde, hielt sie der Häuptling hoch über seinen Kopf, für alle sichtbar. Für kurze Zeit brütete Mushidi hierüber und stellte fest, daß das nicht spektakulär genug war. Schließlich vollendete er nach stundenlangem gründlichen Nachdenken einen Plan für eine andere Art Zeremonie, die sich aber immer noch um die *Kilunga* drehte.

Als der Sklave erschien, spürte die Menge, was jetzt vor sich ging. Und wieder brüllten tausende Stimmen vor Erregung und Erwartung. Sie machten einen solch großen Lärm, daß man die königlichen Trommeln kaum hören konnte. Hinter dem Thron trat ein Medizinmann hervor und kniete sich vor Mushidi hin. Nach wenigen Minuten kam ein großer Mann hinzu, der in einen Rock aus Leopardenfell gekleidet war; in seiner rechten Hand trug er ein langes Schwert mit einer sehr breiten Klinge. Er kniete ebenfalls vor Mushidi. Dann trat der oberste Berater des toten Mpande aus der Menge. Als er sich dem Thron mit großer Feierlichkeit näherte, hielt er die *Kilunga* hin, die an einer Schnur aus Tierhaaren hing. Als er in der Mitte der Arena stand, blickte sich der alte Mann um und schaute auf die Menge, erneut die Insignien der Königswürde hochhaltend. Danach kniete auch er vor Mushidi.

Die Massen waren bis jetzt kaum zu bändigen, und Wanyamwezi-Krieger, die man angewiesen hatte, die Menschen etwas weiter weg vom Stadtzentrum zu halten, hatten jetzt Schwierigkeiten, die Kontrolle zu behalten. Ihre Stimmen gingen im anhaltenden Gebrüll der Menge unter, und sie fingen an, ihre Gewehre als Knüppel zu gebrauchen.

Mushidi lehnte sich nach vorn; sein riesiger Kopf drehte sich zu dem Sklaven, der ein paar Meter entfernt auf dem Boden lag. Langsam hob er seinen rechten Arm hoch. Während er das tat, schien es, als wäre die Menge plötzlich verschwunden, als hätte ein Blitzschlag alle Männer, Frauen und Kinder auf die Erde geworfen.

Für einen Moment oder zwei blieb der Arm des schwarzen Herrschers regungslos, bis er plötzlich nach unten fiel. Sofort standen der Mann mit dem Schwert, der Nganga und der Stammesälteste auf und liefen schnell zu dem liegenden Sklaven. Die Wanyamwezi-Krieger legten ihn auf den Rücken, und während sie ihn immer noch festhielten, wichen sie so weit wie möglich zurück. Sofort machte der Mann mit dem Schwert eine geschickte Bewegung und schlitzte dem Sklaven den Bauch auf. Die Schreie des Opfers wurden von einer weiteren Welle erregten Gebrülls der zuschauenden Menge erstickt. Der Henker traf dann mit seiner Schwertklinge leicht die Kehle des Sklaven.

Sofort zeigte sich eine tiefe Schnittwunde von einem Ohr zum andern. Es ertönte ein eigenartiges, zischendes Geräusch, als die Luftröhre durchschnitten wurde, und aus der offenen Wunde floß Blut heraus. Jetzt nahm der Nganga die *Kilunga* aus der Hand des Ältesten. Er tauchte die Muschel langsam in das Blut des Opfers, und als sie gründlich eingetunkt worden war, trug er sie zu Mushidi, der die obere Hälfte seines Körpers senkte, so daß die tropfende Insignien der Königswürde um seinen Hals gebunden werden konnte.

Als er sich auf seinem Thron wieder aufrichtete, floß das Blut der Muschel sein Gesicht herab und befleckte das weiße Leinen darunter. Wieder schlug der Mann mit dem Schwert zu. Diesmal war es ein Gnadenakt, als er den Kopf des Sklaven abtrennte. Die Wanyamwezi-Krieger zerrten dann die Leiche in die Nähe des Thrones. Mushidi plazierte sehr bedächtig seine bloßen Füße auf den Halsstumpf, so daß sie vom Blut naß wurden, das immer noch stark herausspritzte. Und dann hob er beide Arme hoch, um der Menge zu signalisieren, daß sie schweigen sollte, und sprach: "Ich bin ein junger, grüner Lorbeerbaum, der im Land der BaSanga sproßt. Ich bin Mushidi, König von Garenganze. Jetzt wißt ihr, daß ich der König von euch allen bin."

Nachdem er die Schnur gelöst hatte, die die blutbefleckte *Kilunga* an seinem Kopf befestigt hatte, hielt er die Muschel an den Arm und legte sie langsam um seinen Hals. Seine Ansprache fortsetzend, rief er laut aus: "Deshalb nehme ich die *Kilunga* des Mpande, und hier auf meiner Brust wird sie bleiben, bis ich sterbe." Und so begann die Regierung Mushidis, des Königs, mit einer Zeremonie von Blut und Tod, von Terror und Barbarei.

# KAPITEL XII

## *Eine Ära der Macht*

Nicht lange nachdem sie von der Einsetzungsfeierlichkeit Mushidis in ihre Dörfer zurückgekehrt waren, bekamen die Leute von Garenganze den Druck ihres neuen Meisters zu spüren.

Der furchteinflößende und schreckliche Anblick des Menschenopfers und der blutigen *Kilunga* bei der Zeremonie hatte größtenteils dazu gedient, ihre Meinung über den König zu festigen, der in der Tat ein Mann der Stärke und der Allmacht war. Sie schwelgten in der Lust für das Ritual, das für sie in Szene gesetzt wurde.

Sie waren entzückt über das obszöne Drama, und ihre versteckte Triebhaftigkeit wurde über alle Maßen befriedigt, als Mushidi eine solche Verachtung der Würde des menschlichen Lebens zeigte. Sie hatten vor Erregung geschrien. Sie hatten sich gekauert, geduckt in panischer Angst, dann spotteten, witzelten und höhnten sie beim seltsamen Anblick des Körpers des Sklaven, aufgerissen und blutig. Ihr Gelächter und ihr Hohn waren nur ein äußeres Zeichen für ihr unbewußtes Verlangen, die Gefühlsanspannung zu entladen.

Nur wenige jedoch sahen in der Zeremonie einen Vorboten auf das, was noch kommen sollte. Für sie war die furchtbare Opferung nur ein Omen, eine Offenbarung der Art und Weise, in der Mushidi seine Macht spüren lassen wollte. Diese besorgten Männer gingen mit Furcht im Herzen in ihre Dörfer zurück.

Sie brauchten nicht lange zu warten. Im ersten Jahr seiner Regierung hatte Mushidi so etwas wie ein Steuersystem eingeführt, außerdem Strafgesetze mit harten Strafen und Verordnungen bezüglich der Landwirtschaft, der Wehrpflicht, des Handels und vieler anderer alltäglicher Angelegenheiten. Krieger seiner neuen Armee, die jetzt Rugaruga genannt wurden, marschierten durchs Land und verkündeten die königlichen Dekrete, sie trieben die Steuern ein, sie beleidigten Dorfälteste, zerrten Übeltäter mit geringfügigen Vergehen in die Hauptstadt zur Bestrafung und benutzten ihre Peitschen und Speere beim geringsten Anlaß.

Die Rugaruga wurden schließlich eine der brutalsten und berüchtigsten Stammesarmeen in Zentral- und Südafrika und kamen in Stärke und Gewandtheit wahrscheinlich gleich nach Shakas Zulu Impis. Zuerst wurden die Reihen beherrscht von Wanyamwezi, die Mushidi von Tanganyika an begleitet hatten und von solchen, die sich vor und nach seiner Amtseinsetzung als König von Garenganze ihm anschlossen. Sie wurden schließlich ergänzt durch Swahili-Leute aus den Küstenregionen Ostafrikas, die ebenfalls in Richtung Süden zogen, als sie von dem neuen Königreich hörten. Nur die Wanyamwezi und die Swahili waren mit Gewehren bewaffnet, und auf der Höhe ihrer Erfolge gab es von ihnen etwa dreitausend. Den Rest der Armee machten ortsansässige Männer aus, die Speere, Schwerter und Äxte trugen. Von ihnen gab es mehr als zehntausend, einschließlich der Gefangenen von den Raubzügen und Schlachten, die man zuerst zu Haussklaven gemacht, später aber ausgebildet und als Krieger akzeptiert hatte. Mushidis Kriegsanführer, die sofort nach der Thronbesteigung ernannt wurden, waren bekannt als die *Batwale*. Sie waren es, die die Wanyamwezi-Streitkräfte gegen die ortsansässigen Häuptlinge während seiner ersten fünf Jahre im Sanga-Land anführten. Er hatte sie wegen ihres Könnens und Wagemuts ausgewählt, und als die Rugaruga fest etabliert worden war, wurden sie seine Lieblinge, die er mit Geschenken und Reichtum überhäufte und als Prinzen des Reichs betrachtete. Nachdem er die *Kilunga* erhalten hatte, führte er nur sehr selten selbst eine Expedition. Wenn er es aber tat, war es wegen eines Generals auf dem Schlachtfeld, der sich in der Strategie geirrt hatte. In solch einem Fall war die erste Handlung des Königs, nachdem er das Kommando übernommen hatte, den General hinzurichten.

Auch vor dem kleinsten Überfall mußte sich das entsprechende Regiment der Rugaruga im Zentrum der Hauptstadt in Reih und Glied aufstellen, während die Medizinmänner verkündeten, ob die Geister mit der geplanten Aktion einverstanden waren oder nicht. Wenn die Medizinmänner verlauten ließen, daß die Umstände für den Sieg gut stünden, wurde in Anwesenheit des Königs ein Sklave geopfert.

Jeder Soldat trug ein Amulett, welches, wie man ihm sagte, ihn unangreifbar mache. Er bemalte sein Gesicht und seinen Rumpf weiß und rot, was ebenfalls zu seiner Sicherheit in der Schlacht beitrug.

Die meisten Angriffe fanden während der Nacht oder in den frühen Morgenstunden statt, wenn es noch dunkel war. In langen Reihen fortschreitend, dicht gedrängt hinter den Schützen der Musketiere, stürmten sie ausnahmslos auf den Feind zu, während sie im Laufen kreischten und schrien. Nicht alle ihre Überfälle waren jedoch erfolgreich; und bei den wenigen Gelegenheiten, wo sie überrascht wurden, zogen sie sich beinahe sofort ungeordnet zurück. Die Rugaruga hatten hochgesteckte Ziele, was die Ehre in der Schlacht betraf. Es war gewöhnlich ein blutiges Massaker und gelegentlich ein unrationeller Rückzug. Sie machten keine halben Sachen. Dörfer wurden niedergebrannt, Felder zerstört, Verteidiger wurden gewöhnlich getötet, wenn es Männer waren. Frauen und Kinder wurden als Sklaven genommen. Die ganze Beute wurde direkt den Kriegsanführern ausgehändigt, die sie dann persönlich Mushidi vorlegten und darauf warteten, daß er ihnen einen Teil davon zurückgab.

Wegen der großen Zahl Menschen, die vom Norden hergeströmt waren, um sich ihm anzuschließen, nachdem er sich zum König gemacht hatte, beschloß Mushidi, eine neue Hauptstadt zu errichten. Nachdem er persönlich mehrere mögliche Orte inspiziert hatte, wählte er die riesige Ebene Mukurru aus, wo auf beiden Seiten hohe Berge standen und im Süden ein großer Hügel mit doppelter Spitze zu sehen war. Um diesen Hügel herum wollte er die Hauptstadt Bunkeya errichten, die er nach dem Namen eines kleinen Bachs nannte, der in der Nähe floß. Es dauerte mehrere Jahre, bis die Hauptstadt fertiggestellt war, doch Mushidi und sein Hofstaat wohnten schon im zweiten Jahr seiner Königsherrschaft dort. Zuerst wurde der königliche Palast fertiggestellt, der aus sechs separaten Häusern bestand, die sich fast berührten, und auf dem Gipfel einer der Hügelspitzen stand. Danach folgten Häuser für die Heeranführer der Rugaruga und andere Mitglieder seines persönlichen Hofstaats. Später wurde eine große Fläche für seinen Harem reserviert, der zuletzt aus mehr als fünfhundert Frauen bestand. Während der Trockenzeiten wuchsen die Gebäude, bis alle Seiten des Hügels mit Häusergruppen bedeckt waren, die nicht nur die Hauptstadt selbst präsentierten, sondern auch die unzähligen Siedler, die sich auf der darunterliegenden Ebene ausbreiteten. Schließlich kamen mit den ausländischen Händlern aus dem Norden und Osten die Basare, die Sklavenmärkte, die Läden, die Bordelle und das Konzentrat von Schlechtigkeit, was für alle weltoffenen Städte typisch war.

Während der Zeit der Gründung Bunkeyas hatte Mushidi keine Ruhepause von seiner Verantwortung als Herrscher über seine Leute und als oberster Befehlshaber seiner Armee. Er sandte weitere Expeditionen über den Fluß Luapula in das Gebiet Kazembes und festigte seine Besetzung des BaLamba-Gebiets. Im Lauf der Zeit wurden der Lualaba-Fluß im Westen, der Luapula im Osten, die Berge, die den Sambesi und den Kongo voneinander trennten, im Süden und das Luba-Land mit dem See Mwere im Norden die Grenzen seines Königreichs. Zusammengenommen betrug die Fläche viele tausend Quadratkilometer. Doch reichte Mushidis Ruf sogar über diese Grenzen hinaus, und es gab im Süden viele Häuptlinge bis ins Mashukulumbwe-Land entlang des Kafukwe-Flusses, die sich ihm bis zu einem gewissen Grad unterordneten. Er empfing ständig Boten von Häuptlingen außerhalb seiner Grenzen, die Elfenbeingeschenke und andere Wertstücke überreichten und seine Freundschaft suchten.

Anfangs verließ er sich auf die Swahili und Araber an der Ostküste, die ihn mit allem Nötigen versorgten, bis hin zu Gewehren, Schießpulver und anderem Kriegsgerät. Dies machte ihn automatisch völlig abhängig von den Stämmen im Osten zwischen der Küste und Bunkeya. Verschiedene Male war er ernsthaft in Verlegenheit, wenn Karawanen nicht ankamen, da sie unterwegs angegriffen wurden. Das bestätigte seine frühere Meinung, daß es unbedingt nötig sei, Kontakt mit dem Westen zu knüpfen. In seiner Jugendzeit wußte er nur von dem großen Wasser im Osten, doch seit er im Süden wohnte, erfuhr er von einem weiteren riesigen Ozean. Wenn man Gewehre und Schießpulver aus dem Osten brachte, müßten diese auch im Westen zu haben sein. Mit solchen Gedanken im Kopf schickte er seinen Neffen Molenga mit einer Anzahl Männer in den Westen, um jemanden zu finden, der die Möglichkeit hatte, Bunkeya mit Waffen und Schießpulver zu beliefern. Molenga traf auf einen farbigen Händler namens Coimbra im Land Lovale. Als er Molengas Bericht über den großen König von Garenganze hörte, dessen Elfenbeinlagerhaus größer war als alle anderen im Osten, startete Coimbra in Richtung Angola. In Bihe angekommen, ein paar hundert Kilometer von der Westküste entfernt, erzählte er dem portugiesischen Händler Silva Porto von seinem Treffen mit Molenga. Porto, ein weit gereister Mann und erfolgreicher Kaufmann, erkannte die gewaltigen Handelsmöglichkeiten mit solch einem mächtigen König im Inland. Sofort wurde er sich mit Coimbra einig, daß er Mushidi mit allen Gewehren und Schießpulver beliefern würde, wie er es auftreiben konnte. Nach wenigen Wochen setzte sich eine große Karawane mit Waffen, Munition und Schießpulver, angeführt von Coimbra, ostwärts in Bewegung nach Bunkeya zu Mushidi. Das war die erste vieler solcher Karawanen und der Beginn von Mushidis Westkontakten und seiner Freundschaft mit Coimbra.

Lourenco Souza Coimbra, der Halbportugiese, bei den Einheimischen unter Honjo bekannt, war es auch, der einen von Mushidis größten Wünschen erfüllte - seinen Wunsch, eine weiße Frau zu ehelichen. Beim ersten Treffen Coimbras mit dem König beherbergte der königliche Harem bereits mehrere hundert Frauen. Doch obwohl er einige der begehrtesten Frauen des gesamten Königreichs besaß, weigerte sich Mushidi, irgendwelchen sexuellen Kontakt mit ihnen zu haben. Daher überraschte es nicht, daß seine Frauen zu verbotenen Wegen Zuflucht nahmen, um sich außerhalb der Umgebung des Palastes zu vergnügen. Wenn sie dabei erwischt wurden, wie das oft der Fall war, wurden sie in besonders grausamer Art und Weise hingerichtet. In einem Gehege eines naheliegenden Dorfs hielt Mushidi ein Rudel wilder Jagdhunde, die auf seinen Befehl hin kaum gefüttert wurden. Eine untreue Nebenfrau wurde dann in das Gehege geworfen, wobei sie sofort in Stücke zerrissen und von den Hunden gefressen wurde. Mushidi verpaßte niemals eine solche Hinrichtung, und wenn der zerrissene Frauenkörper gefressen wurde, saß er gewöhnlich auf einem Stuhl, der hochgehalten wurde, damit er eine gute Sicht hatte. Sein beinahe wahnsinniges Lachen übertönte die Schreie des Opfers und das Knurren und Grollen der Hunde. In seiner Erregung tropfte ihm Schweiß von seiner großen Stirn und lief sein Gesicht herunter, um sich mit dem Speichel seiner sinnlichen Lippen zu vereinigen. Bei Coimbras letztem Besuch in Bunkeya hörte er sich interessiert Mushidis Klagen über seine untreuen Ehefrauen an. Der König bemerkte, daß er sich nach einer weißen Frau sehne, die er als Ehefrau haben wollte und von der er wußte, daß sie ihm treu bleiben würde. Er bekannte, daß seit seinem ersten Besuchs an der Ostküste als junger Mann, bei dem er eine arabische Frau gesehen hatte, die fast weiß war, sein Wunsch in dieser Hinsicht von Jahr zu Jahr stärker geworden sei.

Der Halbportugiese sagte erst wenig hierzu. Er bemitleidete den König nur und bekräftigte, daß eine weiße Frau ein großer Gewinn für ihn in Bunkeya sein würde. Doch in jener Nacht, als er im Bett lag und über Mushidis Worte nachdachte, faßte er einen Beschluß, von dem er überzeugt war, daß er durch ihn ein sehr reicher Mann werden würde.

Am nächsten Morgen forderte er eine weitere Audienz beim König. Er erklärte Mushidi, daß er über seine Worte am Vorabend, betreffs einer weißen Ehefrau, sehr betroffen sei. Er log weiter, indem er sagte, daß er einen reinrassigen, weißen Vater hätte und dazu eine Nichte namens Maria da Fonesca, die ebenfalls weiß sei. Obwohl es für seine Familie ein großes Opfer bedeuten würde, sei er bereit, sie zu Mushidi zu schicken, vorausgesetzt, er und seine Familie würden ausreichend entschädigt.

Der König warf seine Arme um Coimbra und gab seiner großen Dankbarkeit Ausdruck. Gleichzeitig stimmte er zu, ihm sofort die erforderliche Menge Elfenbein und Sklaven auszuhändigen. Schwer beladen mit dieser Mitgift startete Coimbras Karawane am nächsten Tag gen Westen. Der Mischling versprach Mushidi, Maria würde noch vor Jahresende ankommen.

Coimbar hielt sein Wort. Maria de Fonesca, völlig unbeteiligt an den Lügen Coimbras, kam zur rechten Zeit mit großen Pomp und Zeremoniell an. Doch als sie mit Mushidi zusammentraf, schaute dieser sie nur einmal an, und trotz ihrer Schönheit schrie er vor Zorn und floh wütend in seinen Palast, wo er vier Tage lang schmollte. Maria war außerordentlich schön, doch sie war nicht weiß. Sie war offenbar eine Mulattin, so eindeutig wie der gewissenlose Coimbra selbst.

Obwohl der König damit drohte, Coimbra durch seine Rugaruga zu jagen und seinen Kopf nach Bunkeya bringen zu lassen und Maria vor die wilden Hunde zu werfen, gab er doch nach. Am fünften Tag ihres Aufenthalts in der Hauptstadt wurde die unglückliche Maria vor Mushidi gebracht. Als sich sein Zorn gelegt hatte, hatte er genügend Zeit zu sehen, daß sie tatsächlich schön war und daß sie, obwohl ein Mischling, eine sehr helle Haut hatte. Sie war groß und anmutig. Ihre Augen waren groß und dunkel und ihr Haar schwarz wie die Nacht. Er nahm sie in dieser Nacht zur Frau, und sie wurde schließlich eine seiner Lieblingsfrauen. Sie nahm eine wichtige Position im Land ein und wurde überall bekannt, besonders wegen ihrer verächtlichen Haltung den Menschen gegenüber. Sie blieb Mushidi treu und gebar ihm drei Söhne. Ihr Kleid aus einer kurzen, bunten Schürze wurde zur Zielscheibe von viel Kritik seitens konservativeren Ältesten des Hofs. Zu zeremoniellen Anlässen begleitete sie den König, und der einzige Zusatz zu dieser Art Tracht war ein blaues Tuch, mit dem sie ihren Kopf bedeckte, die Ketten aus Elfenbein und Gold, die ihre Fußknöchel und Arme schmückten und die große Pistole, die an ihrer Taille hing.

Obwohl die meisten seiner fünfhundert Frauen nur dem Namen nach Ehefrauen waren, die ihm als Tribut von den Nachbarhäuptlingen und von seinen eigenen Obersten und Ältesten gegeben wurden, fand er eine einzigartige Verwendung für sie. Er merkte bald, daß es unmöglich war, sein riesiges Königreich zu regieren, ohne in jedem Territorium einen Gouverneur einzusetzen, der in den meisten Fällen ein naher Verwandter von Unyanyembe war. Jedoch ständig mißtrauisch, und dies wahrscheinlich mit gutem Grund, wollte er sich der Loyalität der Gouverneure absolut sicher sein, indem er an jede Außenstelle eine seiner Ehefrauen als Botschafterin postierte. Obwohl er den Gouverneuren sagte, daß die Frauen als ein Zeichen der Hochachtung für seine treuen Beamten geschickt würden, wurden sie in Wirklichkeit nur deshalb eingesetzt, um die Handlungen und Versäumnisse der Gouverneure zu beobachten und am königlichen Hof Bericht zu erstatten. Er benutzte auch Mitglieder seines Harems als Staatsbeamte mit eigenen Rechten, doch das betraf üblicherweise kleinere Bezirke in der Nähe von Bunkeya, wo er ihre Dienste selbst überwachen konnte. In seiner späteren Herrschaft, als er mit gutem Grund an der Regierungstreue derer zweifelte, die ihm am nächsten standen, ging er sogar weiter, indem er besondere Bedienstete einführte, die er in die höchsten Kreise der Provinzen einschleuste. Ihre Aufgabe war nicht nur, jede Bewegung der Gouverneure zu verfolgen, sondern dem König auch über jede Aktivität der königlichen Ehefrauen zu berichten, die ursprünglich ausgesandt waren, die regionalen Regierungsbeamten auszuspionieren.

Die Organisation seines Königreichs basierte auf einer einzigen Voraussetzung: Mushidi war der unumschränkte Herr und Meister. Es gab keine sozialen Klassen, und keine besondere Schicht von Menschen hatte irgendwelche Sonderrechte gegenüber anderen. Niemandem gehörte irgend etwas rechtmäßig. Das ganze Land, die Häuser, die Güter und Besitztümer gehörten nach dem Gesetz Mushidi, dem König. Seine Untertanen konnten nur "besitzen" und behalten, wenn es seiner Majestät gefiel.

Mushidi war sowohl Chefkommandeur der Rugaruga und Staatsoberhaupt als auch sein eigener Chef der Justiz. Obwohl die Gouverneure in den Provinzen und einige von den obersten Ältesten ermächtigt wurden, Gericht zu halten, konnten sie nur eingeschränkt Strafen verhängen. Alle großen Fälle und natürlich all jene, die den Staat betrafen, wurden von Mushidi selbst gerichtet. Immer wenn dies geschah, stand das Urteil "schuldig" von vornherein fest, und die Todesstrafe wurde verhängt. Wenn er die Beweise gehört hatte, und manchmal verzichtete seine Rechtssprechung darauf, pflegte er mit dem Finger auf den Unglücklichen zu zeigen, der vor ihm kniete, und zischte das traditionelle Urteil: "Stirb, du Sohn einer Hexe!" Normalerweise wurden die Exekutionen sofort durchgeführt, und selten fanden sie ohne Mushidis Anwesenheit statt. Einmal, als der Henker verspätet erschien, nachdem ein Todesurteil ausgesprochen war, zog Mushidi selbst seinen Dolch und durchschnitt dem Angeklagten die Kehle. Ein andermal hatte ein Luba-Mann den König beleidigt, indem er sagte, daß er gekochte Bohnen mit beiden Händen gegessen hätte. Das war nach der Sitte die schlimmste Form eines Staatsverbrechens. Mushidi bestand darauf, die Sache selbst in die Hand zu nehmen, und wie zu erwarten war, wurde der Schuldige zum Tode verurteilt und auf der Stelle geköpft. Der Kopf des Mannes wurde dem König übergeben, der nach ihm griff und ihn so hoch hielt, daß das Blut auf sein Gesicht und seine Schultern tropfte. Er brüllte vor Lachen und tanzte eine *Tomboka* in der Mitte seines Hofes. Im Lauf der Zeit verzichtete er auf den Kochendwassertest, der bei den BaSanga und BaLamba Tradition war. Später mißbilligte er Verstümmelung als Strafe bei Diebstahl und befahl, daß nur in extremen Fällen darauf zurückgegriffen werden sollte. Paradoxerweise sagte er, es sei besser, das Herz des Schuldigen zu durchbohren, dann würde er die Tat nicht noch einmal begehen.

Mehr als einmal erwies sich Mushidi als Meister der Kunst, besonders grausame Hinrichtungsarten zu erfinden. Er hat sich dabei selbst übertroffen, als ein oberster Hofbeamter des Hochverrats für schuldig befunden wurde. Unter den Blicken einer großen Menge leitete der König jedes Detail der Hinrichtung. Zuerst ließ man das Opfer eine kleine Kürbisschüssel Bier trinken. Seine Ohren, die von Mushidi selbst abgeschnitten wurden, wurden über offenem Feuer geröstet, und man zwang ihn, diese zu essen, während er das Bier austrank, Danach schnitt ihm Mushidi persönlich die Finger und Zehen ab, und wieder zwang man das Opfer, diese zu essen, Als nächstes folgten die Genitalien. Mit seinem stark blutenden Körper lag der Mann schreiend am Boden und bettelte, aus seinem Elend erlöst zu werden. Dann überkam den König das Mitleid, und er gab dem diensthabenden Henker ein Zeichen, der mit großem Schwung den Kopf vom Körper trennte. Als dieser aufgespießt und für alle sichtbar hochgehalten wurde, teilte er den Körper in zwei Teile und warf ihn auf die nahegelegene Ebene.

Mit den Jahren schien die tyrannische und blutige Art und Weise, mit der Mushidi seine königliche Karriere begann, derart Besitz von ihm zu ergreifen, daß er es unmöglich fand, seine Staatsgeschäfte auf andere Art zu führen. Er fing an, den Geruch des Blutes zu genießen, und tatsächlich sagte er oftmals, er könne am Morgen nicht speisen, bevor er nicht einer Hinrichtung zugeschaut hätte. Seine Lust am spritzenden Blut, sein starker Wunsch, seine Leute mit seiner Allmacht zu beeindrukken, und sein teuflisches Entzücken, Strafe zu verhängen, brachte schließlich selbst seine nächsten Wanyamwezi-Anhänger dazu, sich seinen schärfsten Kritikern auszuschließen.

Mushidi war jedoch immer ein großartiger Krieger gewesen, ein Meister der Strategie und ein geborener Taktiker. Zu Beginn seiner Regierung schien es, als ob er zu einem der größten einheimischen Herrscher werden sollte, die Zentralafrika je gesehen hatte. Doch unglücklicherweise kam für ihn die Bedeutung der Monarchie mit ihren Verantwortungen erst an zweiter Stelle nach seinem persönlichen Verlangen der Allmacht. Daher entwickelte sich Mushidi zu einem viel weniger lobenswerten Herrscher, als er in Wirklichkeit gewesen sein mag. Zweifellos besaß er viel natürliches Gespür zum Regieren. Er förderte die Ankunft der Händler aus jeder Ecke Ost- und Zentralafrikas. Sein Interesse an der Landwirtschaft seines Landes war so groß, daß man ihn oft auf den Feldern um Bunkeya arbeiten sah. Damit setzte er ein Beispiel für seine Untertanen. Er zeigte seine außerordentlichen Fähigkeiten, als er das Land unter Provinzgouverneuren aufteilte, denen eine gewisse Zahl von Staatsbeamten zur Seite standen. Er brachte den Wohlstand zu den BaSanga, BaLamba und zu den Nachbarstämmen, der unter den alten Häuptlingen und ihrer zänkischen Art nicht möglich gewesen wäre. Später war er mit seiner politischen Weisheit am Ende, denn ihm wurde jedes Mittel der Spionage und Unterdrückung recht, auf das eine Regierung auch nur zurückgreifen konnte. Das, war als ein Dekret der Strenge begann, entwickelte sich mit den Jahren zu einer blutigen und teuflischen Herrschaft.

Der größte Teil seines Reichtums kam vom Elfenbein, vom Kupfer, von den Sklaven und vom Salz. Die Tatsache, daß er in seinem ganzen Königreich die Preise bestimmte, brachte ihm sagenhaften Gewinn. Er besaß persönlich Läden in allen großen Zentren von Garenganze, und diese füllte er mit Marmeladenbüchsen, Fleisch, Grammophonen, Pistolen und Gewehren. Unter seinen Schätzen befand sich die Uniform eines Londoner Polizeibeamten und die eines portugiesischen Gouverneurs. Ihm wurde auch die Büste einer Frau gegeben, die er an das Haus eines Medizinmannes befestigte und von der er jedem erzählte, sie sei der Geist seines Großvaters und der Edlen des alten Garenganze in Tanganyika. Zuerst wurde er mit Geschenken überschüttet von arabischen Händlern, die seine Freundschaft suchten und ihn als Kunden gewinnen wollten. Aber nach einiger Zeit ließ er sie so lange auf die Bezahlung ihrer Waren warten, daß sie nicht bereit waren, weitere Reisen nach Bunkeya zu unternehmen. Mushidis Methode, sie viele Monate in der Hauptstadt zu behalten, indem er erwartete, daß sie auf eigene Kosten dort wohnten, hatte nur einen kurzzeitigen Effekt zu seinen Gunsten. Nachdem sie so lange auf ihr Geld gewartet hatten, nahmen sie bereitwillig alles an, was er anbot, damit sie die Stadt verlassen konnten. Aber die Gewinne in dieser Hinsicht waren nur vorrübergehend, da die so abgefertigten Händler selten zurückkehrten. Am Ende war er gezwungen, erneut Leute an die Westküste zu schicken, um nach Händlern Ausschau zu halten, die bereit waren, mit ihm Handel zu treiben.

Und so vergingen die Jahre - Jahre des Sieges und des Jubels, des Hasses und der Verdächtigungen, eine Ära der Herrschaft über die Leute von Garenganze, eine Ära von Blut und

Unterjochung. Für Mushidi war es eine Ära der Macht, die er sich nie hätte träumen lassen.

# KAPITEL XIII

## *Versuchter Mord*

Mushidis faltiges und bärtiges Gesicht verzerrte sich vor Wut, und seine Hände griffen nach den Seitenlehnen seines Throns, als er die beiden Rugaruga-Hauptmänner anhörte, die kürzlich aus Mukuka gekommen waren, der Provinzhauptstadt der BaSanga. In den letzten Jahren gab es dort Gemurmel von Unzufriedenheit und Verschwörungen unter den BaSanga. Doch die Nachricht, die er jetzt erhielt, betraf offenen Aufstand und Mord.

Mit hörbarer Angst in seiner Stimme gehorchte der ältere der beiden Hauptmänner Mushidis Befehl, indem er die Details des Vorgangs in Mukuka wiederholte. "Großer König", fing er an, "wie ich gesagt habe, geschah es in der Nacht der starken Regenfälle, als wir von den Wachen zum Haus der Frau namens Nyambilila gerufen wurden, deiner Dienerin in der Provinz Mukaka. Als wir ankamen, stand ihre Magd an der Tür des Hauses, weinend und ohnmächtig vor Angst. Wir fragten, weshalb wir gerufen wurden, doch sie sagte nichts und zeigte nur auf das Innere des Hauses. Wir gingen hinein, und als wir eine Weile gesucht hatten, fanden wir den Körper der Frau, Nyambilila, auf dem Boden liegend. Sie war tot, und an der geschwollenen Zunge und den vorstehenden Augen konnten wir sehen, daß sie erdrosselt worden war. Es war auch, großer König, an den Stellen an ihrem Hals ..."

"Ja, ja", rief der König ungeduldig, "aber jetzt erzählt mir noch einmal, was mit Siamejela geschah, meinem guten Freund und Diener Siamejela. Erzählt mir von ihm!"

Der Hauptmann der Rugaruga befeuchtete seine Lippen und begann noch einmal zu sprechen. "Vom Haus der Nyambilila gingen wir zu dem des Siamejela. Es war dunkel, und obwohl wir laut an die Tür klopften und nach Siamejela riefen, daß er herauskomme und uns sehe, bekamen wir keine Antwort. Nach einer Weile meinten wir, daß es nötig wäre, die Tür aufzubrechen. Das taten wir, großer König, und fanden Siamejela in seinem eigenen Blut liegend. Er hatte vier Speere in seinem Körper, und einer davon durchbohrte sein Herz."

Der Sprecher machte eine Pause. Da gab es nicht mehr viel zu erzählen. Die Abteilung der Rugaruga, die damit beauftragt war, Siamejela, den Gouverneur von Mukuka, zu bewachen und ihm zur Seite zu stehen, hatte seinen Körper begraben. Er, ihr Hauptmann, hatte viele Leute befragt. Aber natürlich wurden die Attentäter gut geschützt durch die Lügen der Bevölkerung.

"Und was haben diese Leute", knurrte der König, "was haben sie zu der Sache zu sagen? Sagt mir einmal, wie seht ihr diesen Hundedreck? Sagt es mir, damit ich meine Pläne schmieden kann."

"Großer König, viele Monde zuvor bemerkte ich, daß die BaSanga von Mukuka Siamejela verachteten und die Gesetze, welche ... welche du, du selbst gegeben hast. Nie zuvor hatten sie sich jemals geweigert, den Befehlen der Rugaruga zu gehorchen, aber kurze Zeit vorher fingen sie damit an. Aber, grosser König, es ist wahr, wenn ich sage, daß diese Stimmung unter den BaSanga nicht nur in Mukuka vorhanden ist. Ich hörte von Kishoba, von Mutwala und von Msunga und anderen Teilen des Sanga-Lands, daß es dort Verschwörungen gegen deine Majestät gibt. Ich fürchte, daß der Mord an Siamejela und Nyambilila nur der Anfang ist. Sogar jetzt, als wir nach Bunkeya reisten, hörten wir, daß eine Bande der BaSanga auf die Hügel geflohen sei und sich diebisch freute wegen ihrer Überfälle, die sie auf deine Karawanen machte, die erst kürzlich nach Norden aufbrachen. Man sagt, daß dieselbe Bande jetzt weitere Angriffe auf deine Karawanen plane und daß ... daß sie vorhabe, auswärts liegende Dörfer des Sanga-Lands zu überfallen und sogar Bunkeya selbst angreifen wolle."

Mushidi hatte dem Hauptmann mit wachsendem Zorn und Haß auf die BaSanga zugehört. Er ignorierte jetzt die Rugaruga-Offiziere und rief seinen Lieblingssohn Mutandabantu, der sich in den letzten Jahren einen hohen Posten bei den Rugaruga verdient hatte. Aus der Gruppe der Ältesten, die hinter Mushidis Thron standen, trat ein großer, muskulöser junger Mann hervor und näherte sich dem König. Obwohl er von königlichem Blut war, kniete er vor Mushidi, bis dieser ihm sagte, er solle aufstehen.

"Mutandabantu", sagte der König mit weicherer Stimme, "du hast die Worte des Hauptmanns gehört? Du hast gehört, wie unser guter Freund und Diener Siamejela und die Frau Nyambilila von diesen BaSanga-Schakalen getötet wurden?"

"Ich habe es gehört, Vater", antwortete der junge Mann.

"Dann, Mutandabantu, wenn du es gehört hast, was meinst du, was wir tun sollten?"

"Großer Vater und König von Garenganze, du Fels unter den Menschen! Ich sage: Wir töten. Ich sage: Wir werden ihnen eine Lektion erteilen, die sie niemals vergessen. Laßt die Flüsse der großen Ebene von Mukurru von ihrem Blut fließen."

Mushidi erhob sich plötzlich und warf die Arme in die Luft. Sein Gesicht war eine Maske von scheußlicher, fast satanischer Freude. "Dann geh, Mutandabantu, mein Sohn, geh! Stelle dich an die Spitze der Rugaruga und töte, töte! Und höre, Mutandabantu, wenn du versagen solltest, wäre es besser, dein eigenes Blut würde sich mit dem vermischen, was in den Flüssen von Mukurru fließt."

Mutandabantu grüßte den König. "Ich habe verstanden, großer Vater", sagte er.

Die Schlacht von Mukuka 1885 wird als eine der blutigsten berichtet, an der die Rugaruga teilgenommen haben. Mutandabantu führte eine Armee von etwa sechstausend Männern, von denen zweihundert mit Gewehren bewaffnet waren. In alten Tagen hatte es für solch eine Schlacht fünfmal soviel Gewehre gegeben, doch war die Armee bereits von der Blockade der Karawanen aus dem Westen und von der fehlenden Kooperation mit den Arabern im Osten betroffen. Trotzdem war die Armee, geführt von Mutandabantu, siegreich, und die Flüsse färbten sich vom Blut der rebellierenden BaSanga, wie er versprochen hatte.

Agenten des Mushidi erreichten Mukuka vor der Schlacht und hatten zu dem Befehlshaber der Rugaruga-Abteilung Kontakt aufgenommen, die noch in der Stadt stationiert war. Als Mutandabantu angriff, hatten es die Verteidiger der BaSanga sowohl mit einem Feind aus dem Innern zu tun als auch mit der Armee, die den Schutzzaun erstürmte. Sie hatten keine Chance zu entkommen und wurden vernichtet.

Der Königssohn kehrte triumphierend nach Bunkeya zurück, und sein Sieg wurde mit mehrtägigem Tanzen, Feiern und natürlich mit dem unvermeidlichen Menschenopfer gewürdigt. Obwohl die Schlacht blutig und entschlossen vonstatten ging, hatte sie den BaSanga nicht ihre rebellische Haltung Mushidi gegenüber ausgetrieben. Ein Guerillakrieg dauerte an, königliche Karawanen wurden immer noch angegriffen, und trotz der ständigen Vergeltungsschläge der Rugaruga blieben die Banden der BaSanga aktiv. Von Zeit zu Zeit kamen Nachrichten in die Hauptstadt, daß man subversive Elemente in anderen Stämmen von Garenganze entdeckt habe. Offenbar strebten die Rebellen der BaSanga danach, im ganzen Land Unruhe zu stiften. Obwohl die Rugaruga sofort in die Gegend gesandt wurde, die vermutlich betroffen war, kam es selten zum Kontakt mit den Unruhestiftern. Monatelang führten die Revolutionäre der BaSanga eine Fluchtoffensive gegen Mushidi, doch waren die Angriffe sporadisch und beschränkten sich auf die Außenbezirke des Territoriums. Deshalb war Mushidi zunächst darüber nicht sehr beunruhigt, obwohl er anfangs wütend war, weil seine Autorität mißachtet wurde. Mushidi war nicht sehr betroffen. Doch als mit der Zeit die BaSanga ihre Attacken gegen die Karawanen und die Dörfer der Königstreuen fortsetzten, wurde er sehr bekümmert. Er war nicht mehr der Mushidi, der Löwe aller Löwen. Er war müde und spürte, daß er langsam ein alter Mann wurde. Es verletzte seinen Stolz, daß es einige von seinen Untertanen gab, die ihm schaden wollten. Es ging über seinen Verstand zu begreifen, daß die BaSanga in den vergangenen zwanzig Jahren so viel gelitten hatten, so daß sie ein Stadium erreicht hatten, wo sie nicht mehr konnten. In Mushidis geheimen Gedanken konnte die Revolte nur eines bedeuten: Es gab einen Verräter unter seinen Anhängern, der die Machtergreifung plante und ihn vernichten wollte. Nicht die Menschen allgemein waren das. Wie konnten sie auch? War er den Menschen nicht immer ein Freund gewesen? Hatte er ihnen nicht den Wohlstand gebracht? Nein, es gab einen Verräter, der einige BaSanga zum Widerstand verleitete. Folglich gab es jemanden, vielleicht in seinem Hofstaat, der sich gegen ihn verschwor, während er so tat, als sei er sein Freund und Ratgeber. Es könnte jeder von ihnen sein, die jammernden Ältesten, eine seiner Frauen oder vielleicht sogar Mutandabantu. Er konnte niemandem mehr trauen.

Es war in dieser Atmosphäre des Mißtrauens und der Verzweiflung, als Frederick Stanley Arnot, der Missionar, 1886 kam. Als er in Bunkeya eintraf, wußte er nichts von der Revolte der BaSanga. Soweit er das beurteilte, war Mushidi, der König von Garenganze, so allmächtig wie immer. Schon nach den ersten zwei oder drei Gesprächen, die er mit dem König hatte, erkannte er, daß alles nicht gut stand. Zuerst behandelte Mushidi ihn höflich, wenn nicht mißtrauisch. Doch später hatte er angedeutet, daß er ihn zum Freund und Ratgeber haben möchte. Der König hatte Arnot gesagt, daß er niemandem trauen könnte. Er erzählte ihm von der Revolte der BaSanga. Er sagte, er sei von Verrätern umgeben.

Arnot erkannte sofort, daß ihm in Garenganze ein gewaltiges Arbeitsfeld offenstand. Seit Jahren suchte er in Süd- und Zentralafrika in der Hoffnung, ein dicht besiedeltes Gebiet zu finden, wo er eine Missionsstation errichten könnte. Hier in der Ebene von Mukurru lag die Antwort auf seine leidenschaftlichsten Gebete. Es war ihm klar, daß der Preis, den er bezahlen mußte, nur darin bestand, daß er mit einem niedergeschlagenen und müden einheimischen Monarch Freundschaft schließen mußte. Das erschien Arnot nicht zu kostspielig. Abgesehen davon, daß er sich in Bunkeya niederlassen konnte und daher zusätzlich für die Kinder eine Schule, für die Kranken eine Klinik und für die möglichen Bekehrten eine Kirche eröffnen konnte, wurde Arnot der Vertraute Mushidis. Er schrieb die Briefe des Königs, hörte sich seine Sorgen an und beriet ihn in Staatsangelegenheiten.

Als Mushidi erfahren hatte, daß Arnot in sein Herrschaftsgebiet eintrat, empfing er die Nachricht mit einer Mischung aus Mißtrauen und Furcht. Vier Weiße Männer hatten bereits Bunkeya besucht, und deren Aufenthalt in der Hauptstadt war ihm immer noch unangenehm in Erinnerung. Zuerst kamen Reichard und Böhn, und dann, als sie weg waren, kamen Capello und Ivens, Offiziere der Portugiesischen Marine. Letzterer begutachtete eine Route durch Zentralafrika mit dem Ziel, die beiden portugiesischen Besitztümer zu verbinden. Keiner dieser Besucher war ehrlich zu Mushidi, denn als sie gefragt wurden, warum sie in Garenganze wären, logen sie offenbar, als sie ihm erzählten, sie wären nur auf einer Jagdexpedition. Er wußte, daß sie logen, und es ärgerte ihn der Gedanke, daß ihn die Weißen für so dumm hielten, ihnen zu glauben. Beide Gruppen blieben nur für sehr kurze Zeit in der Hauptstadt, waren unfreundlich und erwiesen ihm keinen Respekt. Obwohl er bei ihrer Abreise froh war, war er monatelang besorgt, daß sie mit einer Armee zurückkehren und ihm das Land wegnehmen würden.

Zuerst dachte er, Arnot sei der nächste Weiße Mann, der das Land für eine einfallende Armee ausspioniere. Bevor der Missionar Bunkeya erreichte, ging ihm das Wort voraus, daß er ein Weißer Mann war, der lieber ein Buch mit Gottes Wort trug als ein Gewehr. Man sagte, daß der Weiße Mann jedem erzählt habe, daß er deshalb nach Garenganze wollte, um das Wort seines Gottes zu predigen, bei den Leuten zu wohnen, ihnen zu helfen, ihre Kinder zu unterrichten und sich um ihre Kranken zu kümmern. Mushidi war nicht beeindruckt und sparte sich sein Urteil. Dann trafen sie sich, und beinahe plötzlich wurde der König von seiner Furcht befreit. Nach weiteren Treffen war es Mushidi klar, daß Arnot aufrichtig war in seinem Wunsch nach Land zum Hausbau, nach einer Genehmigung, die Dörfer um Bunkeya zu besuchen und mit seiner Bitte um Hilfe zur Errichtung einer Kirche, einer Schule und einer Klinik. Daher gab es keinen Grund, Arnot für jemanden anders zu halten, als er war - ein seltsamer, Weißer Mann, der den Menschen helfen wollte, ohne Gegenleistungen zu fordern. Die Erkenntnis, daß der Missionar ihm sehr nützlich sein könnte, war eine große Erleichterung für den König. Mehr als je zuvor in unruhigen Zeiten, die er erlebt hatte, wünschte er sich jemanden, auf dessen Rat er sich verlassen konnte, jemanden, der sich seine Probleme anhören würde und in den er sein königliches Vertrauen setzen könnte. Er hatte nach einer solchen Person unter seinen Ältesten gesucht, seinen Hofbeamten, in seiner Armee; so groß war sein Mißtrauen, sogar zu seinen nächsten Verwandten, daß er nicht fähig war, einem von ihnen zu vertrauen. In der Ankunft von Arnot sah Mushidi folglich das göttliche Werk der Geister. Sie hatten ihn beunruhigt gesehen und Arnot zur Lösung seines Problems geschickt.

Im Gegenzug für die Freundschaft und das Vertrauen, das Arnot dem Mushidi brachte, erhielt Arnot die unschätzbare königliche Autorität und Unterstützung für seine Arbeit. Die Leute von Bunkeya und den umliegenden Dörfern beobachteten, daß ihr König mit diesem seltsamen Weißen Mann Freundschaft geschlossen hatte, und folglich akzeptierten sie ihn. Sie hörten seinen Predigten zu, ihre Kinder wurden in seine Schule geschickt, und sie wandten sich wie ihr König an ihn, wenn sie Sorgen hatten. Sie lernten, sich auf ihn zu verlassen und ihm zu glauben. Schließlich fingen viele an, den Worten seines Gottes zu glauben.

Obwohl Arnot bald beträchtlichen Einfluß auf Mushidi hatte, erkannte er beizeiten, daß er allein die Lebensart des schwarzen Herrschers nie ändern konnte. Die Tötungen, die Menschenopfer und der Sklavenhandel waren so fest mit den Vorstellungen des Königs von Macht und Majestät verbunden, daß Arnot nur seine Mißbilligung ausdrücken und hoffen konnte, daß Mushidi vielleicht eines Tages erkennen würde, wie verkehrt das alles war. Der König war ehrlich zum Missionar, als er diesem sagte, daß er zu alt sei, sowohl um seinen Lebensstil zu ändern als auch das Wort des Gottes des Missionars anzunehmen. "Sie, Ihr Buch und Ihr Gott kommen zu spät für mich, Monare. Aber wenn es die Kinder meiner Leute glauben wollen, habe ich nichts dagegen", sagte Mushidi.

Frederick Arnot hatte eine gute Menschenkenntnis. So wußte er, daß Mushidi meinte, was er sagte. Seine Pflicht in Bunkeya würde es daher sein, den Weg für andere zu bahnen, die ihm folgen würden. Es würde seine Aufgabe sein, das volle Vertrauen der Leute zu gewinnen, so daß, wenn andere kommen, sie ohne Schwierigkeiten die Arbeit fortsetzen könnten, die er begonnen hatte. Er hoffte, daß eines Tages in naher Zukunft die Briefe, die er abgeschickt hatte, bevor er sich nach Garenganze aufmachte, beantwortet würden und Verstärkung ankommen würde. Mehr als fünf Jahre lang war er in Afrika umhergewandert, um ein Arbeitsfeld zu suchen, obwohl er es noch nicht kannte, sein Körper vom Fieber ruiniert und er mehr als einmal dem Tod nahe war. Die Unterstützung, die er sich im Herzen wünschte, war in der Tat sehr nötig. Er brauchte dringend medizinische Betreuung, eine Pause und einen Klimawechsel. Es war undenkbar, von hier wegzugehen, ohne ersetzt worden zu sein. Er betete nur, daß er noch so lange bleiben konnte, bis es soweit war.

Manchmal schien es, als würden Arnots Gebete unbeantwortet bleiben. Abgesehen von mehreren Fieberschüben und dem dann folgenden Rheumatismus wurde er zum Opfer der Machenschaften der Medizinmänner. Mushidi hatte ihn oft gewarnt, daß die *Ngangas* seine einzigen Feinde in Garenganze seien, und der König sollte bei mindestens zwei Gelegenheiten recht gehabt haben. An einem heißen, schwülen Nachmittag lief Arnot, ein paar Kilometer vor seinen Trägern, von den Lukurruwe-Dörfern zurück nach Bunkeya. Er war seit dem frühen Morgen gereist und deshalb müde. Da es noch zwei Stunden dauern würde, bis seine Männer ihn eingeholt hätten, beschloß er, den Schatten eines großen Baums auszunutzen, der am Rand des dichten Waldes auf dem Weg, den er entlangging, stand. Er setzte seinen großen Filzhut ab und legte sich unter den Baum. Als er die Hände unter seinen Kopf gelegt hatte, schloß er die Augen. Nachdem ein paar Minuten vergangen waren, hörte er ein leises Geräusch von knisternden Zweigen und raschelnden, trockenen Blättern, das aus dem Gebüsch hinter ihm zu kommen schien. Sein erster Gedanke war, daß einer seiner Männer angekommen wäre und das Geräusch vom Abladen seiner Bündel verursacht würde. Arnot setzte sich aufrecht und stützte sich mit der Hand am Boden ab, mit der er seinen Filzhut festhielt. Dabei hörte er gerade noch das Sausen eines fliegenden Speers, bevor dieser knapp seine rechte Schulter verfehlte und den Hut, den er hielt, auf den Boden spießte. Ohne Zweifel wurde der Speer auf ihn geworfen, als er noch am Boden lag; und wenn er sich nicht sofort aufgerichtet hätte, wäre er getroffen worden. Es gab natürlich vom Angreifer keine Spur, doch später wurde der Speer Mushidi überbracht, der die Spur zu einem Medizinmann in der Hauptstadt zurückverfolgen konnte. Der Mann, der wirklich den Speer geworfen hatte und von den *Nganga* beauftragt wurde, Arnot zu töten, bekannte, daß er seit zwei Monaten hinter dem Missionar her gewesen war. Der König hatte sofort die Todesstrafe verhängt, sowohl für den Möchtegern-Attentäter als auch für die *Nganga*. Doch durch das Eingreifen Arnots wurde die Anklage aufgehoben.

Nur ein paar Monate später besuchte Arnot einige Luba-Dörfer, als er und seine Männer von einem starken Regenguß eingeholt wurden. Er führte gerade die Kolonne, und als der Regen anfing, zeigte er auf den Zaun des nahegelegenen Dorfs, auf das er gleichzeitig zurannte. Im selben Moment sprang ein langbeiniger, großer Mann, der bereits als Führer fungiert hatte, vor Arnot und übernahm die Leitung. Der Mann war gerade an Arnot vorbeigegangen, als vier Speere aus einer dichten Gebüschgruppe herausstürzten und sich alle in den Rücken des Trägers bohrten. Er fiel schreiend zu Boden und starb binnen weniger Minuten. Und wieder war es klar, daß die Speere dem Missionar galten und dieser auf wunderbare Weise davongekommen war. Die Angreifer wurden nie gesehen, und trotz der Abteilung Rugaruga, die von Mushidi in die Gegend geschickt wurde, blieb das Rätsel ungelöst. Der König war sich jedoch sicher, daß der Angriff von den *Nganga* geplant und von ihren Helfershelfern ausgeführt worden war.

Eines Tages kam einer der königlichen Jäger zu Arnot und sagte ihm, daß eine Herde Rotschimmelantilopen auf der Ebene nördlich der Hauptstadt grase. Da der Missionar und seine Männer dringend etwas zum Essen brauchten, prüfte er schnell sein Gewehr und machte sich unter der Führung des Jägers auf den Weg zur Ebene. Sie fanden die Tiere etwa fünfzehn Kilometer von Bunkeya entfernt, und Arnot konnte sich an die Herde bis auf hundertfünfzig Meter vom Leittier entfernt heranpirschen. Unter dem Schutz eines kleinen Baums eröffnete er das Feuer, und obwohl er nur fünf Patronen hatte, wurden drei der Antilopen getroffen. Zwei lagen nebeneinander und die dritte hundert Meter weg.

Wegen der Entfernung, die Arnot und sein Führer zurückgelegt hatten, um die Herde zu erreichen, war es fast dämmrig, als das letzte Tier getötet wurde. Dadurch tauchte ein Problem auf. Wenn man die Jagdbeute die ganze Nacht unbeaufsichtigt liegenließ, würde sie sicher von den Löwen und Hyänen gefressen werden. Arnot schickte deshalb den Einheimischen in die Hauptstadt wegen Feuer, mehr Patronen und Männern, um das Fleisch zu zerschneiden und zurückzutragen. Er blieb bei den toten Tieren, nur mit einem Jagdmesser und einem Gewehr bewaffnet, ohne Munition. Wohlwissend, daß es Stunden dauern würde, bis der Führer zurückkam, machte er es sich für die Nacht bequem, und das nicht ohne nervöse Unruhe.

Es schien kein Mond, und es war ziemlich dunkel, als aus der Ferne das erste Hyänengeschrei über die Ebene hallte. Das schien für jeden nächtlichen Herumtreiber auf der Grasebene das Zeichen dafür zu sein, sich bemerkbar zu machen. Aus einer Richtung hörte man weitere Schreie, und dann, ziemlich nahe bei Arnot, ertönte der Jagdlaut eines Leoparden. Weiter weg im Süden begann eine Gruppe Schakale zu heulen. Als die Minuten vergingen, verstärkten sich die Geräusche der wilden Tiere, und es war Arnot klar, daß sie sich ihm näherten. Er konnte nichts sehen und fühlte sich völlig hilflos. Als er das Tippeln der ersten Hyäne hörte, als sie sich auf den Kadaver der Antilope stürzte, die einzeln dalag, schrie er und machte so viel Lärm, wie er nur konnte. Das hatte aber nur einen vorübergehenden Effekt. Binnen weniger Minuten konnte Arnot weitere Hyänen um das Tier hören, und das Schlimmste von allem war die Stimme des Leoparden dicht bei ihm. Plötzlich gab es eine Rauferei, ein tiefes Knurren und mehrmaliges Hyänengeheul, als diese vom mörderischen Leoparden vertrieben wurden. Arnot wußte, daß er nichts mehr hätte tun können, um die Körper der Antilopen zu schützen. Er wußte aber auch, daß es nicht lange dauern würde, bis die Eindringlinge sich den beiden andern Kadavern zuwenden und danach oder sogar vorher ihn selbst angreifen würden. Während er die Kälte sehr zu spüren bekam, faßte er einen schnellen Entschluß. Nachdem er sein Jagdmesser herausgezogen hatte, zog er einer der Antilopen das Fell ab, rollte sich in die Haut und legte sich auf den Boden. Draußen konnte er den Leoparden, die Hyänen und Schakale hören, wie sie das Fleisch der anderen Kadaver zerrissen, die Knochen zermalmten und das Blut aufschleckten. Völlig in der Tierhaut verborgen, konnte Arnot kaum atmen. Er lag still und betete, daß die Männer, nach denen er geschickt hatte, noch ankommen würden, bevor der Leopard und seine Genossen ihre Aufmerksamkeit auf ihn lenkten. Draußen ging das Zermalmen und Reißen weiter, und nach einer Zeit, die wie eine Ewigkeit erschien, hörte es auf. Arnot war schweißnaß, die Beine und Arme verkrampft und sein Mund trocken. Dann geschah es. Draußen bewegte sich etwas. Es waren heimliche Schritte eines Tiers, das sich näherte. Schweigen! Dann wurde die Tierhaut angestupst und beschnüffelt. Mit aller Kraft, die er aufbringen konnte, sprang Arnot hoch und schrie gleichzeitig. Mit bösem Geknurre wendete sich das Tier ab in die Dunkelheit, gerade bevor es zum erneuten Festessen ansetzen wollte. Indem Arnot hin und her rannte und stundenlang schrie, behielt er die Überreste der Tiere unter Kontrolle. Er war erschöpft, als die Männer in den frühen Morgenstunden ankamen.

In der Dämmerung wurde klar, daß die nächtlichen Herumtreiber aus einer großen Gruppe von Hyänen bestand, aus mehreren Schakalen und nicht nur aus einem, sondern aus drei männlichen Leoparden. Sie hatten jeden Fetzen Fleisch der drei Kadaver gefressen und den blutigen Boden sauber aufgeleckt. Als Mushidi von Arnots Entrinnen hörte, tat er so, als wenn er ärgerlich sei wegen dem, was ihm als Tollkühnheit erschien. Arnot erklärte, daß die Not ihn gezwungen habe, die Antilopen zu jagen, woraufhin der König fragte, warum der Missionar ihn nicht um Nahrung gebeten habe. Obwohl Arnot antwortete, daß er nicht um Lebensmittel betteln würde, lächelte der König und sagte nichts. Als er in sein Haus kam, fand Arnot Getreide, das für ihn und seine Diener für mehr als sechs Monate ausreichen würde. Er wußte, daß es der König hatte bringen lassen.

So vergingen Tage, Wochen, Monate und Jahre. Als Arnot von Natal 1881 aufgebrochen war, hätte er sich nie träumen lassen, daß seine Wanderschaft in Afrika so lange dauern würde. Aber in vielerei Hinsicht waren die Jahre schnell vergangen, und es schien ihm, als ob er sich erst vor ein paar Monaten von seiner Familie in Schottland verabschiedet hätte. Während seiner Reisen war er nur selten lange genug an einem Ort, als daß ihn hätten Briefe von zu Hause erreichen können. Es gab ein- oder zweimal Post, jedoch vergingen Jahre dazwischen.

Während des ersten Jahres in Mushidis Hauptstadt kreisten seine Gedanken oft um die mögliche Ankunft eines Missionarskollegen, der seine Arbeit übernehmen konnte, während er sich auf die Rückreise machte. Jedesmal, wenn die königlichen Boten aus dem Westen in die Hauptstadt zurückkehrten, wartete er sehnsüchtig auf die Briefe, die ihm mitteilten, daß eine solche Person unterwegs war. Er versuchte, nicht mutlos zu sein, wenn es keine solche Nachricht gab. In sein Tagebuch schrieb er: "Wenn ein englischer Mitarbeiter käme, wäre ich sehr dankbar. In der Zwischenzeit gleicht der Herr auf wunderbare Weise allen Verlust aus, den ich durch die fehlende unmittelbare Gemeinschaft mit Brüdern in Christus erleide."

Gegen Ende November 1887, während der stärksten Regenfälle, erlitt Arnot einen schweren Schlag, der ihn so einsam machte wie nie zuvor. Setobe, der Barotse-Krieger, der dem Missionar treu nach Bunkeya gefolgt war und der zur Verwunderung seines Meister seine geliebten Täler im Barotseland aufgegeben hatte, starb nach einer schlimmen Ruhrerkrankung. Er hatte sich wochenlang nicht wohlgefühlt, und dennoch war er freudig und ohne zu klagen seiner Arbeit nachgegangen. Nur zwei Tage bevor er starb, sagte er zu Arnot, er wolle seinen Glauben an Jesus Christus jetzt öffentlich bekennen. Der Missionar versprach, er würde ihn taufen, sobald er sich stark genug fühle. Setobe starb als Held für die Sache seines Meisters, als treuer Diener bis zu seinem Tod.

Die Nachricht kam am 14. Dezember 1887. Arnot nahm gerade das Mittagessen ein, als der königliche Bote zur Tür hereinstürzte und ihm ohne Vorrede ein Bündel Briefe überreichte - das erste, das er nach mehr als zwei Jahren erhielt. Der Bote war genauso aufgeregt wie der Missionar und bestand darauf,

auf dem Boden zu sitzen, während die Briefe vorgelesen wurden. Er erzählte Arnot, daß die Briefe von der Westküste an den Lualaba-Fluß gebracht worden wären, und zwar durch zwei Weiße Männer, die den Leuten erzählt hätten, sie seien gekommen, ihren Bruder zu finden. Sie hatten darum gebeten, die Briefe vorauszuschicken, so daß sie noch vor ihnen in Bunkeya ankämen. Mit Tränen, die ihm aus den müden, doch glücklichen Augen flossen, las Arnot die Briefsendung wieder und wieder bis zum späten Abend. Er wurde nicht nur an seine Lieben zu Hause erinnert, sondern Ablösung war in Sicht. Die Missionarskollegen Charles A. Swan und William Faulkner waren nun in Afrika ganz in seiner Nähe, und binnen drei Tagen würden sie ankommen. Zunächst war er so aufgeregt, daß er sich nicht entscheiden konnte, ob er lieber in Bunkeya bleiben sollte, um das Haus für den Empfang so gemütlich wie möglich herzurichten, oder ob er sich sofort aufmachen und sie zwischen der Hauptstadt und dem Lualaba-Fluß treffen sollte. Erst nach stundenlangem Überlegen erkannte er, daß das erste offenbar das Vernünftigste war.

Als er Mushidi am nächsten Tag die Nachricht überbrachte, meinte der König, daß er seit Tagen von der Ankunft der Weissen Männer wüßte. Seine Spione westlich des Lualaba hatten ihm Botschaften gesandt, doch wollte er Arnot so lange nichts davon sagen, bis er sich sicher war, daß es Missionare waren. Der König hörte Arnot zu, als er ihm aufgeregt von seinen Plänen für den Empfang seiner Kollegen erzählte. Der große einheimische Monarch sagte nichts. Dann am Ende des Gesprächs legte Mushidi seine Hand auf die Schulter des Missionars und meinte fast flüsternd: "Monare, mein Freund, Ihr Herz ist voller Freude, doch ich fürchte, daß meines bald voller Traurigkeit sein wird. Diese Weißen Männer, die nach Garenganze kommen, werden Ihre Stelle einnehmen, und das ist schlecht, denn ich traue niemandem außer Ihnen."

Arnot, der jetzt nicht mehr so erregt und dessen Überlegungen durch die ernste Haltung des Königs ernüchtert worden waren, antwortete: "Großer König, Sie wissen, daß ich zurückkehren werde, nachdem ich mich zu Hause jenseits des Wassers erholt habe. Ich komme zurück, und in der Zwischenzeit werden diese weißen Missionare, die jetzt kommen, mich in jeder Beziehung ersetzen."

Der König schüttelte den Kopf. "Sie mögen Ihren Platz einnehmen, Monare, doch ich weiß, daß Sie nie wieder nach Bunkeya zurückkehren werden. Ich weiß es."

Die erste Ankündigung über die Ankunft der Ablösung waren die Schüsse aus drei Pistolen, die aus der Richtung der grossen Ebene unter seinem Haus kamen. Er rannte aus dem Landhaus, versuchte den Union Jack zu hissen, doch in der Aufregung schaffte er es nur auf Halbmast! In dem verzweifelten Versuch, die ankommende Karawane zu erreichen, noch bevor sie am Fuß des Hügels war, rannte er den Pfad hinunter, um sie zu treffen. Atemlos stürzte er um die Kurve des Wegs, der bis zum Rand der Ebene wieder gerade wurde, und dort stand vor ihm ein Weißer Mann von durchschnittlicher Größe, stämmig gebaut, mit durchdringend blauen Augen und kurzem Stoppelbart. Als Arnot zerzaust nach Luft schnappend und lächelnd anhielt, streckte der Neuankömmling seine Hand aus und ging vorwärts. "Bruder Arnot", sagte er langsam und überlegt, "dies ist der glücklichste, der stolzeste Tag meines Lebens. Ich bin Charles Swan, Ihre Ablösung und Ihr Diener, Sir."

Frederick Arnot griff nach Swans Arm und versuchte verzweifelt, die Tränen der Rührung zurückzuhalten, die sich in seinen Augen sammelten. "Ich danke dem Herrn, daß er Sie sicher hergebracht hat. Dafür bin ich glücklich", antwortete Arnot schnell "Sie ... Sie sind herzlich willkommen, Bruder Swan, Sie sind sehr willkommen ..."

Obwohl sie sich vorher nicht kannten, gingen sie Arm in Arm den Hügel hinauf, der sie bis zum Haus mit dem Union Jack auf Halbmast führte. Es war der 16. Dezember 1887. William Faulkner, der hinten beim Hauptteil der Karawane geblieben war, erreichte Bunkeya einen Tag nach dem Treffen zwischen Arnot und Swan. Mushidi begrüßte die neuen Missionare förmlich und schickte große Mengen Lebensmittel für die einheimischen Träger der Expedition.

Binnen weniger Wochen hatte Faulkner, ein Kanadier, für das Waisenhaus, welches eines von Arnots Lieblingsunternehmen war, die Verantwortung übernommen. Charles Swan, von der typischen Tüchtigkeit der Menschen aus Sunderland, hatte bereits ausreichend ChiLuba gelernt, um sich mit Mushidi und seinen Leuten unterhalten zu können. Er übernahm die Arbeit in der Schule im zweiten Monat seines Aufenthalts. So wurde es Arnot klar, daß es kaum noch etwas gab, was ihn von seiner Reise an die Westküste in Richtung Heimat abhalten konnte. Obwohl er froh war bei dem Gedanken, mit seinen Verwandten und Freunden in Schottland zusammenzusein, und zufrieden war, daß er sich erholen und seine Gesundheit wiederherstellen konnte, ging es doch nicht ohne ein ganzes Stück Traurigkeit im Herzen, als er sah, wie seine Station, seine Arbeit übernommen wurde. Er wußte natürlich, daß es geschehen mußte. Er wollte, daß es geschah. Doch nun, als die Zeit gekommen war, fiel es ihm schwer, sich von allem zu verabschieden.

Am 26. Februar 1888, gut zwei Jahre nach seiner Ankunft in der Hauptstadt, verließ Arnot den König. Wie schon bei seiner Ankunft, stand der Missionar vor Mushidi, der für dieses Ereignis mit allen Zeichen der Königswürde bekleidet war. Hinter dem Thron standen die meisten seiner fünfhundert königlichen Ehefrauen, und auf beiden Seiten saßen die Berater und Ältesten des Hofs Als Arnot auf den Thron zuging, schlugen die Staatstrommeln zum Gruß. Als sich der Missionar umschaute und daran dachte, wie er zum ersten Mal vor dem Hof stand, fiel ihm ein, daß er damals nur Fremde gesehen hatte, mißtrauisch und beinahe feindlich. Jetzt aber war jede Frau, jeder Berater, jeder Hofbeamte und dazu der König selbst jemand, den er genau kannte. Er kannte sie alle. Er kannte ihre Fehler und Unvollkommenheiten, er kannte ihre Vorzüge. Zuerst fiel es ihm schwer, sie zu verstehen, besonders den König. Als er sich aber an den Rat Dr. Moffats erinnerte, mit Afrika Geduld zu haben, verstand er sich selbst besser und folglich auch die Menschen, unter denen er lebte und arbeitete. Er blickte auf die Frauen und Männer, die ihn jetzt anlächelten, und bemerkte, daß einige weinten. Er wollte zurücklächeln, doch es fiel ihm schwer.

Mushidi ging vom Thron nach vorn und deutete an, daß Arnot auf dem Stuhl vor ihm Platz nehmen sollte. Der König wandte sich an seine Leute. Da er jetzt ein alter Mann war, hatte Mushidi nicht mehr die kraftvolle und durchdringende Stimme des Löwen der Löwen wie in den Jahren zuvor. "Bewohner von Garenganze", fing er an, "Mushidi, euer König, weiß, daß der Monare, der jetzt vor ihm sitzt und seine Kinder heute verlassen muß, ein guter Mensch ist. Viele Monde zuvor kam er hierher, bat um nichts und gab viel. Ich, Mushidi, welcher gelebt hat und weiterleben wird durch Schwert, Speer und Axt, grüße den Monare, der nur vom Buch seines Gottes gelebt hat. Viele von euch, meine Leute, haben den Monare gesehen, wie er den Kindern, Kranken und Sterbenden half. Ihr werdet, genauso wie ich, die Arbeit, die er unter uns getan hat, in Erinnerung behalten."

Plötzlich gab es spontane Beifallrufe vom Hofstaat, gefolgt vom traditionellen, langsamen Händeklatschen. Nach einer Weile, in der Mushidi nichts von seiner sonst üblichen Ungeduld gezeigt hatte, blickte er direkt zum Missionar. Da war ein Hauch vom "alten Löwen" in seinen nächsten Worten, aber sogar das verschwand bald. "Monare, Sie enttäuschen mich sehr wegen Ihres undankbaren Verlangens, Garenganze zu verlassen. Warum wollen Sie von hier weggehen? Ist es deshalb, weil Sie noch immer das Gesetz nicht mögen, einen Menschen zu töten, wenn er eine große Straftat begangen hat? Ist es deshalb, weil Sie sich vor meiner Macht fürchten? Nein, ich weiß, es ist keines von diesen Dingen, das Sie von Bunkeya wegtreibt. Und ich weiß, daß Sie von Herzen wünschen zurückzukehren. Monare, ich habe jetzt leichtfertig geredet, weil mein Herz in diesem Augenblick genauso schwer ist wie Ihres. Ich habe es einmal gesagt und sage es erneut: Ich weiß, daß Sie nicht wieder nach Bunkeya zurückkehren werden. Die Geister haben es mir gesagt. Aber weil diese Männer wissen, daß ich, Mushidi, König von Garenganze, Sie gut kenne, Monare, gebe ich Ihnen jetzt die *Kilunga*-Muschel der königlichen Autorität. Nehmen Sie sie, denn sie ist die größte Gabe, die es gibt, größer als Reichtümer, besser als Gold und Kupfer."

Arnot kniete vor dem König, damit man die Schnur mit der *Kilunga* um seinen Hals legen konnte. Er hob langsam seinen Kopf und blickte zu Mushidi hoch, dessen faltiges und bärtiges Gesicht ihm zulächelte. "Nein, Monare", sagte der König leise, daß nur Arnot es hören konnte, "keine Sorge, denn dies ist eine *Kilunga*, an der kein Blut klebt!"

# KAPITEL XIV

## *Das Gerangel um Afrika beginnt*

Es war der 28. November 1891, als Mushidi mit faltigem Gesicht und leicht gebeugten Schultern die Gesandten der Weißen empfing, die sich Bunkeya aus dem Osten näherten. Der Brief, den der Führer der Karawane geschickt hatte, war ein Gruß, eine Anerkennung der Souveränität des schwarzen Herrschers und eine Garantie, daß die Expedition, die unterwegs war, in friedlicher Mission kam. Er war unterschrieben mit "W. E. Stairs, der Engländer".

Während der drei Jahre seit Frederick Arnot Garenganze verlassen hatte, hatte die Hauptstadt viel Aktivität gesehen. Swan und Faulkner wurden durch Crawford, Lane und Thompson ersetzt. Einmal ging ein Gerücht um, daß Arnot zurück auf dem Weg nach Bunkeya sei. Doch das hatte sich als falsch erwiesen. Zwar war er in der Tat nach Zentralfafrika zurückgekehrt mit der Absicht, sich auf den Weg nach Garenganze zu machen. Doch die Errichtung von Missionsstationen in und um Bihe auf portugiesischem Territorium hatte seine ganze Zeit in Anspruch genommen, und Krankheit hatte ihn wieder befallen. Seit Monaten wartete Mushidi auf ein Wort von Arnots Kommen. Er brauchte dringend seinen Rat und Beistand. Als man ihm zuletzt sagte, daß Arnot nicht zurückkommen würde, wurde der König mürrisch und mißgelaunt. Er weigerte sich, die Missionare, die in Bunkeya stationiert waren, zu treffen. Eine Zeitlang ignorierte er ihre verschiedenen Bitten um Hilfe, und einmal drohte er ihnen mit Vertreibung. Ein paar Wochen später gab er nach und wurde getröstet durch die Berichte über Arnots Bemühungen, ihn zu erreichen, daß er jedoch wegen schwerer Krankheit umkehren mußte.

Abgesehen von der rebellischen Einstellung der BaSanga, die sich im Lauf der Jahre nicht gebessert hatte, wurde Mushidi wohl bewußt, daß das Gerangel um Afrika begonnen hatte. Sogar ihm war es klar, daß Garenganze nicht mehr ein isoliertes Territorium war, das durch die Rugaruga und durch hunderte Kilometer unbewohntes und unkartographiertes Land geschützt wurde. Die Landkarten der Weißen ließen Garenganze, dessen

Hauptstadt, Städte und Flüsse nicht länger unerwähnt. Der schwarze König fühlte sich nicht mehr sicher. Die arabischen Karawanen aus dem Osten kamen schon lange nicht mehr, und das wenige Schießpulver, das er erhielt, kam aus dem Westen. Aus dem Norden kamen Nachrichten über weiße Männer aus Belgien, die dabei waren, Festungswerke, Straßen und für die Flüsse Brücken zu bauen. Sogar aus dem Süden kamen ähnliche Botschaften. Die Matabele, die Nachkommen der Shaka, machten Platz für weiße Soldaten, Händler und andere, die, wie sie es nannten, die "Pionierkolonne" bildeten. Die Lage würde nicht so ernst sein, wenn sein Land so vereinigt wäre, wie es in alten Zeiten war. Wenn er auf die gemeinsame Unterstützung aller seiner Leute bauen könnte, wäre vielleicht eine Chance gewesen. Doch wie die Dinge standen, war eine stürmische Zukunft nicht zu vermeiden.

Mushidi wußte jedoch nicht, daß das Territorium von Garenganze internationale Bedeutung erlangt hatte und von den Belgiern und Briten als eines der Werte Zentralafrikas gehandelt wurde. Cecil John Rhodes, der große Reichsgründer, hatte ein Auge auf das Gebiet, ebenso der König Leopold von Belgien. Die britischen Zeitungen von damals brachten zum Ausdruck, daß Garenganze und seine umliegenden Gebiete offenbar von Südafrika abhängige Territorien wären. Die Belgier, die bereits auf das obere Kongobecken ihren Anspruch geltend gemacht hatten, dachten anders darüber. Die allgemeine Vereinbarung der Brüsseler Konferenz regelte eindeutig, daß alle Besetzungen in Afrika durch europäische Mächte rechtsgültig sein mußten. Das bedeutete, daß die besetzende Nation entsprechende Verträge besitzen, eine anerkannte Nation sein und ausreichende Polizei einsetzen mußte, um Ruhe und Ordnung zu bewahren. Nördlich von Garenganze hatten die Belgier im Laufe mehrerer Jahre langsam Territorien besetzt, doch wegen Mangel an Geld wurden sie daran gehindert, ihre Eroberungen entsprechend schnell zu nutzen. Wegen des großen Interesses seitens Rhodes' und der Briten war es jetzt nötig für die Belgier, die Besetzung gewisser Teile Zentralafrikas in Betracht zu ziehen.

Hätte Mushidi von den verworrenen Details der Pläne zur Annexion seines Königreiches, die im Umlauf waren, gewußt, wäre er nur noch beunruhigter gewesen, als er ohnehin schon war. Wenn bloß Arnot bei ihm wäre, wenn er mit ihm über die

Zukunft seines Landes sprechen könnte ... Arnot hätte gewußt, was zu tun sei. Er hätte gewußt, ob man die Bedingungen der weißen Männer annehmen sollte, die die Flaggen ihrer eigenen Nation nach Zentralafrika tragen wollten. Arnot hätte ihm sagen können, wie weit er, Mushidi, bei den Verhandlungen gehen konnte, ob die Bedingungen der Annexion gerecht waren und ob die Rechte der Königswürde Mushidis aufrecht erhalten würden. Mushidi wurde klar, daß er Arnot nötiger brauchte, als er jemals jemanden gebraucht hatte.

Am 17. November 1890 kam ein weißer Mann mit freundlichem Charakter, klein von Statur, lächelnden Augen, mit Oberlippenbart nach Bunkeya mit einer großen Armee bewaffneter Askari. Swan, der Missionar, der Arnots Platz eingenommen hatte, hatte Mushidi mitgeteilt, daß der weiße Fremde Alfred Sharpe hieß und daß die Flagge, die er an der Spitze seiner Kolonne trug, der Union Jack von Großbritannien war. Mushidi mochte Sharpe und war versucht, sein Vertrauen in die Flagge Großbritanniens zu setzen und sein Land unter dessen Schutz zu stellen. Er war erschöpft und einsam und hatte keine Lust, gegen seine Feinde zu kämpfen. Während der Diskussionen mit Sharpe, bei der Swan als Dolmetscher fungierte, fand er, daß die Bedingungen der Schutzherrschaft keineswegs so schlecht waren, wie er geglaubt hatte.

Mehrere Nächte lang schlief er nur wenig, und seine Gedanken waren ganz durcheinander. Sollte er das Angebot des Schutzes, das Sharpe machte, annehmen? Wenn er es tun würde, wäre er von der Verantwortung betreffs der BaSanga-Rebellen entbunden. Er könnte sich ausruhen und frei sein von den Regierungsproblemen und trotzdem den Titel behalten. Seinem Sohn Mutandabantu wäre der Thron nach seinem Tod sicher. Britische Schutzherrschaft, so sagte er sich, hatte viel für sich. Aber vielleicht log der Engländer. Vielleicht würde er ihm das Land mit Gewalt wegnehmen. Es könnte sein, daß seine angenehme Art, sein Lächeln und seine Geschenke Teil eines Plans waren. Es könnte sein, daß Sharpe ihn schwächen wollte, indem er sein Zeichen erhielt auf einem Stück Papier, welches Swan einen "Vertrag" nannte. Mushidi fand, daß die Entscheidung, die er treffen mußte, sehr schwierig war, und wieder wünschte er sich, Arnot wäre hier gewesen.

Der Tag kam, als Sharpe ungeduldig wurde und darauf bestand, daß Mushidi jetzt den Vertrag unterzeichnen sollte. Das

Mißtrauen auf Sharpe und seine Motive kam dem König, als der Engländer Swan anwies, es sei unnötig, alle Bedingungen vorzulesen, die auf dem Papier standen. Swan weigerte sich, Sharpes Aussage zu übersetzen, daß alles, was der König wissen müßte, nur folgendes sei: Die Briten wollen Freundschaft mit ihm schließen, und seine Zeichen unter dem Vertrag würden diese Freundschaft ins Leben rufen. In Mushidis Gegenwart stritten sich die beiden weißen Männer. Swan sagte, er würde nicht die Verantwortung übernehmen für irgendwelche Probleme, die danach auftauchen könnten. Er wolle nicht nur so tun, als lese er den Vertrag vor. Das Dokument solle so vorgelesen werden, wie es formuliert sei. Swan wies Sharpe auch darauf hin, daß er keinen Nutzen darin sah, wenn Mushidi einen Vertrag unterschriebe. Denn von offizieller Stelle in London wußte er, daß es ein internationales Abkommen gab, wobei Garenganze letztlich in die Südgrenzen des Freistaates Kongo eingeschlossen werden sollte.

Mushidi verlangte, daß Swan ihm erzählte, worüber sie sich gestritten hätten. Als er hörte, daß Sharpe wollte, daß der Vertrag unterschrieben werden sollte, ohne ihm vorgelesen zu werden, wurde er sehr, sehr böse. Sharpe willigte dann ein, den Inhalt des Dokuments dem König vorzulesen. Dies geschah mit dem Ergebnis, daß Mushidi die Unterschrift verweigerte und verlangte, daß Sharpe Garenganze unverzüglich verlassen sollte. Doch auch als der Engländer und seine Askari gegangen waren, war Mushidi in großer Sorge. Beim Streit zwischen Swan und Sharpe hatte er zum ersten Mal gehört, daß es ein internationales Abkommen gab, welches sein Land betraf und wonach es in den Freistaat Kongo eingegliedert werden sollte - ein neues Territorium, das die Belgier beherrschten.

Die Furcht des Königs steigerte sich noch durch die Ankunft des Leutnants Paul Le Marinel am 13. April 1891. Er war ein belgischer Armeeoffizier. Mushidi hatte die Askari von Le Marinels Karawane gesehen, wie sie vor Gewehren und Munition strotzten. Er hatte zum ersten Mal die Flagge des Freistaates Kongo gesehen mit ihrem königlichen Blau und einem einzelnen goldenen Stern. Seine erste Reaktion wäre gewesen, zu kämpfen und jedem Versuch der Belgier zu widerstehen, ihm seine Autorität wegzunehmen. Doch bald erkannte er, daß der Widerstand, den er aufbringen konnte, schnell hinweggefegt werden würde durch die modernen Waffen, die Le Marinels

Armee mit sich führte. Deshalb empfing er die Belgier sehr höflich und nahm die Geschenke von Kleidung und Schmuck, die ihm im Namen der belgischen Regierung präsentiert wurden. Am Anfang ging alles gut. Le Marinel erwähnte, er sei nach Bunkeya gekommen, weil seine Regierung dem König freundschaftlich die Hand entgegenstrecken wolle. Mushidi meinte, er sei froh über dieses Angebot, und mehrere Wochen lang gab es Gespräche in der allerfreundlichsten Art und Weise. Dann geschah es. Le Marinel bat den König, die Unterwerfung unter die Belgische Regierung zu besiegeln, indem er sich einverstanden erklärte, die Flagge des Freistaates Kongo über der Zitadelle zu hissen. Aus den ausgedehnten Diskussionen und auf Grund der Diplomatie des belgischen Armeeoffiziers, die dahintersteckte, hatte Mushidi gewußt, daß es so weit kommen würde. Trotz der Gewehre der Askari und eines möglichen Angriffs antwortete er Le Marinel, daß er sich niemals einer ausländischen Flagge unterwerfen würde. Der Belgier, sehr taktvoll und besonnen, zuckte mit den Schultern und ging weg. Diesmal ließ er Mushidi nicht nur beunruhigt zurück, sondern auch verwirrt. "Er oder einer seiner Landsleute wird zurückkommen", sagte der König zu seinen Beratern. "Das nächste Mal wird es nicht so leicht sein, sie fortzuschicken."

Kurz nachdem Paul Le Marinel weggegangen war, verließ der Missionar Swan die Hauptstadt, und seine Arbeit wurde von Daniel Crawford übernommen. Wieder war Mushidi sehr traurig, daß Frederick Arnot nicht nach Bunkeya zurückgekehrt war. Ihm wurde klar, daß er früher oder später gezwungen sein würde, sich der einen oder der anderen weißen Nation zu unterwerfen, die sein Land besitzen wollten. Selbst wenn er den nächsten Versuch, aus ihm einen Unterworfenen zu machen, zurückschlagen könnte, würden neue Karawanen kommen, größer, besser bewaffnet und entschlossener. Garenganze steckte inmitten von Unruhen. Die Rugaruga war nicht mehr die wirksame Kriegsmaschine der alten Zeit, und er selbst war erschöpft. Arnot hätte ihn beraten. Arnot, der aus dem Land der großen Englischen Königin gekommen war, hätte ihm gezeigt, was zu tun war. Arnot ... der Engländer ... ja, das ist es. Der Engländer. Es muß ein Engländer sein. War er nicht zu Anfang beeindruckt von Sharpe? Hatte nicht Sharpe gesprochen wie Arnot? Arnot hatte sich um seine Leute gekümmert und keine Gegenleistung gefordert. Sharpe würde es ebenso tun. Und noch eins: Sharpe trug dieselbe Flagge, die auch Arnot an seinem Haus am Hügel hatte flattern lassen. Zugegebenermaßen, er war wütend auf Sharpe, weil er merkte, daß dieser ihn den Vertrag unterschreiben lassen wollte, ohne ihn wissen zu lassen, was darin steht. Doch Sharpe hatte keine Anstalten gemacht, ihm klar zu machen, daß er nicht länger König sei. Er hatte nicht darauf bestanden, die englische Flagge über Bunkeya zu hissen. Sharpes Männer trugen keine Gewehre, als sie in der Hauptstadt waren, und waren daher keine ständige Bedrohung für ihn. Zum ersten Mal lächelte Mushidi für einen langen Augenblick. Er rief Daniel Crawford in den Palast und bat ihn, an den Engländer zu schreiben, damit dieser zurückkehre nach Bunkeya.

"Sagen Sie ihm", sagte der König, "sagen Sie ihm, daß er willkommen ist und daß ich bereit bin, mit ihm über die Zukunft meines Landes zu sprechen." Als er sich an seine Berater wandte, die dabeistanden, als der Brief diktiert wurde, grinste Mushidi und schrie: "Ihr Drecksöhne, wir kennen die Engländer als ehrliche Leute. Da wir das wissen, laßt uns ihnen vertrauen!"

Der Brief wurde ordnungsgemäß durch einen Boten befördert, doch Sharpe sollte ihn nicht bekommen. Sein geheimnisumwittertes Schicksal blieb im dunkeln, während die Zeit verging. Es gab eine Theorie, nach der die Botschaft abgefangen wurde und die Bezeichnung "... der Engländer", die Mushidi als Anrede für Sharpe benutzte, von der erstbesten Person auf sich bezogen wurde, der der Brief in die Hände gefallen war. Der Brief erreichte mit Sicherheit nicht Sharpe. Schon am 28. November 1891 empfing der König von Garenganze einen Gesandten, einen Weißen Mann, der großen Wert darauf legte, mit "W. E. Stairs, der Engländer" zu unterschreiben. Die Betonung der Nationalität mag ein bloßer Zufall gewesen sein. Doch gab es Leute, die das keinesfalls als Zufall sahen.

Mushidi bat Crawford, den Brief noch einmal zu lesen. Als das geschehen war, rief der König vor dem gesamten Hof aus: "Ihr hört diese Worte, Schakalensöhne? Das sind die Worte der Engländer. Sie sind es, die uns in diesen dunklen Zeiten helfen werden. Nun dankt den Geistern und Mushidis Weisheit, denn der heutige Tag wird als ein gutes Vorzeichen in die Geschichte eingehen!"

Zum Gesandten sagte der König: "Gehen Sie zurück zu dem Engländer, der Sie geschickt hat, und überbringen Sie ihm meine Grüße. Sagen Sie ihm, er soll schnell in die Hauptstadt kommen, denn am Tag seiner Ankunft in Bunkeya wird es ein großes Fest und viel Freude geben."

Am 14. Dezember 1891 war Mushidi in feinster europäischer Tracht gekleidet, die aus Hosen, einem mit Goldketten behangenen Seidenmantel und riesigen Wasserstiefeln bestand, die einige Nummern zu groß für ihn waren. Über seinem massiven Kopf und unter seinem nunmehr grauen Haar festgebunden, befand sich ein fettiges Taschentuch. Er stand mit Crawford und einigen seiner Ältesten auf einer Erhöhung und überblickte den Pfad, der von der Hauptstadt in die Ebene führte. Ihre Augen richteten sich auf die lange Kolonne Männer, die jetzt in Richtung Bunkeya marschierten. Vom Platz, wo sie standen, konnten sie den Weißen Mann an der Spitze der Karawane sehen. Hinter ihm trug ein Askari die Flagge. Er wurde gefolgt von weiteren Askari mit Gewehren und schließlich den Trägern in fünf Abteilungen, von denen jede von mehreren Schützen umgeben war.

Mushidi war ganz ausgelassen, seit er am Vorabend informiert worden war, daß sich der Engländer und seine Karawane der Hauptstadt näherten. Jetzt war er völlig außer sich vor Freude. Er führte höfliche, doch aufregende Gespräche mit Crawford und fragte, ihn, wieso dieser bloß so ruhig bleiben könnte, während ein Landsmann so nahe war. Er lachte und scherzte mit seinen Beratern und hatte zuvor persönlich die Vorbereitungen überwacht, die für die Festlichkeiten zu Ehren des ankommenden Engländers getroffen wurden. Er hatte eine Kompanie auserlesener Männer seiner eigenen Leibgarde losgeschickt, damit sie der Karawane begegneten und sie nach Bunkeya begleiteten. Ungeduldig beobachtete er den langen Zug, wie er sich den Pfad entlangschlängelte. Jetzt hatten sie die Ebene verlassen und näherten sich dem Stadtrand. Wegen der Wohnhäuser und anderer Gebäude gerieten sie danach ausser Sichtweite. Zu diesem Zeitpunkt verließ der König, begleitet von Crawford, seinen erhöhten Standort und lief den Pfad hinunter, auf dem sich die Karawane näherte. Sie konnten schon die Askari und die Träger singen hören, ebenso das Gestapfe von tausend Füßen, als die Männer immer näher heranmarschierten. Nie zuvor hatte der König seinen Palast und die Zitadelle verlassen, um jemanden zu begrüßen. Das war noch nie dagewesen. Es war eine Einmaligkeit, die für Mushidi im

Einklang stand mit der höchsten Freude, die er empfand, die Engländer wieder in Bunkeya zu begrüßen. Die kleine Gruppe, mit dem König ein wenig voraus, harrte erwartungsvoll, als die vorderen Reihen der Kolonne auf dem Pfad heranrückten. Zuerst beherrschte der Weiße Mann, der die Karawane führte, das Bild. Er war groß, gutaussehend und sonnengebräunt. Er ging aufrecht, und seine Augen richteten sich direkt auf Mushidi. Es war nicht schwer, sich vorzustellen, daß dies "Stairs, der Engländer" war, doch hinter ihm marschierten noch vier andere weiße Männer.

Sie standen etwa hundertfünfzig Meter entfernt, als der König, unfähig, seine Freude und seine Aufregung länger zurückzuhalten, schnell auf sie zuging. Die anderen, einschließlich Crawford, blieben stehen. Sie sahen, wie er seine Arme in die Luft wirbelte, und hörten den schrecklichen Zornesschrei, der von ihm ausging. Sie stürzten vorwärts und sahen, wie der König wild auf Stairs und die anderen weißen Männer starrte, die inzwischen auf dem Weg anhielten. Mushidis Gesicht verzerrte sich im Zorn, und es fiel ihm schwer zu sprechen. Er zeigte auf die Flagge, die einer von Stairs Männern trug. Sie bestand aus königlichen Blau mit einem einzelnen goldenen Stern - die Flagge des Freistaates Kongo.

Als er wieder Luft geholt hatte, drehte er den überraschten Zuschauern den Rücken, und als er sich zu seinen Beratern und Crawley geschoben hatte, schrie er: "Geht zurück in eure Häuser und grüßt niemanden von diesen verlogenen Männern. Das sind die Männer aus dem Norden, und sie tragen nicht die Flagge der Engländer. Man hat uns reingelegt ... man hat uns reingelegt!"

Oberflächlich betrachtet schien Mushidi allen Grund zu der Annahme zu haben, daß sie tatsächlich betrogen worden sind. Anführer W. E. Stairs, der die Karawane nach Bunkeya leitete, war zweifellos ein Engländer. Doch er führte eine belgische Expedition unter der Herrschaft König Leopolds. Mit seiner Unterschrift "W. E. Stairs, der Engländer" war er völlig korrekt. Doch bevor er die Hauptstadt erreicht hatte, gab es keine Anzeichen dafür, daß er ein Engländer war, der im Dienst Belgiens stand. Mushidi und alle andern in Bunkeya hatten vernünftigerweise vermutet, daß die Expedition von Alfred Sharpe geschickt worden war. Nicht nur Mushidi war an diesem Nachmittag des 14. Dezember 1891 sehr geschockt.

Stairs, der sich gemeinsam mit Henry Mortan Stanley bei anderen Safaris durch Afrika einen Namen gemacht hatte, erhielt seinen gegenwärtigen Auftrag von der belgischen Regierung. Man beauftragte ihn, Garenganze abzusichern, mit oder ohne Mushidis Zustimmung, und es zusätzlich dem bereits geschaffenen Freistaat Kongo einzuverleiben. Mit ihm kamen der Hauptmann Bodson, der Marquis de Bonchamps, Dr. J. A. Moloney, ein Mr. Robinson und mehr als dreihundert Träger und bewaffnete Askari.

Nachdem Mushidi vom Treffpunkt weggerannt war und Stairs kurz mit Crawford gesprochen hatte, schlugen sie im Außenbezirk Bunkeyas ihr Lager auf. Fünfmal sandte Stairs einen Boten zu Mushidi mit dem Wunsch nach einem gemeinsamen Treffen. Doch erst am 17. Dezember, drei Tage nach der Ankunft der Expedition, willigte der König ein, sich mit dem Führer zu treffen.

Nachdem Mushidi beim Anblick der entsetzlichen Flagge des Freistaates Kongo geflohen war am verhängnisvollen Tag ihrer Ankunft in der Hauptstadt, schloß er sich in seinen Palast ein und weigerte sich, irgend jemanden zu sehen. Dort hatte er in zwei Tagen und Nächten ohne Essen über das falsche Spiel gebrütet, von dem er überzeugt war, daß man es absichtlich mit ihm spielte. Nun wußte er, daß das Ende gekommen war. Es war zu spät, um sich noch von jemand helfen oder beraten zu lassen. Es war sogar zu spät für Arnot. Crawford, Mutandabantu und die anderen, die gekommen waren, ihn zu trösten, schickte er weg. Er konnte nichts mehr tun, außer vielleicht Zeit gewinnen. Aber wozu Zeit? Dies war das Ende Mushidis. Gut, und wenn, dann könnte es auch das Ende seines Feindes sein. Ja, er würde Zeit gewinnen und dafür sorgen, daß sein letzter Plan als Feldzug in die Geschichte eingehen würde.

Am 17. Dezember besuchte Stairs zusammen mit einer Eskorte Askari den Palast. Er fand Mushidi mit dem traditionellen Gewand des Ostens gekleidet, ein hängender weißer *Kanzu* mit roter Schärpe. Auf seiner Brust lag die *Kilunga*. Nachdem vorausgehend Grüße ausgetauscht worden waren, präsentierte Stairs dem König einen Säbel in einer mit Juwelen besetzten Hülle als Geschenk von der belgischen Regierung. Diesen nahm Mushidi mit überzeugend gespielter Höflichkeit an und übergab Stairs im Gegenzug einen großen Elefantenstoßzahn. Danach begann das Gespräch, welches drei Stunden und vierzig Minuten dauerte. Zuerst fegte Mushidi alle Vorschläge von Stairs hinweg, die die Eingliederung Garenganzes in den Freistaat Kongo betrafen. Er redete weitschweifig von den Besuchen Alfred Sharpes, Paul Le Marinels und eines anderen Belgiers, genannt Delcommune, der ebenfalls letztes Jahr nach Bunkeya gekommen war. Er verwies auf einen Mann namens Legat, von dem er hörte, daß er nahe der Grenze seines Landes sei, und gab vor, Stairs um Hilfe zu bitten, um jedem möglichen feindlichen Einfall zu widerstehen. Stairs, der glaubte, das Treffen sei ein Stück erfolgreich gewesen, wollte den Vorschlag annehmen und versprach Mushidi gleichzeitig, er würde ihm auch in seinen Bemühungen helfen, die BaSanga-Rebellen niederzuschlagen. Alles verlief gut, bis Stairs, unter dem Eindruck eines ermüdeten Königs, Mushidi bat, an einer Zeremonie der Blutsbrüderschaft teilzunehmen und die belgische Flagge hissen zu lassen. Als der König das hörte, legte er jeden Schein der Diplomatie ab und lehnte beide Wünsche ab. "Ich brauche keinen Schutz", sagte der schwarze Herrscher, "ich bin der größte König Afrikas, und ich regiere gemäß den Interessen meines Landes ...."

Stairs, der inzwischen ungeduldig geworden war, antwortete scharf: "Es hat größere Könige gegeben als Sie, Mushidi. Einige von ihnen weigerten sich, den Weißen und ihren Regierungen zu helfen. Diese Könige wurden völlig vernichtet, und ihre Namen sind heute von allen Menschen vergessen. Sie sagen, daß Sie Ihre Leute friedfertig regieren. Das ist eine Lüge. Auf meinem Weg von Norden ging ich an verwüsteten Feldern vorbei und traf Menschen, die sich seit Jahren vor Ihnen fürchten. Sie sind kein Mensch, Mushidi, sie sind ein menschenfressender Löwe!"

Falls Stairs Mushidi in Wut bringen wollte, indem er ihn vor seinem Hofstaat so betitelte, wurde er enttäuscht. Der König lächelte die ganze Zeit, als er so angegriffen wurde; und als der Weiße Mann fertig war, erhob er sich von seinem Thron und sagte: "Wir haben lange Zeit geredet, Engländer. Deshalb sind Sie müde, und Ihre Zunge redet vieles, was Ihr Herz nicht weiß. Deshalb werden wir jetzt unser Treffen beenden und heute in zwei Tagen wieder zusammenkommen."

Stairs protestierte vergeblich, nahm aber schließlich den Vorschlag des Königs an. Er konnte nicht mehr viel tun, ohne Gewalt zu demonstrieren, was er damals noch vermeiden wollte. Mushidi ging fort, als er noch redete.

Am Nachmittag des 19. Dezember kam Stairs, begleitet vom Marquis de Bonchamps und einer großen Askari-Armee, am Palast an. Mit sich führten sie die Flagge des Freistaates Kongo. Wieder einmal heuchelte Mushidi eine fast schmeichlerische Haltung gegenüber seinem Widersacher. Zu allem, ausser dem Hissen der Flagge, zeigte der König eine höchst ehrerbietige Einstellung. Stairs jedoch war von Anfang an herausfordernd und machte Mushidi klar, daß die Zeit des Ausweichens vorbei war. "Schluß mit diesem dummen Gerede, Mushidi", erklärte er. "Sie und ich werden heute Blutsbrüderschaft schließen, und dann werde ich die Flagge hissen, egal, ob es ihnen gefällt oder nicht."

Stairs ignorierend, wandte sich Mushidi an seine Berater und sagte: "Es gibt nur eine Flagge, die ich über Bunkeya sehen werde, und das ist die Flagge der Engländer. Ich will keine andere Flagge sehen, auch wenn sie hier ist. Was die Blutsbrüderschaft mit diesem Engländer betrifft, möchte ich lieber der Bruder meines ärgsten Feindes sein!"

Stairs und de Bonchamps verließen sofort den König. Sie nahmen einen Pfahl der nahegelegenen Palisade und banden die Flagge des Freistaates Kongo daran fest. Dann stellten sie sie auf den Gipfel des Hügels, der sich über die Hauptstadt und die Ebene Mukurru erhob.

In jener Nacht wurden die Wachen des belgischen Lagers verdoppelt, und fünf europäische Beamte planten den nächsten Schritt. Crawford und die anderen Missionare hatten auf Anraten Stairs die Hauptstadt bereits verlassen, als ihnen gesagt wurde, daß es bald den "totalen Krieg" geben würde.

Am Morgen des 20. Dezember sandte Stairs viermal Boten zu Mushidi, die ihm sagten, daß der Akt der Blutsbrüderschaft eine friedliche Beilegung ihrer Differenzen bewirken könnte. Jedesmal erhielten sie von einem Hofmitglied die Antwort, daß man jetzt nichts tun könne, da der König schlafe. Als der Tag fortgeschritten war, wurde Stairs zornig über das, was er als königlichen Bluff erkannte. Sie beschlossen, den König gefangenzunehmen, doch als Leutnant Bodson und der Marquis de Bonchamps gerade dabei waren, das Camp zu verlassen, um den König gefangenzunehmen, kam die Nachricht, daß Mushidi in Munema, dem Dorf seiner Hauptfrau, Zuflucht genommen hätte, welches etwa fünf Kilometer von der Hauptstadt entfernt lag.

Um elf Uhr machten sich Bodson und de Bonchamps mit einer bewaffneten Askari-Armee auf nach Munema. Sie erreichten das Dorf kurz nach der Mittagszeit.

Der König von Garenganze hatte gut geschlafen nach dieser nächtlichen Flucht aus Bunkeya. Er wachte kurz nach der Dämmerung auf, und bis die Sonne senkrecht über den Bäumen des umliegenden Waldes stand, war er voll damit beschäftigt, Pläne für den Angriff zu machen, von dem er wußte, daß er kommen würde. Um ihn standen mehrere Hauptleute der Rugaruga und Mitglieder seines Hofes. Er war überrascht, daß ihm so viele Anhänger treu geblieben waren. Bei ihm waren auch eine Anzahl seiner Lieblingsfrauen einschließlich Kamfwa, Muloje, Maria und Munema selbst. Mehrere seiner Kinder, angeführt von Mutandabantu, waren ebenfalls anwesend.

Die Rugaruga-Hauptleute und die meisten seiner Ältesten hatten automatisch angenommen, daß ihr König Munema bis zum letzten Mann verteidigen würde. Folglich basierten ihre Ratschläge an Mushidi auf dieser Annahme und beinhalteten die Stationierung von Soldaten sowohl außerhalb als auch innerhalb des Dorfs. Es würde einen großen Hinterhalt geben, und Stairs würde geschlagen und unter die Füße der Rugaruga getreten werden, die, wie er merken würde, von ihrer Stärke nichts eingebüßt haben. Das war ein nobler Gedanke, und Mushidi freute sich, daß seine Männer so mutig redeten, doch es war nicht das, was er selbst plante. "Ich höre eure Worte wohl", sagte er zu ihnen. "Es sind Worte, die ich gehofft hatte zu hören. Doch diesmal sind es keine weisen Worte. Ihr sollt wissen: Wenn Stairs oder die Männer, die er schickt, vor den Toren Munemas stehen, sollen sie nicht angegriffen werden. Der Anführer soll zu mir gebracht werden, damit ich ein letztes Mal mit ihm reden kann. Danach werde ich so handeln, wie es mir die Geister meiner Vorfahren befehlen. Nein, ich habe mich entschieden und will darüber nichts mehr hören. Nur die Geister und ich wissen, was geschehen muß. und es wird so geschehen."

Seine Anhänger wußten, daß man lieber nicht mit ihm streiten sollte. Und als er meinte, er wolle mit Mutandabantu unter vier Augen sprechen, verschwanden sie traurig und erstaunt.

Mit seinem Sohn sprach Mushidi über die jungen Jahre seines Lebens und erwähnte seinen Vater voller Würde und Respekt. Dann redete er von der Gründung Garenganzes und der schweren Bürde des Regierens. "Mutandabantu, mein Sohn", sagte der König, "ich entschuldige mich nicht für mein Leben, ich entschuldige mich nicht für die Art und Weise, wie ich meine Leute regiert habe. In alter Zeit hatte dieses Land keinen wirklichen König. Seine Leute waren alles Sklaven, Sklaven ihres eigenen Lebensstils. Das Land war arm, es gab nichts zum Essen, und es hätte von jedem, der wollte, eingenommen werden können. Das habe ich gesehen, und weil ich Macht und Reichtum haben wollte, nahm ich das Land. Später bekam ich Macht und fand den Reichtum. Der weiße Missionar Arnot beschuldigte mich, grausam zu sein und die Leute wie Vieh zu behandeln. Das war ein Mann, dieser Arnot. Er wußte, daß ich ihn hätte töten können für die Worte, die er gebrauchte. Nach einiger Zeit, so meine ich, erkannte sogar er, daß nicht alles, was ich tat, schlecht war. Und das ist es, was ich dir klarmachen will, Mutandabantu. Denn mit dir kann das Königreich von Garenganze weiter existieren. Von deinen Lenden kann das Blut des Königshauses weiterleben, das ich geschaffen habe. Ab heute wird es anders sein, und es wird für einen König wie mich keinen Platz mehr geben. Aber es wird einen Platz geben für einen König wie Mutandabantu, sogar unter einer ausländischen Flagge. Nein, ... sag nichts! Ich weiß, daß das, was ich sage, der Wille der Geister ist, und ich bin zufrieden. Lebe wohl, Mutandabantu, und laß das Haus Garenganze durch deine Nachkommen weiterleben."

Mushidis Sohn senkte den Kopf, damit der Vater die Unruhe in seinen Augen nicht sehen konnte. Der König gab ihm einen leichten Klaps ins Gesicht und lächelte. "Ein Führer einer grossen Nation senkt niemals seinen Kopf, Mutandabantu", sagte der alte Mann.

Hauptmann Bodson und der Marquis de Bonchamps stellten ihre Askari gegenüber dem Zaun des Dorfes Munema auf. Es wurden Vorbereitungen für einen Angriff getroffen. Die Gewehre wurden geladen, und die Askari begaben sich in Kampfstellung.

Als Bodson gerade den Befehl geben wollte, vorzugehen, erschien am Eingang des Dorfes ein Mitglied von Mushidis Hof. Er näherte sich dem Anführer der Expedition, und nachdem sie ein paar Minuten miteinander gesprochen hatten, sonderte Bodson zehn Askari und zwei Swahili-Oberste ab, um ihn in das Dorf zu begleiten. Bonchamps war nicht glücklich über diesen Beschluß und bat Bodson, das Dorf sofort anzugreifen. Er wies darauf hin, daß ein Hinterhalt innerhalb des Zauns warten könnte. Bodson lachte über die Angst seines Freundes und meinte, falls es ein unblutiger Sieg werden würde, wäre Stairs noch viel glücklicher. Dann marschierte er los mit seiner Eskorte und dem Munyamwezi-Ältesten.

Man führte sie zum Dorfplatz. Vor einem großen Haus saß Mushidi, umgeben von seinen Beratern und Frauen. Hinter ihm standen Mutandabantu, die Rugaruga-Häuptlinge und deren Männer. Bodson lief auf Mushidi zu, während seine Männer sich gegenüber vom Haus in Reihe aufstellten.

Ohne jede Art des Grußes knurrte Bodson den König an: "Stehen Sie auf und folgen Sie mir. Sie kommen jetzt mit mir zum Lager des großen Anführers Stairs. Wenn Sie befolgen, was Ihnen gesagt wird, wird Ihnen nichts passieren." Als Bodson gesprochen hatte, faßte Mushidis runzelige Hand nach dem Griff des Schwertes an seiner Seite. Es war das Schwert, das Stairs ihm wenige Tage zuvor geschenkt hatte. Als Antwort an den Beamten nahm Mushidi das Schwert aus seiner mit Juwelen besetzten Umhüllung. Kaum hatte er das getan, zog Bodson seinen Revolver und feuerte dreimal auf Mushidis Brust.

Der König fiel auf seine Knie, und als er sich an die Brust griff, schoß einer der Swahili-Obersten auf ihn aus nächster Nähe. Er fiel auf die Seite und rollte auf seinen Rücken. Ein paar Sekunden später, mit einem sarkastischen Lächeln auf seinen Lippen, verschied Mushidi, der Löwe der Löwen, Herr von Bunkeya und König von Garenganze, um die Geister seiner Vorfahren zu treffen.

Fast unmittelbar danach gab es einen weiteren Schuß, und Rauch pufftet von der Veranda her. Einer der Männer des Königs hatte auf Bodson geschossen, und nun lag auch er zusammengebrochen am Boden und krümmte sich mit einer Kugel im Bauch. Er starb in der folgenden Nacht.

Als der Zwischenfall beendet und der Verwundete weggebracht war, kniete Mutandabantu an der Seite des toten Königs. Zärtlich und liebevoll hob er den großen Kopf hoch und nahm von Mushidis Körper die *Kilunga*.

Erhobenen Hauptes, mit der *Kilunga* auf der Brust, schritt Mutandabantu würdevoll zum Camp von Stairs, dem Engländer.

# Nachwort

Im Oktober 1891 machte sich Arnot wieder auf den Weg durch das ausgedehnte Buschland, das zwischen Bihe und Bunkeya lag. Zwei Jahre zuvor war er nach Zentralafrika zurückgekehrt und hatte eine Ehefrau mitgebracht. Zusammen ließen sie sich in Bihe nieder und errichteten mehrere Missionsstationen auf portugiesischem Territorium.

Während der letzten Monate hatte er mehrmals Nachrichten von Mushidi erhalten, in denen er Arnot bettelte, nach Bunkeya zurückzukommen. Da gab es Berichte von offenen Aufständen im BaSanga-Land, Gerüchte von der Annexion durch die Regierung des Freistaates Kongo und Klatsch über die Ankunft von englischen und belgischen Expeditionen. Obwohl die Männer, die von Mushidi gesandt wurden, ein düsteres Bild malten, waren deren Berichte recht verworren. Daher hatte Arnot überhaupt keine Ahnung davon, was sich in Garenganze seit seinem Weggang ereignet hatte. Man hatte ihm oft genug gesagt, er solle jede Anstrengung unternehmen, um Bunkeya unverzüglich zu erreichen.

Doch dazu sollte es nicht kommen. Fieber und eine erhebliche seelische Beeinträchtigung ließen ihn extrem schwach werden, und als er Nana Kandundu östlich des Sees Dibolo erreichte, war er zu krank, um bis in die Hauptstadt weiterzugehen. Sein Zustand war so, daß man ihn sofort nach Bihe zurückgetragen hatte, wo er lebensgefährlich krank lag.

Es dauerte bis zum folgenden April, bis er sich kräftig genug fühlte, eine weitere Tour ins Hinterland zu riskieren. Während seiner Krankheit und der folgenden Genesungszeit dachte er ständig über die Botschaften von Mushidi nach. Seit seiner gezwungenen Rückkehr nach Bihe gab es keine Verbindung mehr mit Bunkeya, und das erschien Arnot als kein gutes Zeichen. Deshalb traf er seine Vorbereitungen für die Reise nach Garenganze zu einer Zeit, als er lieber seine Rückkehr nach England hätte in Betracht ziehen wollen.

Dann kam der Brief. Arnot hatte gerade Träger eingestellt für die Reise, die er in der darauffolgenden Woche geplant hatte. Die Nachricht wurde ihm durch die Hand eines Askari aus Sansibar überreicht. Auf der Rückseite des Umschlags standen die Worte: "Von Hauptmann W. E. Stairs, Kommandeur der Expedition in Katanga, Festung Bunkeya." Mit einer gewissen Vorahnung riß Arnot den Umschlag auf und las: Lieber Mr. Arnot, ich weiß nicht, ob Sie Briefe von Sir William Mackinnon erhalten haben oder nicht, was meine Bewegungen im Land betrifft. Wie dem auch sei, er hätte Ihnen an die Westküste schreiben sollen, dachte aber, Sie seien noch irgendwo in Mushidis Land. Ich sende Ihnen dies durch Domingo, um Sie wissen zu lassen, wie es hier weitergeht und um Sie um Verschiedenes zu bitten.

Zuerst wurde mir vom König von Belgien aufgetragen, die Dinge im Land zu ordnen. Ich bin hier am 14. Dezember angekommen, bat Mushidi, die Flagge des Freistaates zu akzeptieren, was dieser verweigerte. Am 19. stellte ich sie trotz seiner Weigerung dennoch auf. Am nächsten Tag sollte er mit mir Blutsbrüderschaft schließen, weigerte sich aber zu erscheinen. Deshalb sandte ich zwei Offiziere und zehn Männer, um ihm in aller Deutlichkeit zu sagen, daß er kommen solle. Er weigerte sich, befahl seinen Männern, die Gewehre zu nehmen und zog sein Schwert, jenes, welches ich ihm nur wenige Tage zuvor als Geschenk gegeben hatte. Daraufhin zog Hauptmann Bodson, einer meiner Offiziere, seinen Revolver und schoß Mushidi tot. Es gab große Aufregung, doch jetzt ist das Land ruhig, und man kann wieder frei atmen, seit das Land von der brutalen Tyrannei des Mushidi befreit ist. Keine Köpfe werden mehr auf Pfosten gesteckt, keine Ohren mehr abgeschnitten, keine Menschen mehr lebendig begraben, solange ich es verhindern kann. Thompson, Crawford und Land werden freie Entfaltungsmöglichkeiten haben und nicht länger Mushidis "weiße Sklaven" sein, wie er sie mir gegenüber nannte. Die BaSanga erholen sich schnell, jeder Bezirk wird seinen eigenen Häuptling haben, und die Wasumba werden nicht mehr auf Kosten der armen, niedergetretenen Bevölkerung das Land beherrschen. Hunger ist weit verbreitet wegen der Streitereien, die an der Tagesordnung waren. Die Missionare befinden sich am Lifoi, und ich baue gerade die Festung Bunkeya, etwa einen reichlichen Kilometer entfernt von der Hauptstadt Mushidis. Wir verließen Sansibar ...

Für eine Zeit war Arnot wie betäubt. Er konnte nicht weiterlesen. Als er seine Gedanken wieder beisammen hatte, sah er Mushidi vor sich wie beim ersten Mal, bekleidet mit seinen

Königsinsignien, auf seinem Thron sitzend, stolz und mächtig. Ein despotischer, tyrannischer Rohling? Ja, Mushidi war alles das und noch mehr. Doch wie konnte er, Arnot, der Missionar, Stairs oder jemandem wie ihm erklären, daß eine solche Beschreibung nur auf eine Seite dieses Mannes zutraf?

Die Glocken zur Nachmittagsversammlung hatten zu läuten begonnen. Aus allen Richtungen der Missionsstation waren Männer, Frauen und Kinder unterwegs zum Versammlungshaus. Er mußte sich beeilen, wenn er pünktlich dort sein wollte, um den Dienst zu übernehmen. Plötzlich hörte er Mushidis Stimme so klar, als wenn der Monarch vor ihm stehen würde: "Sie, Ihr Buch und Ihr Gott kommen zu spät für mich, Monare ..., doch wenn es die Kinder glauben wollen, habe ich nichts dagegen."

Frederick Stanley Arnot seufzte und ging auf das Versammlungshaus zu.

# Nachtrag

Frederick Stanley Arnot unternahm noch acht weitere Reisen nach Zentralafrika, nachdem er seine erste Tour von Durban quer durch die Kalahari-Wüste an die Südwestküste und schließlich in Mushidis Hauptstadt gemacht hatte.

Bei jedem der folgenden Besuche errichtete er Missionsstationen und besetzte sie mit Neuankömmlingen aus England. Er baute Schulen, Krankenhäuser und Kirchen. Schließlich war die Strecke von Benguella im Westen in Richtung Hinterland durch diesen großartigen Missionar und sein Gefolge zivilisiert. Heute stehen viele der ersten Stationen, die er in Angola, Belgisch Kongo und Nordrhodesien errichtet hatte, als Denkmäler, um an seine Dienstideale zu erinnern.

Nach Schätzungen beträgt die Länge der Strecke seiner Reisen zu Fuß, auf Hängematten, auf den Rücken von Eseln und Ochsen und in Kanus mehr als 45.000 Kilometer. Dieser Rekord ist wahrscheinlich durch keinen anderen Afrikareisenden gebrochen worden.

Arnot war vor allen Dingen ein Mann des Glaubens. Der Glaube an Jesus Christus kennzeichnete seinen gesamten Weg und war das Geheimnis seiner Hingabe im Dienst. Er war ein Mann mit einem Ziel, und er war ein bescheidener Mann. Dies hatte viel mit der Wertschätzung und Achtung zu tun, die ihm von den Afrikanern entgegengebracht wurde, wohin er auch ging.

Vielleicht kann man seinen Charakter mit den Worten von Sir Ralph Williams beschreiben, die er vor langer Zeit in sein Buch mit dem Titel: "How I became a Governor" schrieb. Nachdem er Arnot bei den Victoria Fällen 1884 getroffen hatte, sagte er folgendes: "Er war ein bemerkenswerter Mann. Ich traf ihn ein paar Wochen später und hatte viele Gespräche mit ihm. Er war der einfachste und ernsteste aller Menschen ... Ich weiß von vielen Missionaren unter den verschiedensten Umständen, doch einen Mann auf einem solch verlorenen Posten, der von einem Tag zum andern lebte, fast obdachlos, ohne alle die Vorrichtungen, die das Leben erträglich machen, habe ich noch nie getroffen.

Seitdem halte ich ihn in ehrwürdiger Erinnerung als jemanden, der seinem Meister so ähnlich war, wie niemand sonst von denen, die ich gesehen hatte."

Vielleicht verdient Arnot mehr als jeder andere die Ehre, der große Pionier der Zentralafrikamission zu sein. Er war bei den Barotse, bevor der ehrwürdige Coillard sich bei ihnen niederließ. Auch entdeckte er die Quelle des Sambesi-Flusses. Er betrieb Missionsarbeit unter feindlichen und barbarischen Stämmen und bahnte den Weg für künftige Missionare, ja leitete sie sogar an.

Dann verursachte die schwache Gesundheit, die sein Leben seit dem ersten Anfall von Schwarzwasserfieber begleitete, 1914 seinen frühen Tod. Auf seiner letzten Reise war er ein sehr kranker Mann. Er wurde durch Träger von Kabompo in Nordrhodesien zu der kleinen Stadt Livingstone getragen, und von dort ging es mit der Eisenbahn nach Johannesburg, wo er drei Monate nach der Ankunft starb.

Der Enkel Mushidis, Luhinda Munongo Antione Mwenda, der gegenwärtige Häuptling Bunkeyas, spricht sechs europäische Sprachen und hat in Brüssel und Rom studiert. Er wäre beinahe dem Priesterstand beigetreten, wenn er sich nicht auf seine Pflicht besonnen hätte, zum Bayekestamm zurückzukehren und dort den Posten des Häuptlings anzunehmen, der ihm angeboten wurde.

1958 besuchte der Sohn Arnots, Robert Arnot, Bunkeya und verbrachte ein paar Tage bei Mwenda. Später, als er nach Nordrhodesien zurückgekehrt war, erhielt Arnot einen Brief von Mwenda. Darin stand unter anderem: "Meine Leute und ich waren sehr erfreut über Ihren Besuch in Bunkeya. Sie sind der Sohn des großartigen Mannes, der zuerst das Licht des Christus ins Land gebracht hatte und dann Stück für Stück die Kenntnisse vieler vergänglicher Dinge. Er brachte es in die Dunkelheit und Unwissenheit, die unser Afrika beherrschte. Deshalb danke ich Ihnen im Namen des Bayeke-Stammes sehr für diesen Besuch, den wir in Erinnerung behalten werden ..."

Heute befindet sich Robert Arnots Haus in Kitwe, Nordrhodesien. In derselben Stadt lebt Godwin Lewanika, Sohn Lewanikas, des Königs der Barotse, der mit dem Missionar Arnot bei seinem ersten Besuch in Zentralafrika Freundschaft schloß. Godwin ist wahrscheinlich einer der aufgeklärtesten afrikanischen politischen Führer. Er widmete sein Leben dem Dienst für andere.

Und so, siebenundsiebzig Jahre nachdem sich ihre Väter zum erstenmal im Barotse-Tal getroffen hatten, als Sklaverei,

Stammeskriege und Hungersnöte an der Tagesordnung waren, trafen sich Robert Arnot und Godwin Lewanika und erinnerten sich an die alte Zeit, umgeben von den Symbolen des modernen Afrika.

Ihre Väter schauten auf die Ebenen, das hohe Gras und die hohen Bäume des Sambesi-Tals. Sie aber blickten auf sich türmende Hauptgetriebe der Kupferminen, auf Schlackehaufen, auf Flugzeuge und die Stromkabel von Kariba. Sie sahen in Wahrheit ein großes Erbe aus der Vergangenheit.

# Bibliographie und Quellen

Die Quellen zu den Informationen, die Frederick Arnot betreffen, sind auf keinen Fall reichlich, und von denen, die sich mit Mushidi befassen, gibt es sogar noch weniger. Die meisten Chroniken, die über die Errichtung der Katanga-Provinz von Belgisch Kongo berichten, erwähnen die beiden Männer nur flüchtig. Keine von ihnen liefert Details.

Wie ich im Vorwort zu diesem Werk erklärt habe, fand fast jedes Ereignis, das ich beschrieben habe, tatsächlich statt, und die meisten Dialoge haben Aufzeichnungen von wirklichen Gesprächen zur Grundlage.

Als ich über Arnot schrieb, habe ich mich fortwährend auf folgendes bezogen:

Garenganze, or Mission Work in Central Africa by Frederick Stanley Arnot (James E. Hawkins)

The Life and Explorations of F. S. Arnot by Ernest Baker (Seeley, Service and Co.)

Missionary Travels in Central Africa by F. S. Arnot ("Echoes of Service", Bath)

Proceedings of the Royal Geographical Society-February 1889. A Central African Jubilee - (Pickering and Inglis)

Für die Informationen und historischen Berichte, die Mushidi betreffen, nahm ich folgendes zur Hilfe:

Thinking Black by D. Crawford (Morgan and Scott Ltd.)

With Captain Stairs to Katanga by J. A. Moloney (Sampson Low)

Msiri-Roi du Garenganze by Auguste Verbeken (Editions L. Cuypers)